하루 30분 36강으로 배우는
완전 초보의 SQL 따라잡기

SQL
30
36
첫걸음

아사이 아츠시 **지음**

박준용 **옮김**

한빛미디어
Hanbit Media, Inc.

지은이·옮긴이 소개

지은이 **아사이 아츠시**朝井 淳

일본 야마가타 현 출생. SW 개발 및 판매업체의 시스템 엔지니어로 꾸준히 개발을 해왔으며 회사 임원도 역임하고 있다. 수년 전부터 테크니컬 라이터로 집필 활동을 병행하면서 SQL과 C 언어, 비주얼베이직, 안드로이드 앱 개발 등에 관한 입문서를 저술 중이다.

옮긴이 **박준용** parkjy76@naver.com

대학 재학 중에 스트리밍 서비스 기반 사업을 시작으로 웹 업계에 뛰어들어 현재 일본에서 엔지니어로 활동하고 있다. 일본의 EC 기업 Estore에서 리드 엔지니어로서 자사 프레임워크의 설계 및 개발, LAMP 스택 성능 튜닝, 검색엔진 구축 등의 개발과 인프라 업무를 담당했다. 현재는 iRidge에서 파이썬 기반 O2O 통신 시스템을 개발하고 있다. PHP, 파이썬 , Go, 데이터베이스, 분산/병렬 처리, 검색엔진, 자연어 처리, 기계학습에 관심이 있다. 흥미 있는 다양한 기술 관련 설명을 틈나는 대로 블로그에 올린다.

• http://blog.naver.com/parkjy76

하루 30분 36강으로 배우는
완전 초보의 SQL 따라잡기

SQL
첫걸음

SQL 첫걸음 : 하루 30분 36강으로 배우는 완전 초보의 SQL 따라잡기

초판 1쇄 발행 2015년 11월 1일
초판 10쇄 발행 2023년 8월 30일

지은이 아사이 아츠시 / **옮긴이** 박준용 / **펴낸이** 김태헌
펴낸곳 한빛미디어(주) / **주소** 서울시 서대문구 연희로2길 62 한빛미디어(주) IT출판2부
전화 02-325-5544 / **팩스** 02-336-7124
등록 1999년 6월 24일 제25100-2017-000058호 / **ISBN** 978-89-6848-231-1 93000

총괄 송경석 / **책임편집** 홍성신 / **기획 · 편집** 박지영 / **진행** 이윤지
디자인 표지·내지 여동일 / **전산편집** 방유선
영업 김형진, 장경환, 조유미 / **마케팅** 박상용, 한종진, 이행은, 김선아, 고광일, 성화정, 김한솔 / **제작** 박성우, 김정우

이 책에 대한 의견이나 오탈자 및 잘못된 내용에 대한 수정 정보는 한빛미디어(주)의 홈페이지나 아래 이메일로
알려주십시오. 잘못된 책은 구입하신 서점에서 교환해드립니다. 책값은 뒤표지에 표시되어 있습니다.

한빛미디어 홈페이지 www.hanbit.co.kr / 이메일 ask@hanbit.co.kr

지금 하지 않으면 할 수 없는 일이 있습니다.
책으로 펴내고 싶은 아이디어나 원고를 메일(writer@hanbit.co.kr)로 보내주세요.
한빛미디어(주)는 여러분의 소중한 경험과 지식을 기다리고 있습니다.

국내 SQL 도서는 거칠게 구분하면 SQL 문법을 차근차근 설명하는 입문서와 숙련자를 위한 고급 SQL 튜닝 서적으로 나눌 수 있습니다. 여기서 다시 입문서는 문법과 간단한 예제 정도를 다루는 평이한 책과, 문법과 예제에 더해 데이터베이스의 기본기에 해당하는 이론은 물론 SQL을 처음 배우는 사람이 각별히 유의해야 할 SQL 문법 주변의 중요한 내용까지 빠짐없이 다루는 책으로 구분할 수 있습니다. 하지만 실제로 웹 애플리케이션의 일반적인 구조에서 DB가 어떻게 참조되는지, SQL 사용 시 NULL은 어떻게 이해하고 처리해야 실수하지 않는지, 집계 함수를 사용할 때 집합을 어떻게 이해하고 분류하면 되는지, Alias(별칭)을 사용할 수 있는 경우와 없는 경우를 어떻게 구분하는지 등을 구석구석 친절하게 설명해주는 책은 찾기 어렵습니다.

이 책은 SQL 입문서지만 가볍거나 느슨하지 않으며 앞서 언급한 많은 것들을 명확하고 경쾌하게 담아냈습니다. 마치 단정하고 깔끔하며 심지어 배려심이 깊은 사람과 같습니다. 친한 친구에게 소개시켜주고 싶은 좋은 사람처럼, 누군가 SQL 입문서를 추천해달라고 할 때 이 책을 자신 있게 추천하고 싶습니다.

김상래
『프로젝트 성패를 결정짓는 데이터 모델링 이야기』 저자

이 책은 데이터베이스와 이를 사용하는 프로그래밍 언어인 SQL 입문자를 위한 참고서입니다. 데이터베이스 개념과 SQL 기본 명령을 배우고, 데이터베이스 관리에 필요한 명령과 데이터베이스 설계에 관해서도 설명합니다.

예제 코드를 이용해 직접 코드를 실행하며 설명하는 식으로 진행하여 효과적으로 SQL을 익힐 수 있습니다. 각 장의 끝부분에 핵심 정리와 연습문제를 제공하여 교재로도 활용할 수 있습니다. 이 책의 각 항목은 필자가 신입사원을 교육한다는 가정 하에 'SQL을 이용한 시스템 개발에 필요한 기본 지식'을 담았습니다. 따라서 이 책을 다 읽고 나면 데이터베이스에 관한 전반적인 개념을 습득할 수 있을 것입니다.

데이터베이스는 기능이 많고 제품의 종류도 다양합니다. 이 책은 기본적인 필요 사항을 다루는 입문서이다 보니 미처 언급하지 못한 기능도 많습니다. 데이터베이스 종류에 따라 비표준 SQL을 지원하는 경우도 있으나 이 책에서는 표준 SQL을 기준으로 설명합니다. SQL 문법의 세세한 차이에 관해서는 기술문헌을 별도로 참고해주세요.

그럼 시작해볼까요?

아사이 아츠시

우리는 의사 전달을 위해 대화를 한다. 이때 서로의 의사를 제대로 이해할 수 있도록 공통된 언어를 사용해 대화하는데, 대화하는 주체에 따라 대화의 질은 달라진다.

대화를 잘 하기 위해서는 본인의 경험을 바탕으로 상황에 따라 적절한 말을 하거나 여러 가지 화술을 통해 의사를 전달하는 것도 하나의 수단이겠지만, 근본적인 방법은 아니라 생각한다. 대화할 때는 먼저 상대를 이해하는 것이 중요하며, 이를 바탕으로 경험이나 화술을 적절히 적용해야 한다. 일단 상대방을 잘 이해하면 어떻게 대화하는 게 좋은지, 왜 이런 식의 대화는 좋지 않은지를 알 수 있으며, 일방적이지 않고 상호적으로 의견을 교환할 수 있다.

그럼 컴퓨터와 대화하는 경우는 어떨지 생각해보자. 우리는 프로그래밍 언어를 이용해 컴퓨터와 대화하고 의사를 전달한다. 하지만 의사를 전달하는 사람, 즉 개발자의 역량에 따라 대화의 결과물인 프로그램의 성능과 안정성이 달라진다. 대화의 상대인 컴퓨터와 그 동작환경을 잘 알고, 프로그래밍 언어의 특징 또한 잘 이해하는 개발자는 수준 높은 대화를 통해 고품질의 프로그램을 작성할 수 있다.

서론이 좀 길어졌는데, 본론으로 들어가 데이터베이스의 한 종류이며 개인적으로 데이터베이스의 꽃이라 생각하는 관계형 데이터베이스와 대화하는 경우를 생각해보자. 관계형 데이터베이스와의 의사소통은 SQL이라는 언어를 통해 이루어진다. 그럼 SQL을 사용해 관계형 데이터베이스와 잘 대화하기 위해서는 어떻게 해야 할까? 해답은 앞서 설명한 내용과 마찬가지다.

관계형 데이터베이스란 마치 살아 움직이는 유기체와 같다. 우리가 어떤 형태의

SQL로 대화하느냐에 따라 결과물의 내용도 품질도 달라진다. 틀에 박힌 형태의 SQL 문장을 무조건 적용하기보다는 데이터베이스의 이해를 바탕으로 SQL을 적절히 활용해 효율적인 처리를 도모하는 것이 중요하다.

이 책은 통상적인 SQL 이론서처럼 단순히 대화를 위한 화술(DML, DDL, DCL) 설명에만 치중하지 않는다. 대화의 상대인 관계형 데이터베이스에 관한 이해와, 이를 바탕으로 한 적절한 대화법을 함께 다루고 있다. 단순하게 SQL을 암기하고 상황에 따라 실행하는 것이 아닌, SQL을 통해 관계형 데이터베이스를 잘 이해하고 적절히 다룰 수 있도록 기반을 다지는 데 도움이 될 책이다.

독자들이 이 책을 통해 관계형 데이터베이스의 마음을 조금이나마 이해할 수 있기를 바란다. 그리고 본인처럼 관계형 데이터베이스의 팬이 되기를 기대한다.

박준용

1장 : 데이터베이스와 SQL

SQL은 관계형 데이터베이스에서 사용할 수 있는 프로그래밍 언어 가운데 하나입니다. 1장에서는 데이터베이스의 개념에 대해 살펴보고, 관계형 데이터베이스와 기타 데이터베이스의 차이점에 관해 설명합니다. 또한 데이터베이스를 관리하는 소프트웨어인 '데이터베이스 관리 시스템(DBMS)'의 개념과 웹 시스템과의 연계를 간단하게 소개합니다.

2장 : 테이블에서 데이터 검색

이 책은 실제로 SQL 명령을 실행하면서 학습합니다. 2장에서는 먼저 간단한 SELECT 명령을 예제로 다루고 실행 결과에 대해 상세히 설명합니다. 데이터베이스에 저장된 방대한 데이터 중에 필요한 데이터만 가져오는 처리는 데이터베이스 조작에 있어 매우 중요한 작업입니다. 여기서는 데이터 검색방법에 관해 구체적인 예를 들며 설명합니다.

3장 : 정렬과 연산

데이터 검색과 더불어 '정렬' 역시 데이터베이스 조작의 기본입니다. SQL에서는 데이터를 자유롭게 정렬할 수 있습니다. 3장에서는 먼저 데이터를 정렬하는 법을 소개합니다. 또한 컴퓨터 시스템의 일종인 데이터베이스를 연산 용도로 사용하는 방법에 관해서도 설명합니다.

4장 : 데이터 추가, 삭제, 갱신

데이터베이스의 4가지 주요 기능으로 데이터 검색과 추가, 삭제, 갱신을 꼽을 수 있습니다. 데이터 검색은 2장에서 다루었으므로 4장에서는 데이터 추가, 삭제, 갱신에 관해 설명합니다. 즉 데이터베이스에서의 기본적인 데이터 변경 방법을 익힐 수 있습니다.

5장 : 집계와 서브쿼리

SQL의 매력포인트 중 하나는 언어 레벨에서 집계처리가 가능하다는 점입니다. 5장에서는 먼저 집계와 그룹화에 관해 설명합니다. 집계를 할 수 있으면 데이터베이스 중급자라고 말할 수 있습니다. 이후 서브쿼리에 관해 다룹니다. 서브쿼리는 조금 까다로운 기술이지만 정확히 이해하면 어렵지 않습니다. 제대로 사용한다면 이것만큼 편리한 기능도 없습니다.

6장 : 데이터베이스 객체의 작성과 삭제

6장부터는 데이터베이스 설계부터 관리까지 차근차근 설명합니다. 먼저 데이터베이스 객체를 작성하는 방법에 관해 배웁니다. 특히 테이블에서 중요한 개념인 '인덱스'의 구조에 대해 상세하게 설명합니다.

7장 : 복수의 테이블 다루기

데이터베이스에는 많은 테이블이 포함됩니다. 테이블은 단순한 구조를 가지고 있으므로 일반적인 시스템에서는 복수의 테이블을 조합하여 복잡한 데이터 구조를 구현합니다. 여러 테이블의 데이터를 잘라 붙인다는 감각으로 자유롭게 결합과 분할을 할 수 있으면 데이터베이스 기술자로서 능력을 인정받을 수 있습니다.

8장 : 데이터베이스 설계

마지막으로 8장에서는 데이터베이스 설계에 관해 중점적으로 다룹니다. 데이터베이스 입문자에게는 조금 어려운 이야기일 수도 있습니다. 하지만 용어를 익혀두는 것만으로도 다방면으로 도움이 될 것입니다.

부록

이 책의 학습진행에 필요한 MySQL 예제 데이터베이스의 설정 및 구축방법과 연습문제의 해답을 수록했습니다.

CONTENTS

1장 데이터베이스와 SQL

4장 데이터의 추가, 삭제, 갱신

5장 집계와 서브쿼리

7장 복수의 테이블 다루기

8장 데이터베이스 설계

1장

데이터베이스와 SQL

1장에서는 다음과 같은 내용을 학습합니다.

- 데이터베이스 정의
- 데이터베이스를 조작하는 언어 SQL
- 데이터베이스 종류
- 클라이언트/서버 모델

데이터베이스

데이터베이스란 도대체 무엇을 말하는 것일까요?
1강에서는 데이터베이스의 개념에 관해 배우도록 하겠습니다.

그림 **1-1** 데이터베이스

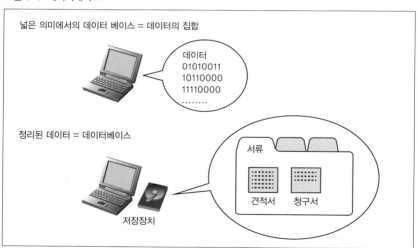

데이터란 컴퓨터 안에 기록되어 있는 숫자를 의미하며, 이러한 데이터의 집합을
데이터베이스라고 합니다. 넓은 의미에서는 '컴퓨터 안에 기록된 모든 것'을 데이
터베이스라고 할 수 있습니다. 다만 일반적으로 통용되는 데이터베이스라는 개념
은 조금 다른데, 특정 데이터를 확인하고 싶을 때 간단하게 찾아낼 수 있도록 정
리된 형태를 가리킵니다.

데이터베이스 내의 데이터는 영구적으로 보존되어야 합니다. 주기억장치에만 데이터를 저장한다면, 전원을 끄는 순간 모든 데이터는 사라져 버립니다. 이런 상태에서는 영구적이라 말할 수 없습니다. 따라서 데이터베이스의 데이터는 하드디스크나 플래시메모리(SSD) 등 비휘발성 저장장치에 저장합니다.

1. 시스템 내의 데이터베이스

얼마 전까지만 해도 데이터베이스는 일반적으로 데이터센터의 서버에서 운용했습니다. 이는 유저가 상상할 수 있는 일반적인 데이터베이스입니다. 하지만 현재는 데이터베이스가 개인용 컴퓨터나 휴대용 기기에 내장되어 있기도 합니다.

물론 데이터센터에 설치된 데이터베이스를 사용하는 시스템도 여전히 많습니다. 인터넷에서 쇼핑을 하거나 뭔가를 예약해야 할 때는 웹 시스템을 통해 데이터베이스에 접근할 수 있습니다.

그림 **1-2** 웹 시스템과 데이터베이스

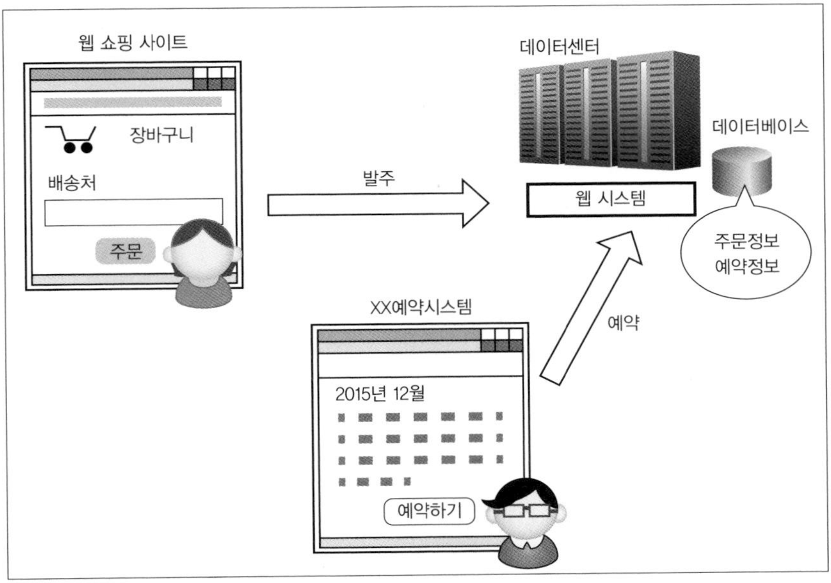

시스템을 직접 사용하지 않는 상황에서도 데이터베이스에 데이터가 전송되는 경우가 있습니다. 예를 들어 편의점에서 물건을 사면, 계산대(POS 시스템)에서 데이터가 데이터베이스로 전송됩니다.

그림 **1-3** POS 시스템과 데이터베이스

휴대용 기기에도 작은 데이터베이스가 있습니다. 휴대전화의 전화번호부가 좋은 예입니다. 이처럼 데이터베이스는 다양한 시스템에서 사용되며 일상생활과도 밀접히 관련되어 있습니다.

그림 **1-4** 휴대전화의 데이터베이스

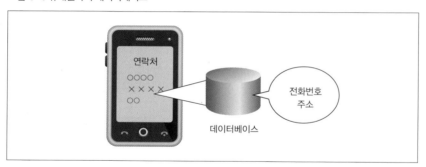

Point ▶ **데이터베이스는 다양한 시스템에서 사용한다!**

2. DB와 DBMS

데이터베이스는 일반적으로 **DB**라는 약자로 통용됩니다. DB는 Database에서 알파벳 D와 B를 하나씩 추려내 만든 단어입니다. 데이터베이스는 저장장치 내에 정리되어 저장된 데이터의 집합이고, 이를 효율적으로 관리하는 소프트웨어를

'데이터베이스 관리 시스템(Database Management System)', 약자로 **DBMS**
라 부릅니다.

그림 **1-5** DBMS

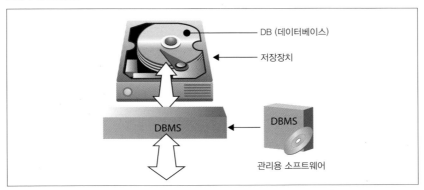

다음으로 DBMS와 같은 전용 소프트웨어가 필요한 이유에 대해 설명하겠습니다.

– 생산성

시스템 개발 과정에서의 생산성 향상을 도모할 수 있습니다. 어떤 시스템에서든
지 데이터 검색, 추가, 삭제, 갱신과 같은 처리가 이루어지기 마련입니다. 이와 같
은 기본 기능을 DBMS가 제공합니다. 시스템을 구축할 때 기본 기능부터 구현하
는 것은 비용 측면에서 효율적이지 않습니다.

그림 **1-6** 생산성 향상

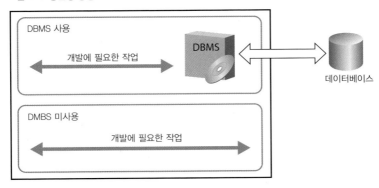

– 기능성

DBMS는 데이터베이스를 다루는 기능을 많이 제공합니다. 복수 유저의 요청에 대응하거나, 대용량의 데이터를 저장하고 고속으로 검색하는 기능을 제공하기도 합니다. 나아가 데이터베이스 관리 기능을 유저가 확장할 수도 있어 유연하게 시스템을 개발할 수 있습니다.

그림 **1-7** 기능성

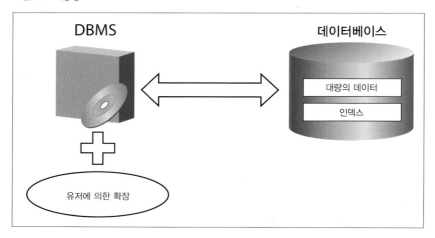

– 신뢰성

대규모 데이터베이스는 많은 요청에 대응할 수 있도록 만들어져 있습니다. 이를 위해 하드웨어를 여러 대로 구성하여 신뢰성을 높이는 동시에 성능 향상을 꾀하기도 합니다. 실제로 일부 DBMS는 컴퓨터 여러 대를 두고, 소프트웨어를 통해 확장성(Scalability)과 부하 분산(Load balancing)을 구현합니다. 이를 보통 '클러스터 구성' 또는 '스케일 아웃'이라 부릅니다.

또한, 많은 DBMS가 데이터베이스의 데이터를 다른 저장장치로 내보내거나 export, 반대로 데이터베이스 안에 데이터를 집어넣는import 등의 기능을 갖췄습니다. 이때 집어넣기 및 내보내기 기능을 통해 데이터베이스를 간단하게 백업할 수 있습니다.

그림 1-8 신뢰성

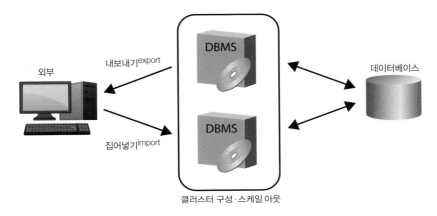

클러스터 구성·스케일 아웃

Point ▶ DBMS란 데이터베이스를 관리하는 소프트웨어로, 사용 목적은 생산성 향상과 기능성, 신뢰성 확보에 있다!

3. 데이터베이스를 조작하는 언어 SQL

지금까지 설명했듯 DBMS는 데이터베이스를 관리하는 소프트웨어입니다. DBMS를 이용하면 간접적으로 데이터베이스를 참조할 수 있고, 혹은 데이터를 추가하거나 삭제, 갱신할 수도 있습니다.

이 같은 DBMS와의 대화에 필요한 것이 바로 **SQL**입니다. 뒤에서 자세히 설명 하겠습니다만, 데이터베이스에도 몇 가지 종류가 있습니다. SQL은 그중 '관계 형 데이터베이스 관리 시스템(RDBMS: Relational Database Management System)'을 조작할 때 사용합니다.

그림 **1-9** RDBMS와 SQL

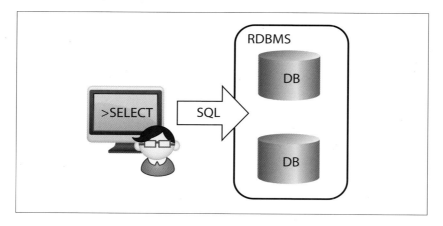

SQL은 IBM이 개발한 SEQUEL이라는 관계형 데이터베이스 조작용 언어를 기반으로 만들어졌습니다. 현재 ISO 등에 의해 표준화가 진행되어, C 언어나 자바^{Java}와 마찬가지로 표준 언어입니다. 이때 표준 언어라는 말은 곧 생산성을 향상시킬 수 있다는 의미입니다.

Point ▶ **SQL은 관계형 데이터베이스에서 사용한다!**

─ SQL명령의 종류

SQL 명령은 크게 다음과 같이 3가지로 나뉠 수 있습니다.

- **DML**
  Data Manipulation Language의 약자. 데이터베이스에 새롭게 데이터를 추가하거나 삭제하거나 내용을 갱신하는 등, 데이터를 조작할 때 사용합니다. SQL의 가장 기본이 되는 명령 셋(set)입니다.

- **DDL**
  Data Definition Language의 약자로 데이터를 정의하는 명령어. 데이터베이스는 '데이터베이스 객체(object)'라는 데이터 그릇을 이용하여 데이터를 관리하는데, 이 같은 객체를 만들거나 삭제하는 명령어입니다.

- **DCL**
  Data Control Language의 약자로 데이터를 제어하는 명령어. DCL에는 트랜잭션을 제어

하는 명령과 데이터 접근권한을 제어하는 명령이 포함되어 있습니다. 트랜잭션에 관해서는 8
장에서 자세히 설명합니다.

그림 **1-10** SQL의 종류

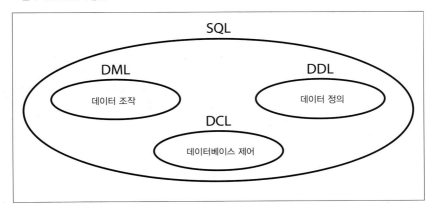

Point ▶ **SQL명령은 DML, DDL, DCL의 세 종류로 나뉜다!**

2강

다양한 데이터베이스

지금부터 DBMS의 종류에는 무엇이 있는지, 그리고 DBMS 중 하나인 관계형 데이터베이스란 무엇인지에 관해 설명합니다.

그림 **1-11** 데이터베이스 종류

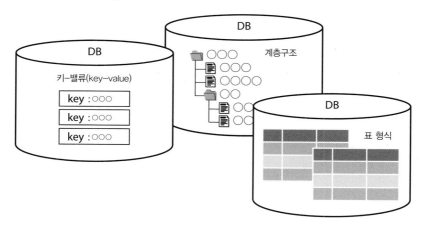

DBMS에는 여러 종류가 있습니다. 데이터베이스의 사용 용도나 이를 제어하는 프로그래밍 환경 등 각각의 조건에 들어맞는 다양한 DBMS가 고안되었기 때문입니다. 데이터베이스 중에서도 SQL로 데이터를 다루는 데이터베이스를 **관계형 데이터베이스**(RDB: Relational Database)라고 합니다. 관계형 데이터베이스는 현재 주류를 이룰 정도로 많은 시스템에 채택되었으며 제품도 여러 가지가 있습니다.

1. 데이터베이스 종류

DBMS는 데이터 저장 방법에 따라 몇 가지로 분류할 수 있습니다. 지금부터 오래된 순서로 몇몇 DBMS를 소개합니다.

– 계층형 데이터베이스

역사가 오래된 DBMS로, 폴더와 파일 등의 계층 구조로 데이터를 저장하는 방식의 데이터베이스입니다. 하드디스크나 DVD 파일시스템을 이러한 계층형 데이터베이스라고 할 수 있습니다. 하지만 현재 DBMS로서 채택되는 경우는 많지 않습니다.

그림 **1-12** 계층형 데이터베이스

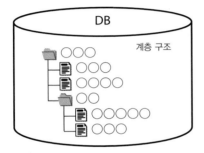

– 관계형 데이터베이스

'관계 대수relational algebra'라는 것에 착안하여 고안한 데이터베이스입니다. 관계 대수라고 하면 뭔가 어려워 보이지만, 행과 열을 가지는 표 형식 데이터를 저장하는 형태의 데이터베이스를 가리킵니다. 다만, 엄밀히 말해 관계 대수는 표 형식 데이터와는 아무런 관계가 없습니다. 일단 여기서는 표 형식 데이터를 다루는 것이 관계형 데이터베이스라는 점을 이해하시기 바랍니다. 관계 대수에 관해서는 7장에서 자세히 설명하겠습니다.

여기서 표 형식 데이터란 2차원 데이터를 말합니다. 가로 방향으로는 '열'을, 세로 방향으로는 '행'을 나열합니다. 유사한 이미지로 엑셀 시트를 떠올릴 수 있겠습니다. 관계형 데이터베이스에는 이러한 표를 잔뜩 저장해두고, 각각의 표에 이름을 붙여 관리합니다. 이때 데이터베이스 안의 데이터는 SQL 명령어로 조작할 수 있습니다.

그림 **1-13** 관계형 데이터베이스

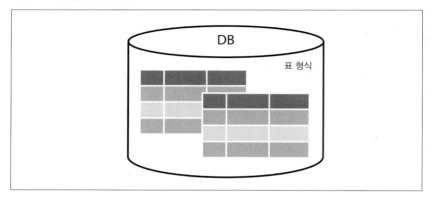

– 객체지향 데이터베이스

자바나 C++를 객체지향 언어라고 합니다. 지면에 할애 공간이 적어 상세하게 설명할 수는 없지만, '객체(object)'라는 것을 중심으로 프로그래밍하는 언어입니다. 여기서 '가능하면 객체 그대로를 데이터베이스의 데이터로 저장하는 것'이 객체지향 데이터베이스입니다.

– XML 데이터베이스

XML이란 자료 형식을 가리키는 용어로, 태그를 이용해 마크업 문서를 작성할 수 있게 정의한 것입니다. 태그는 〈data〉데이터〈/data〉와 같은 형식으로 표현합니다. 마치 HTML과 흡사합니다. XML 데이터베이스는 이처럼 XML 형식으로 기록된 데이터를 저장하는 데이터베이스입니다.

XML 데이터베이스에서는 SQL 명령을 사용할 수 없습니다. 대신 XML 데이터를 검색할 때는 XQuery라는 전용 명령어를 사용합니다.

그림 **1-14** XML 데이터베이스

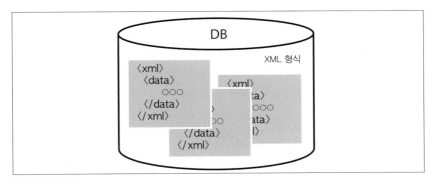

- 키-밸류 스토어(KVS)

키와 그에 대응하는 값(밸류)이라는 단순한 형태의 데이터를 저장하는 데이터베이스입니다. 키와 밸류의 조합은 연상배열*이나 해시 테이블hash table에서 자주 볼 수 있습니다. NoSQL(Not only SQL)이라는 슬로건으로부터 생겨난 데이터베이스로, 열 지향 데이터베이스라고도 불립니다.

그림 **1-15** 키-밸류 스토어

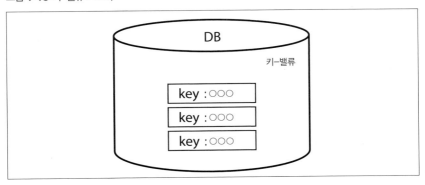

지금까지 시대순으로 몇몇 DBMS에 관해 설명했습니다. 프로그래밍 언어의 진화와 다루는 자료 형식의 변화에 맞추어 DBMS도 진화했습니다.

....

* 역자주_ **연상배열**(associative array): 자료구조의 하나로, 키 하나와 값 하나가 연관되어 있으며 키를 통해 연관되는 값을 얻을 수 있습니다. 연상 배열, 결합성 배열, 맵(map), 딕셔너리(dictionary)로 부르기도 합니다.

이 책은 SQL에 관한 설명서입니다. 따라서 이제부터 등장할 데이터베이스라는 용어는 관계형 데이터베이스(RDBMS)를 일컫는 것으로 이해해주세요. SQL을 사용할 수 있는 데이터베이스는 관계형 데이터베이스밖에 없기 때문입니다.

RDBMS는 비교적 오래된 축에 속하는 데이터베이스이긴 하지만, 변화가 빠른 시스템 업계에서 여전히 데이터베이스의 주류를 이룹니다. 이는 실로 대단한 일이라 할 수 있습니다. 또한 RDBMS 중에는 XML 형식의 데이터를 표에 넣거나 자바나 C++의 객체를 가능한 한 그대로 데이터로 넣을 수 있도록 확장한 데이터베이스 제품도 있습니다.

다만 이 책은 SQL 해설집인 만큼, 그와 같은 확장 기능에 관해서는 다루지 않습니다. 어디까지나 단순한 표준 SQL만 설명합니다. 표준 SQL을 배워두면 어떤 데이터베이스라도 다룰 수 있을 것입니다.

2. RDBMS 사용 시스템

RDBMS는 역사가 깊은 만큼 다양한 시스템에서 사용됩니다. 메인프레임^{main frame}*은 대부분 RDBMS를 사용한다고 해도 과언이 아닙니다. 기업의 기반 시스템으로 채택되는 것은 아주 일반적인 일입니다.

다만, 최근 들어 메인프레임 자체를 찾아보기 어려워졌습니다. 다운사이징으로 인해 소형 워크스테이션^{workstation}으로 대체된 것입니다. 그래도 여전히 데이터베이스 서버로는 RDBMS가 사용되었는데, 이때부터 클라이언트/서버 구조도 유행하기 시작했습니다.

....

* 역자주_ 원서에서는 대형 범용기기라는 표현을 사용했습니다.

그림 **1-16** RDBMS 적용 단말

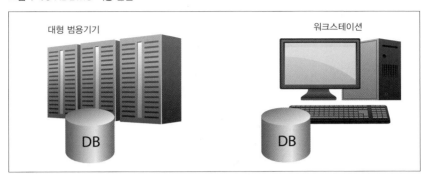

현재 일반적으로 사용하는 인프라는 당연히 인터넷입니다. 웹 시스템과 연동하여 RDBMS를 사용하는 경우도 매우 많아졌습니다. 비행기나 전철의 대규모 예약시스템에서부터 마을 병원의 작은 예약시스템에 이르기까지 RDBMS는 널리 쓰입니다.

그림 **1-17** 웹 시스템과 RDBMS

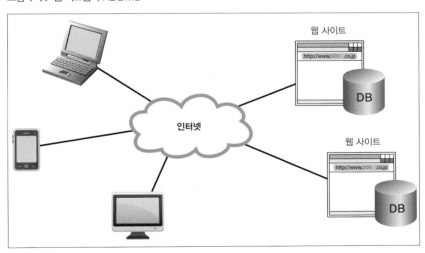

하드웨어의 진화 역시 한몫합니다. 단말이 고성능화, 소형화되면서 지금은 휴대전화에도 RDBMS가 내장되어 있습니다.

예를 들어 구글이 개발한 휴대전화용 OS인 안드로이드에는 'SQLite'라는 RDBMS가 표준으로 기본 내장되어 있습니다. 이름에서 알 수 있듯이 SQLite 는 휴대단말 등 작은 하드웨어용으로 경량화한, 임베디드 시스템에 자주 쓰이는 RDBMS입니다.

그림 **1-18** 안드로이드에 포함된 SQLite

3. 데이터베이스 제품

지금까지 설명한 것처럼, RDBMS라는 용어는 관계형 데이터베이스를 관리하는 소프트웨어를 일컫는 말입니다. 다만 'RDBMS'라는 이름의 소프트웨어가 존재한 다는 뜻은 아닙니다.

실제로 시중에 판매되거나 오픈소스로 자유롭게 다운로드할 수 있는 유명한 제품 으로 다음과 같은 것이 있습니다. 오래된 순서대로 나열해보겠습니다. 여기서 소 개하는 데이터베이스 제품은 전부 RDBMS인 만큼 SQL을 사용할 수 있습니다.

- Oracle

Oracle 데이터베이스는 오라클에서 개발한 RDBMS입니다. 역사가 깊은 만큼 많은 시스템에서 채택해 사용 중입니다. 현재 가장 많이 쓰이는 RDBMS 중 하나 로, RDBMS의 사실상 표준이라고 해도 문제없을 정도로 유명합니다.

- DB2

IBM이 개발한 DB2는 Oracle처럼 역사가 오래된 RDBMS입니다. 다만 오라클 이 유닉스 워크스테이션 중심이었던 것과 달리, DB2는 발표된 이래 한동안 IBM

컴퓨터에서만 구동되었습니다. 이후 유닉스나 윈도우 등의 플랫폼에서도 DB2를 구동할 수 있게 되었지만 시장 점유율을 확대할 수는 없었습니다. Oracle 쪽이 더 유명한 것 역시 이 같은 배경과 관련이 있습니다.

– SQL Server

SQL Server는 윈도우를 개발한 마이크로소프트가 개발한 RDBMS로, 윈도우 플랫폼에서만 동작합니다. 앞에서 먼저 언급한 RDBMS에 비해 비교적 새로운 제품으로, 윈도우가 서버 분야로 영역을 넓히면서 SQL Server를 사용하는 시스템도 많이 증가했습니다.

– PostgreSQL

PostgreSQL은 오픈소스 커뮤니티가 개발한 RDBMS입니다. 무료 소프트웨어인 만큼 자유롭게 사용할 수 있습니다. 기반이 되는 RDBMS는 캘리포니아 대학교 버클리 캠퍼스에서 탄생했는데, 그 때문인지는 몰라도 실험적인 기능이 포함되어 있거나 독특한 구조를 가지기도 합니다.

– MySQL

MySQL은 PostgreSQL과 마찬가지로 오픈소스 커뮤니티에서 태어난 RDBMS 입니다. 세상에 나올 당시만 해도 경량 데이터베이스라는 점을 강조하다 보니 필요한 최소한의 기능만을 갖추었습니다. 하지만 기능이 확장되면서 지금은 다른 RDBMS와 비교해도 부족하지 않을 정도입니다. 이 책에서는 MySQL을 사용하여 학습하는 것을 전제로 MySQL용 예제 데이터를 준비했습니다.

– SQLite

오픈소스 커뮤니티에서 태어난 SQLite는 임베디드 시스템에 자주 쓰이는 작은 RDBMS입니다.

4. SQL의 방언과 표준화

RDBMS는 처음부터 SQL 명령어를 이용해 데이터베이스를 조작하도록 설계된 만큼, SQL을 사용할 수 없는 RDBMS는 없습니다. 하지만 각 데이터베이스 제품별로 기능 확장이 이루어지는 과정에서 '비슷한 조작을 실행하더라도 서로 다른 명령어가 필요한' 상황이 발생했습니다. 즉 특정 데이터베이스 제품에만 통용되는 **고유 방언**이 생겨난 것입니다.

이 같은 고유 방언의 간단한 사례 중 하나로 **키워드 생략**을 들 수 있습니다. 데이터를 삭제할 때는 DELETE 명령어를 사용하는데, Oracle이나 SQL Server에서는 DELETE 뒤에 붙는 FROM을 생략해도 별 다른 문제가 없습니다. 그에 비해 DB2나 PostgreSQL, MySQL에서는 FROM을 생략할 경우 구문 에러가 발생해 실행되지 않습니다.

또 다른 대표적인 방언의 사례로 외부결합을 들 수 있습니다. 외부결합에 관해서는 7장에서 자세히 설명하겠습니다. Oracle에서는 (+)라는 특별한 연산자를 이용해 외부결합조건을 지정하는 데 비해, SQL Server에서는 *= 연산자를 이용합니다.

그림 **1-19** SQL 방언

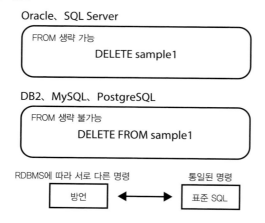

프로그래밍 언어의 세계에서 '방언'은 환영받지 못합니다. 이 같은 방언을 없애려면 모두 '표준어'를 사용하면 되겠지요. ISO나 ANSI가 결정한 'SQL-92', 'SQL-99', 'SQL-2003' 등이 바로 표준 SQL입니다. 여기서 숫자는 책정된 해를 나타냅니다.

지금까지 많은 RDBMS가 표준화에 동참하여 기능을 확장해온 덕택에 현재는 방언이 많이 줄어들었습니다. 이 책도 표준 SQL을 기준으로 설명합니다. 하나 덧붙이자면 표준 SQL로 외부결합을 하는 방법은 'LEFT JOIN'입니다.

Point ▶ SQL에는 방언이 있다! 방언 대신 표준 SQL을 사용하는 편이 좋다!

3강

데이터베이스 서버

많은 RDBMS가 클라이언트/서버 모델을 채택해 가동 중입니다. 특히 웹 시스템과 연동하는 RDBMS라면, 접속자 수가 수백 명에 달하는 전용 데이터베이스 서버를 운용하는 일도 드물지 않습니다. 여기서는 데이터베이스를 네트워크로 연결된 서버라는 관점에서 바라보며 이야기를 진행해 나가겠습니다.

그림 **1-20** 클라이언트/서버 모델

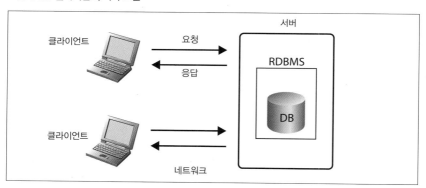

RDBMS는 복수의 클라이언트가 보내오는 요청에 응답할 수 있도록 클라이언트/서버 모델로 동작합니다. 클라이언트는 서버에 접속 요청이나 SQL 명령 실행요청을 보낼 수 있습니다. 서버는 이를 처리하고 클라이언트에 그 결과를 반환합니다.

일반적인 RDBMS는 네트워크 상에 하나의 서버를 두고 독점해 사용합니다. 하지만 이 책을 보는 여러분처럼 데이터베이스를 공부할 때나 개발을 진행할 때 고

가의 서버를 준비하기란 어려운 일입니다. 이런 경우 자신의 PC에 클라이언트와 서버 모두를 실행시켜 운용할 수 있습니다.

1. 클라이언트/서버 모델

클라이언트/서버 모델이란 사용자 조작에 따라 요청을 전달하는 '클라이언트'와 해당 요청을 받아 처리하는 '서버'로 소프트웨어를 나누고, 복수의 컴퓨터 상에서 하나의 모델을 구현하는 시스템을 말합니다.

– 웹 시스템에서의 클라이언트/서버

웹 시스템이란 브라우저와 웹 서버로 구성되는 클라이언트/서버 모델의 시스템을 말합니다.

그림 **1-21** 웹 시스템에서의 클라이언트/서버 모델

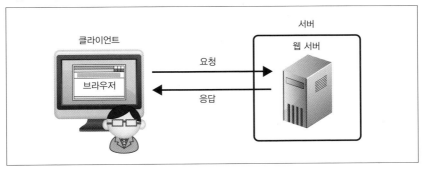

Point ▶ **클라이언트/서버 모델은 클라이언트와 서버로 구성된다!**

웹 시스템에서 클라이언트 기능을 하는 브라우저는 사용자가 지정한 URL과 연결된 웹 서버에 요청을 보냅니다. 요청 내용은 상황이 따라 미묘하게 달라지지만, 그 대부분은 '이 페이지를 열람하고 싶다'일 것입니다. 이때 클라이언트가 보내는 요구사항을 웹 용어로는 '리퀘스트[request]'라고 합니다(앞으로는 리퀘스트를 '요청'이라고 하겠습니다).

클라이언트의 요청을 받은 웹 서버에서는 그에 맞게 처리합니다. 요청이 '이 페이지를 열람하고 싶다'이므로, 서버는 브라우저가 페이지를 표시할 수 있도록 HTML로 된 데이터를 클라이언트로 반환합니다. 데이터는 네트워크를 통해서 전송됩니다. 한편 서버의 응답은 웹 용어로 '리스폰스response'라고 합니다(앞으로는 리스폰스를 '응답'이라고 하겠습니다). 페이지 내용을 전달받은 브라우저는 화면에 페이지 내용을 표시합니다.

이것으로, 전형적인 클라이언트/서버 모델에서의 처리가 하나 종료되었습니다. 실제 웹에서는 요청과 응답이 되풀이되면서 웹 페이지가 표시됩니다.

그림 **1-22** 요청(request)과 응답(response)

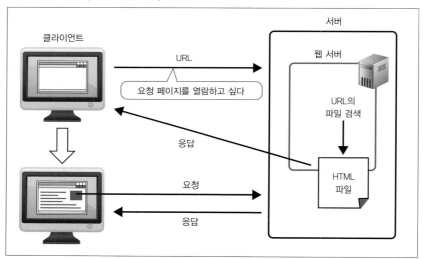

– RDBMS의 클라이언트/서버

RDBMS도 웹 시스템과 마찬가지로 클라이언트/서버 모델로 시스템이 구성됩니다. 하지만 단순히 요청과 응답을 되풀이하는 것은 아닙니다.

먼저, 웹 시스템에는 없었던 **사용자 인증**이 필요합니다. RDBMS는 사용자 별로 데이터베이스 접근을 제한할 수 있습니다. 이 때문에 데이터베이스를 사용하기 위해서는 사용자 인증을 거쳐야 합니다. 사용자 인증은 사용자 ID와 비밀번호로 실행됩니다. 만약 인증에 실패하면 데이터베이스에 접속할 수 없습니다.

그림 **1-23** 사용자 인증

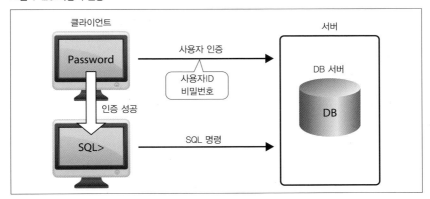

그림 **1-23** 사용자 인증

Point ▶ **데이터베이스를 사용할 때는 ID와 비밀번호를 이용한 사용자 인증이 필요하다!**

- SQL명령 실행

RDBMS에 접속하면 SQL 명령을 서버에 보낼 수 있습니다. 서버가 가동 중이고 네트워크에도 연결되어 있다면, 클라이언트에서 SQL 명령을 보낼 때 서버는 응답할 것입니다. 일단 한 번 데이터베이스에 접속하면, 이를 유지하여 재접속 없이 SQL 명령을 여러 번 보낼 수 있습니다.

사용이 끝나면 데이터베이스와의 접속은 끊깁니다. 일반적으로 클라이언트를 종료하면 데이터베이스 접속도 끊깁니다.

2. 웹 애플리케이션의 구조

웹 애플리케이션은 일반적으로 웹 서버와 데이터베이스 서버의 조합으로 구축됩니다. 여기에서는 이와 같은 웹 애플리케이션이 어떻게 구성되는지 설명하겠습니다.

앞서 설명한 것처럼 웹 시스템은 클라이언트/서버 모델로 구성되며 브라우저가 클라이언트, 아파치Apache나 IIS와 같은 웹 소프트웨어가 서버 역할을 합니다. 클라이언트가 서버에게 요청하면 웹 서버는 클라이언트에게 응답합니다.

그림 **1-24** 웹 시스템의 요청과 응답

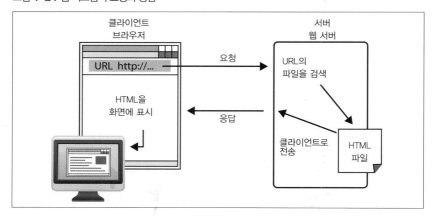

웹 사이트가 정적인 HTML만으로 구성되어 있다면 웹 서버만으로도 시스템을 구축할 수 있을 것입니다. 하지만 웹 애플리케이션이라 부를 정도의 규모라면 데이터베이스가 필요합니다.

웹 서버에서 동적으로 HTML을 생성하려면 제어용 프로그램이 필요합니다. 웹 서버에는 CGI라 불리는 동적 콘텐츠를 위한 확장 방식이 있습니다. 이 CGI를 이용하여 프로그램과 웹 서버 간을 연동, 통신하여 처리합니다.

프로그래밍 언어로서는 펄Perl이나 PHP, 루비Ruby 등의 스크립트 언어가 자주 사용됩니다. 윈도우의 경우는 ASP.NET이 많이 사용되며, 자바와 Servlet과 같은 조합도 있습니다.

그림 **1-25** 웹 시스템과 CGI

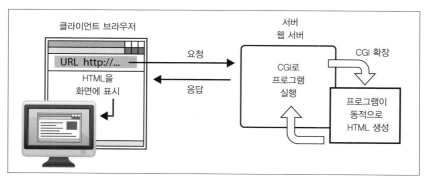

웹 시스템에 관해서는 이 정도로 하고 데이터베이스 이야기로 되돌아가겠습니다. 실제로 데이터베이스에 접속하는 것은 PHP나 루비 등의 프로그래밍 언어로 만들어진 CGI 프로그램입니다. 데이터베이스 서버를 사용하기 위해서는 먼저 데이터베이스 서버와의 접속이 성립되어야 합니다. 그 후 데이터베이스에 필요한 SQL 명령을 전달하고, 실행 결과는 클라이언트로 되돌아갑니다. 이때 웹 서버의 **CGI 프로그램이 데이터베이스의 클라이언트**가 됩니다.

그림 **1-26** CGI와 데이터베이스

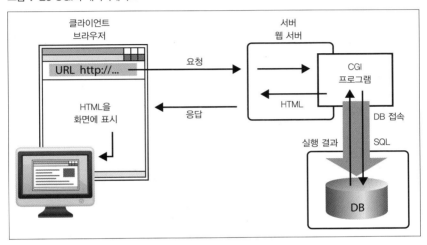

클라이언트와 서버가 네트워크로 연결되어 있다면 서로 다른 머신에 두어도 무방합니다. 웹 서버와 데이터베이스 서버를 다음과 같이 서로 다른 머신에 두면 처리가 분산되어 시스템 전체 성능이 향상됩니다. 실제로 대규모 시스템에서는 웹 서버나 데이터베이스 서버를 여러 대로 구성하여 운용하는 경우도 많습니다.

그림 **1-27** 웹 서버와 데이터베이스 서버

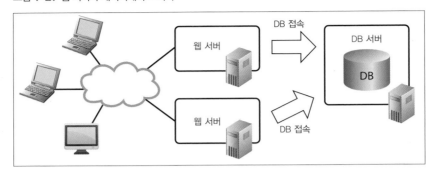

Point ▶ 클라이언트/서버 모델은 유연한 하드웨어 구성을 실현한다!

3. MySQL 서버와 mysql 클라이언트

이 책은 MySQL을 사용한 환경을 기반으로 합니다. MySQL 패키지를 PC에 인스톨하면 서버와 클라이언트 모두 사용할 수 있습니다. MySQL 서비스가 데이터베이스 서버가 되고, mysql 커맨드가 클라이언트가 됩니다.

MySQL 서비스는 PC 기동과 함께 자동으로 실행됩니다. MySQL 서버에 접속해서 SQL 명령을 실행하는 방법은 여러 가지가 있지만, 이 책에서는 MySQL의 표준 커맨드인 mysql 클라이언트를 이용하는 것을 전제로 합니다.

그림 **1-28** MySQL의 서버와 클라이언트 환경

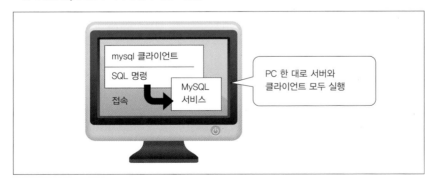

지금까지 설명한 것처럼 클라이언트/서버 모델은 시스템의 하드웨어 구성을 유연하게 변경할 수 있도록 해줍니다. 클라이언트가 많아져 서버의 능력이 부족해지면 추가로 설치하여 부하 분산해 시스템 전체의 성능을 높일 수 있습니다.

PC 한 대로 클라이언트와 서버 모두 실행할 수 있지만 네트워크 기능은 필요합니다. 클라이언트에서 서버에 접속할 필요가 있는데, 이때 네트워크를 경유해서 PC의 서버로 되돌아오는 형태로 접속합니다. 이를 '루프 백 접속'이라 부릅니다.

그림 **1-29** 루프 백 접속

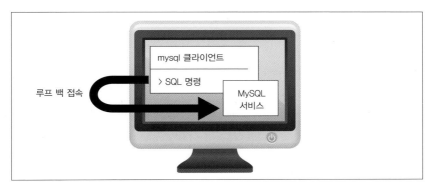

데이터베이스와 SQL의 개요에 관해서는 여기서 설명을 마무리 짓겠습니다. 다음 장부터는 실제로 SQL 명령을 실행하면서 설명합니다. 이 책은 MySQL용 예제 데이터를 제공합니다. MySQL 패키지 설치와 예제 데이터베이스 생성은 부록 A를 참고해주세요.

마치며

1장에서는 데이터베이스와 SQL의 개념에 대해 익혔습니다.
이 장에서 다룬 내용을 정리해봅시다.

– 데이터베이스

비 휘발성 저장장치에 저장되는 영속된 데이터의 집합입니다. 단지 저장만 하는 데 그치지 않고, 용이한 검색을 실현하도록 정리해줍니다.

– DBMS

데이터베이스를 관리하는 소프트웨어입니다.

– RDBMS

데이터베이스를 관계형 모델로 관리하는 소프트웨어입니다.

– SQL

RDBMS에서 데이터를 조작하는 명령입니다.

– SQL 방언

데이터베이스 제품 종류는 다양하며, 경우에 따라 표준과 다른 SQL 명령을 사용하기도 합니다. 이를 SQL 방언이라고 부릅니다.

– 데이터베이스 서버

RDBMS는 클라이언트/서버 모델로 구성됩니다. 클라이언트는 데이터베이스 서버에 접속해 SQL 명령을 실행하여 데이터베이스를 조작할 수 있습니다.

연습문제

– 문제 1

SQL 명령을 사용할 수 있는 데이터베이스는 무엇입니까?

① 객체지향형 데이터베이스

② 관계형 데이터베이스

③ XML 데이터베이스

– 문제 2

클라이언트가 데이터베이스 서버에 접속할 때 필요한 것은 무엇입니까?

① 사용자 인증

② 영속화

③ 웹 서버

– 문제 3

다음 용어 중 SQL 명령이 아닌 것은 무엇입니까?

① DML

② DDL

③ XML

테이블에서 데이터 검색

2장에서는 다음과 같은 내용을 학습합니다.

– SELECT 명령으로 Hello World 실행
– 테이블 구조
– 검색조건 지정
– 조건 조합
– 패턴 매칭

Hello World 실행하기

이제부터는 실제로 SQL 명령을 실행하면서 배워보겠습니다. 우선은 SQL 명령의 Hello World라 할 수 있는 'SELECT * FROM 테이블명'을 실행해보겠습니다.

SYNTAX	SELECT 명령
SELECT * FROM 테이블명	

그림 **2-1** Hello World 실행하기

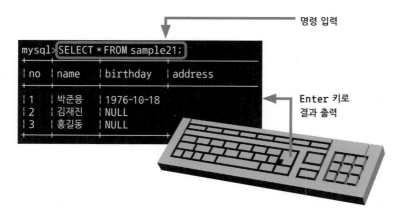

Hello World라는 것은 프로그래밍 언어를 배울 때 가장 처음 만들어보는 아주 간단한 프로그램을 일컫는 말입니다. SQL에서는 다음과 같은 SELECT 명령이 Hello World에 해당합니다.

> SELECT * FROM 테이블명

여기서는 이 SQL 명령을 실행하고 그 결과를 확인하면서 명령에 관해 설명합니다.

1. 'SELECT * FROM 테이블명' 실행

SQL 명령은 mysql 클라이언트에 문자를 입력하여 실행할 수 있습니다. mysql 클라이언트를 명령 프롬프트에서 실행시킵니다(실행 방법에 관한 자세한 내용은 부록을 참조해 주세요).

 mysql> 뒤에 SQL 명령을 키보드로 입력합니다.

그림 **2-2** SELECT 명령 입력

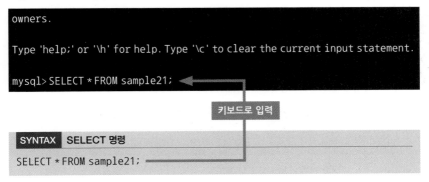

SELECT와 * 그리고 FROM 사이에는 스페이스를 넣어 구분합니다. FROM 과 sample21 사이에도 스페이스가 필요합니다. SELECT*FROMsample21; 과 같이 붙여서 입력하면 에러가 발생해 실행할 수 없으므로 주의하세요. 입력이 끝나면 명령의 마지막을 나타내는 세미콜론(;)을 넣은 뒤 Enter 키를 누릅니다. Enter 키를 누르면 입력한 SQL 명령이 서버에 전달되며 서버는 이를 실행한 후 결과를 반환합니다.

그림 2-3 SELECT 명령의 실행 결과

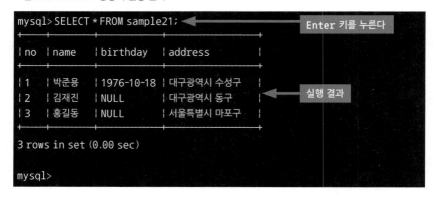

잘 실행되었습니까? 에러가 발생한 경우에는 SELECT의 철자는 맞는지, 스페이스가 빠진 곳이 없는지, 명령문의 마지막에 세미콜론(;)이 들어가 있는지 등을 확인해 주세요. 세미콜론을 붙이지 않고 Enter 키를 누르면 입력중인 것으로 간주되어 명령문은 실행되지 않습니다. 꼭 세미콜론을 입력하고 Enter 키를 눌러 주세요. Enter 키를 누르기 전까지는 Back Space 키로 이전의 문자를 삭제할 수 있습니다.

그림 2-4 세미콜론(;)를 붙이지 않으면 실행되지 않는다

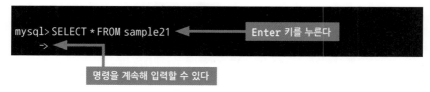

Point ▶ mysql 클라이언트에 SQL 명령을 입력하여 실행할 수 있다! 이때 SQL 명령의 마지막에는 세미콜론(;)을 붙인다!

2. SELECT 명령 구문

Hello World에서 실행한 SQL 명령은 SELECT 명령입니다. SELECT는 DML에 속하는 명령으로 SQL에서 자주 사용됩니다. SELECT 명령으로 데이터베이스

의 데이터를 읽어올 수 있습니다. SELECT 명령은 '질의'나 '쿼리'라 불리기도 합니다. Hello World에서 실행한 SQL 명령을 다시 한 번 살펴봅시다.

그림 2-5 Hello World에서 실행한 SQL명령

먼저, 맨 앞의 SELECT는 SQL 명령의 한 종류로 'SELECT 명령을 실행하세요'라는 의미입니다. 그 다음의 애스터리스크(*)는 '모든 열'을 의미하는 메타문자입니다. Hello World를 실행하면 sample21 테이블의 모든 데이터를 읽어옵니다. 테이블에는 몇 개의 열이 있는데, 이들을 일일이 지정하지 않고도 *를 사용하면 간단하게 모든 열을 지정할 수 있습니다.

 sample21 테이블에 *라는 이름의 열이 존재하는 것이 아닙니다. SELECT 명령을 실행할 때 * 부분이 자동으로 모든 열로 바뀐다고 생각하면 이해하기 쉬울 것입니다.

그림 2-6 애스터리스크(*)는 모든 열

sample21 테이블

no	name	birthday	address
1	박준용	1976-10-18	대구광역시 수성구
2	김재진	NULL	대구광역시 동구
3	홍길동	NULL	서울특별시 마포구

* = 모든 열

그 다음의 FROM은 처리 대상 테이블을 지정하는 키워드입니다. FROM 뒤에 테이블명을 지정합니다. SQL 명령은 키워드에 의해 '구'라는 단위로 나눌 수 있습니다. Hello World의 SQL 명령의 경우 SELECT 구와 FROM 구로 나눌 수 있습니다. SELECT 명령은 여러 개의 구로 구성됩니다. 어떤 구가 있는지 추후 자세하게 설명하겠습니다.

그림 **2-7** SELECT 구와 FROM 구

SELECT 구   FROM 구

Point ▶ *는 모든 열을 의미하는 메타문자이다! SQL 명령은 몇 개의 구로 구성된다!

3. 예약어와 데이터베이스 객체명

Hello World에서는 'sample21'이라는 테이블의 내용을 확인할 수 있었습니다. 다른 테이블의 내용을 보고 싶은 경우에는 FROM 뒤의 테이블명을 재지정하면 됩니다.

SELECT 명령문에는 몇 가지 단어가 쓰였습니다. 이 단어들은 스페이스로 구분 되며 다음과 같이 분류할 수 있습니다.

그림 **2-8** SELECT 명령문의 키워드

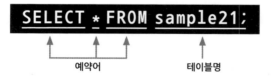

예약어   테이블명

SELECT와 FROM이 구를 결정하는 키워드이자 **예약어**입니다. sample21은 테 이블 이름으로, 예제 데이터베이스를 만들 때 필자가 임의로 지정했습니다.

데이터베이스에는 테이블 외에 다양한 데이터를 저장하거나 관리하는 '어떤 것'을 만들 수 있습니다. 이것을 '데이터베이스 객체'라 부르는데, 예를 들면 '뷰(view)' 가 그에 해당합니다. 뷰에 관해서는 6장에서 자세하게 설명합니다.

데이터베이스 객체는 이름을 붙여 관리합니다. 같은 이름으로 다른 데이터베이스 객체는 만들 수 없습니다. 예를 들면, sample21이 기존 데이터베이스 내에 존재 하는 테이블이므로, sample21이라는 동일한 이름으로 새로운 테이블을 만들 수 없습니다. 이런 경우 '이미 테이블이 정의되어 있다'라는 에러가 발생합니다.

그림 **2-9** 데이터베이스 객체

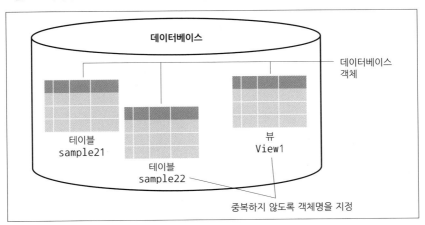

통상적으로 데이터베이스 객체명에는 예약어와 동일한 이름을 사용할 수 없습니다. 예를 들면 'SELECT'라는 이름의 테이블은 만들 수 없습니다. 이것이 예약어(예약되어 있는 단어)의 유래입니다.

– 대소문자 구별

예약어와 데이터베이스 객체명은 대소문자를 구별하지 않습니다. 다음은 그 예를 나타낸 것으로, 모두 동일하게 동작합니다.

```
select * from sample21;
Select * From Sample21;
SELECT * FROM SAMPLE21;
```

`Point` ▶ **예약어와 데이터베이스 객체명은 대소문자를 구별하지 않는다!**

SQL 명령과 달리 많은 데이터베이스 제품들은 데이터의 대소문자를 구별합니다. 단, 설정에 따라 구별하지 않는 경우도 있으므로 주의해주세요. 이 책에서는 알아보기 쉽도록 예약어는 대문자로, 데이터베이스 객체명은 소문자로 표기합니다.

4. Hello World를 실행한 결과 = 테이블

SELECT 명령을 실행하면 표 형식의 데이터가 출력됩니다. 표 형식의 데이터는 '**행**(레코드)'과 '**열**(컬럼/필드)'로 구성됩니다. 행은 모두 동일한 형태로 되어 있으며 옆으로 '열(컬럼/필드)'이 나열되는데, 열마다 이름이 지정되어 있습니다. 각각의 행과 열이 만나는 부분을 '셀'이라고 부릅니다. 셀에는 하나의 데이터 값이 저장되어 있습니다.

그림 **2-10** 테이블 구조

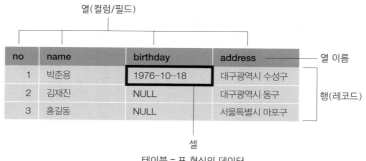

테이블 = 표 형식의 데이터

Point ▶ **테이블은 행과 열로 구성된 표 형식의 데이터다!**

Hello World를 실행하면 sample21 테이블의 모든 행과 열의 데이터를 화면에 표시합니다. 출력결과를 보면 알 수 있듯이 sample21 테이블은 총 4개의 열을 가집니다. 왼쪽을 기준으로 맨 처음에 'no'라는 이름의 열이 존재합니다.

그림 **2-11** no 열은 수치형

no 열에는 숫자만 들어간다 = 수치형

no	name	birthday	address
1	박준용	1976-10-18	대구광역시 수성구
2	김재진	NULL	대구광역시 동구
3	홍길동	NULL	서울특별시 마포구

➡ 오른쪽 정렬로 표시

각 행의 no열 값은 1, 2, 3처럼 연속하는 숫자로 이루어집니다. 예제 데이터베이스를 만들 때 순차적으로 번호를 입력하여 작성했기 때문입니다. 이처럼 숫자만으로 구성된 데이터를 '**수치형**' 데이터라고 합니다. 수치형 데이터는 오른쪽 정렬로 표시됩니다.

한편, no의 우측에는 'name'이라는 열이 있습니다. name 열에는 사람 이름이 저장되어 있습니다. 사람 이름처럼 임의의 문자로 구성된 데이터를 '**문자열형**' 데이터라 부릅니다. 문자형은 왼쪽으로 정렬되어 표시됩니다.

그림 **2-12** name 열은 문자열형

name 열에는 문자가 들어간다 = 문자열형

no	name	birthday	address
1	박준용	1976-10-18	대구광역시 수성구
2	김재진	NULL	대구광역시 동구
3	홍길동	NULL	서울특별시 마포구

← 왼쪽 정렬로 표시

그 다음 열인 'birthday'에는 날짜 데이터가 저장되어 있습니다. 날짜와 시각을 나타내는 데이터를 '**날짜시간형**' 데이터라고 하며 왼쪽으로 정렬되어 표시됩니다.

지금까지 sample21 테이블에 존재하는 no, name, birthday 열들에 관해서 알아 보았습니다. 열은 하나의 자료형만 가질 수 있습니다. 그리고 수치형의 열에 문자형의 데이터를 저장할 수는 없습니다.

Point **데이터는 자료형으로 분류할 수 있다!**
열은 하나의 자료형만 가질 수 있다!

5. 값이 없는 데이터 = NULL

SELECT의 결과를 잘 살펴보면 셀의 값이 '**NULL**'로 표시된 부분이 있습니다. NULL은 특별한 데이터 값으로 아무것도 저장되어 있지 않은 상태를 의미합니다. 다시 말해, NULL이라는 데이터가 저장되어 있는 것이 아닌, '아무 것도 저장되어 있지 않은 상태'라는 뜻입니다. NULL은 SQL에서 **대단히 중요한 개념**으로, 자세한 것은 차차 설명하도록 하겠습니다

그림 **2-13** NULL

no	name	birthday	address
1	박준용	1976-10-18	대구광역시 수성구
2	김재진	**NULL**	대구광역시 동구
3	홍길동	**NULL**	서울특별시 마포구

여기에는 데이터가 없다

Point ▶ **NULL은 데이터가 들어있지 않은 것을 의미하는 특별한 값이다!**

테이블 구조 참조하기

여기에서는 DESC 명령으로 테이블 구조를 참조하는 방법에 대해 학습하겠습니다.

Command **DESC 명령**

DESC 테이블명;

그림 **2-14** 테이블 구조 참조

DESC sample21;

Field	Type	Null	Key	Default	Extra
no	int(11)	YES		NULL	
name	varchar(20)	YES		NULL	
birthday	date	YES		NULL	
adress	varchar(40)	YES		NULL	

SELECT 명령으로 테이블의 데이터를 읽어왔습니다. 테이블은 한 개 이상의 열로 구성됩니다. Hello World의 SELECT 명령에서는 생략했지만, 열을 지정하

여 조건을 붙이거나 특정 열의 값을 읽어올 수 있습니다. 테이블에 어떤 열이 있는지 참조할 수 있다면 SELECT 명령을 작성하기 쉬워집니다. 여기에서는 DESC 명령으로 테이블 구조를 참조하는 방법을 알아보겠습니다.

1. DESC 명령

다음 명령을 실행하면 [그림 2-15]와 같은 결과가 화면에 나타납니다.

```
mysql> DESC sample21;
```

그림 **2-15** DESC 실행

```
mysql> DESC sample21;
+----------+-------------+------+-----+---------+-------+
| Field    | Type        | Null | Key | Default | Extra |
+----------+-------------+------+-----+---------+-------+
| no       | int(11)     | YES  |     | NULL    |       |
| name     | varchar(20) | YES  |     | NULL    |       |
| birthday | date        | YES  |     | NULL    |       |
| address  | varchar(40) | YES  |     | NULL    |       |
+----------+-------------+------+-----+---------+-------+
4 rows in set (0.00 sec)
```

이와 같이 DESC 명령으로 테이블에 어떤 열이 정의되어 있는지 알 수 있습니다 (DESC는 SQL 명령이 아닙니다).

그럼, 표시된 내용에 대해 간단히 설명하겠습니다. 맨 앞의 Field에는 열 이름이 표시되며, Type은 해당 열의 '자료형'을 나타냅니다. int는 Integer(정수)를 의미합니다. 괄호 안의 숫자는 최대 길이를 나타내는데, 예를 들어 int(11)은 '11자리의 정수값을 저장할 수 있는 자료형'이라는 의미입니다. Null은 NULL 값을 허용할 것인지 아닌지를 나타내는 **제약사항**으로 Yes로 지정하면 NULL 값을 허용하게 됩니다. Key는 해당 열이 '키'로 지정되어 있는지를 나타냅니다. 여기서는 행을 특정하기 위해 사용할 수 있는 열이라고만 설명해 두겠습니다. Default는 그 열에 주어진 '기본값' 즉, 생략했을 경우 적용되는 값입니다. 테이블에 행을 추가할 때 열의 데이터 값을 생략하면 이 기본값으로 채워집니다.

2. 자료형

테이블은 하나 이상의 열로 구성되며 DESC 명령으로 그 구조를 참조할 수 있다는 것을 알았습니다. 열에는 몇 가지 속성을 지정할 수 있는데 그중 가장 중요한 속성은 '**자료형**'입니다. 이미 몇 가지 자료형을 예로 들어 설명했습니다만 여기서 더 상세하게 다뤄 보겠습니다.

– INTEGER 형

'INTEGER 형'은 수치형의 하나로 정수값을 저장할 수 있는 자료형입니다. 소수점은 포함할 수 없습니다.

– CHAR 형

'CHAR 형'은 문자열형의 하나로 문자열을 저장할 수 있는 자료형입니다. 문자열형에서는 열의 최대 길이를 지정해야 합니다. CHAR(10)으로 자료형을 지정했을 경우 최대 10문자로 된 문자열을 저장할 수 있으며 11문자로 된 문자열은 저장할 수 없습니다.

다음에 설명할 VARCHAR 형은 저장할 문자열의 길이에 맞춰 저장공간을 가변적으로 사용하여 저장합니다. 반면 CHAR 형은 언제나 고정된 길이로 데이터가 저장됩니다. 그에 따라 '고정 길이 문자열' 자료형이라고 합니다. CHAR 형에서는 길이가 고정되기 때문에 최대 길이보다 작은 문자열을 저장할 경우 공백문자로 나머지를 채운 후 저장하게 됩니다.

– VARCHAR 형

'VARCHAR 형' 역시 문자열을 저장할 수 있는 자료형입니다. 최대 길이를 지정하는 점은 CHAR 형과 같습니다. 단 CHAR 형과는 달리 데이터 크기에 맞춰 저장공간의 크기도 변경됩니다. 그에 따라 '가변 길이 문자열' 자료형이라고 합니다.

– DATE 형

'DATE 형'은 날짜값을 저장할 수 있는 자료형입니다. 날짜값이란 '2013년 3월 23일'과 같이 연월일의 데이터를 저장할 수 있는 형입니다.

– TIME 형

'TIME 형'은 시간을 저장할 수 있는 자료형입니다. 예를 들어 '12시 30분 20초'와 같이 시분초의 데이터를 저장할 수 있는 형입니다.

그림 **2-16** 가변 길이 문자열과 고정 길이 문자열

Point▶ **문자열형에는 고정 길이와 가변 길이가 있다!**

여기까지 자주 쓰이는 자료형을 위주로 설명하였습니다. 데이터베이스 제품에 따라 차이는 있겠지만 대부분의 데이터베이스에서 사용할 수 있습니다. 지금까지 소개한 것 외에도 많은 자료형이 있습니다.

검색 조건 지정하기

지금부터 조건을 지정하여 데이터를 검색하는 방법에 관해 설명하겠습니다. 데이터 검색에는 열을 지정하는 방법과 행을 지정하는 방법이 있습니다.

SYNTAX **SELECT 구와 WHERE 구**

SELECT 열1, 열2 **FROM** 테이블명 **WHERE** 조건식

그림 **2-17** 조건을 지정하여 데이터 검색하기

SELECT 구, WHERE 구에서 데이터 검색 조건 지정

예제 데이터베이스의 테이블에는 저장된 행이 적습니다만 통상적인 데이터베이스라면 많은 행이 있을 것입니다. 화면에 표시하여 데이터를 확인할 수 있는데, 한번에 볼 수 있는 데이터양은 한정되어 있습니다. 화면에 표시할 때는 행이나 열을 선택하여 데이터베이스에서 데이터를 읽어오는, 다시 말해 '검색'이 빈번하게 일어납니다. 행을 선택할 때는 WHERE 구를 사용하며, 열을 선택할 때는 SELECT 구를 사용합니다.

그럼, 먼저 SELECT 구를 살펴보겠습니다.

1. SELECT 구에서 열 지정하기

데이터를 선택할 때는 열이나 행을 한정합니다. 먼저, 열을 한정하는 방법에 대해서 알아보겠습니다.

Hello World의 SELECT 명령에서는 *를 사용해서 sample 21테이블의 모든 열을 취득했습니다. 열을 한정하기 위해서는 * 부분에 열명을 지정합니다.

SYNTAX **SELECT 구에서 열 지정**

SELECT 열1, 열2… **FROM** 테이블명

열은 위의 구문처럼 콤마(,)를 이용하여 구분 지으며 여러 개를 지정할 수 있습니다. 지정한 열만 결괏값으로 표시됩니다.

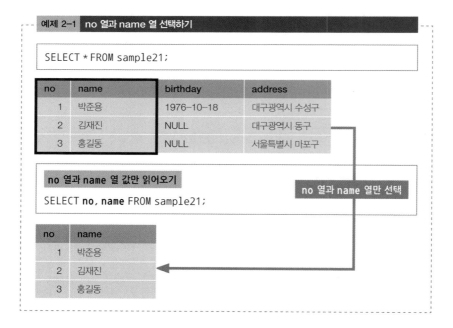

'SELECT FROM sample21;'과 같이 열을 전혀 지정하지 않으면 구문 에러가 발생합니다. 또한 테이블에 존재하지 않는 열을 지정해도 에러가 발생합니다. 열 지정 순서는 임의로 정할 수 있습니다. 테이블에서 열이 정의된 순서와 동일한 순으로 지정할 필요는 없습니다. 'SELECT address, name FROM sample21;'와 같이 지정해도 무관합니다. 결과는 지정한 열의 순서대로 표시됩니다. 동일한 열을 중복해서 지정해도 무관합니다. 별로 의미는 없지만 'SELECT no, no, no FROM sample21;' 처럼 지정해도 상관없습니다.

Point ▶ SELECT 구에서 결과로 표시하고 싶은 열을 지정할 수 있다!

2. WHERE 구에서 행 지정하기

테이블의 열은 많아야 몇십 개 정도지만 행은 열에 비해 훨씬 많을 수 있습니다. 데이터베이스의 규모에 따라 다르지만 일반적으로 수백 건에서 대규모의 경우 수천만 건의 행에 달하는 경우도 있습니다. 이처럼 많은 행 속에서 필요한 데이터만 검색하기 위해서는 WHERE 구를 사용합니다.

WHERE 구는 FROM 구의 뒤에 표기합니다. 예약어 'WHERE' 뒤에 검색 조건을 표기합니다. 조건에 일치하는 행만 SELECT의 결과로 반환됩니다.

SYNTAX WHERE 구로 행 추출

SELECT 열 **FROM** 테이블명 **WHERE** 조건식

– 구의 순서와 생략

SQL에서는 구의 순서가 정해져 있어 바꿔적을 수 없습니다. FROM 구 뒤에 WHERE 구를 표기합니다. 'SELECT 구 → WHERE 구 → FROM 구'의 순으로 적으면 에러가 발생합니다. 구에는 WHERE 구처럼 생략 가능한 것도 있습니다. 만약 WHERE 구를 생략한 경우는 테이블 내의 모든 행이 검색 대상이 됩니다.

- WHERE 구

조건식은 '열과 연산자, 상수로 구성되는 식' 입니다. 구체적인 예를 들어 설명하겠습니다. 먼저 다음과 같은 간단한 예를 살펴보겠습니다. 이 예제의 WHERE 구에서 지정한 'no = 2'는 올바른 조건식입니다. 이 조건식에 일치하는 행만 SELECT의 결과로 반환됩니다. 여기서는 WHERE 구로 행만 추출하지만 SELECT 구로 열 지정을 동시에 할 수도 있습니다.

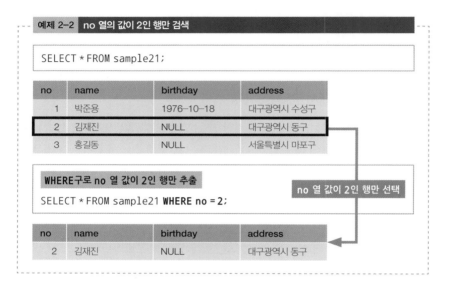

Point ▶ WHERE 구의 조건에 일치하는 행만 결과로 반환된다!

- 조건식

조건식 'no = 2'는 no 열 값이 2일 경우에 참이 되는 조건입니다. 여기에서 조건식을 더 자세히 살펴보겠습니다.

'no = 2'은 'no' '=' '2'의 세 개 항목으로 나눌 수 있습니다. 첫 번째 항목인 'no'는 열 이름입니다. 두 번째 항목 '='는 연산자입니다. 연산자란 어떤 계산을 할지 지정하는 것으로 보통 기호로 표기합니다. =의 경우, 좌우로 2개 항목이 필요한 '이항 연산자'에 해당하며 일반적으로 많이 쓰이는 기호입니다.

= 연산자를 기준으로 좌변과 우변의 항목을 비교하고, 서로 같은 값이면 참을, 같지 않으면 거짓을 반환합니다. no = 2의 조건식에서 no 열 값이 2인 행은 참이 되며 1이나 3인 행은 거짓이 됩니다. 조건식을 만족한(참) 행만 결괏값으로 반환됩니다. = 연산자는 비교한 결괏값이 참인지 거짓인지를 반환하므로 '비교 연산자'라 부릅니다.

그림 2-18 열, 연산자, 상수

Point ▶ 조건식은 참 또는 거짓의 진리값을 반환하는 식으로 비교 연산자를 사용해 표현한다!

– 값이 서로 다른 경우 '<>'

비교 연산자는 = 외에도 존재합니다. 조건식에 사용하는 연산자를 바꾸거나 복수의 연산자를 조합하면 복잡한 조건식을 만들 수 있습니다. 검색 조건으로 <> 연산자를 사용하는 예를 살펴보겠습니다.

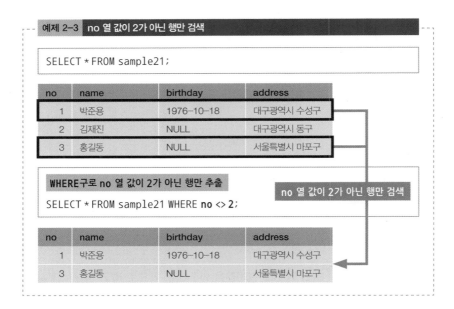

이전의 조건식에서 연산자를 =에서 <>로 바꾸었습니다. = 연산자가 서로 같은 값인지를 비교하는 연산자인 데 반해, <> 연산자는 서로 다른 값인지를 비교하는 연산자입니다. 여기서는 no 열 값이 2가 아닐 경우 참이 되므로, 값이 1과 3인 행이 화면에 표시되었습니다.

Point <> 연산자를 통해 '값이 서로 다른 경우' 참이 되는 조건식으로 변경할 수 있다!

이와 같이 WHERE 구에서 지정한 조건식에 따라 복수의 행이 반환되는 경우도 있습니다. 반드시 하나의 행만 반환되는 것은 아닙니다. 조건식에 일치하는 행이 전혀 없는 경우에는 아무것도 반환되지 않습니다.

3. 문자열형의 상수

지금까지 no 열을 사용한 검색 조건의 예를 살펴보았습니다. no 열 값이 2인 경우와 그렇지 않은 경우로 검색해 보았지요. 이번에는 name 열을 사용해 동일한 조건으로 검색해보겠습니다.

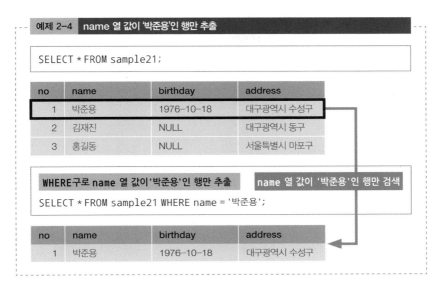

예제 2-4 name 열 값이 '박준용'인 행만 추출

```
SELECT * FROM sample21;
```

no	name	birthday	address
1	박준용	1976-10-18	대구광역시 수성구
2	김재진	NULL	대구광역시 동구
3	홍길동	NULL	서울특별시 마포구

WHERE구로 name 열 값이 '박준용'인 행만 추출   name 열 값이 '박준용'인 행만 검색

```
SELECT * FROM sample21 WHERE name = '박준용';
```

no	name	birthday	address
1	박준용	1976-10-18	대구광역시 수성구

no 열은 수치형 열입니다. 한편, name 열은 no 열과 자료형이 다른 문자열형
열입니다. 수치형 조건식의 경우 비교할 숫자를 그대로 조건식에 표기합니다. 하
지만 문자열형을 비교할 경우는 '박준용'처럼 **싱글쿼트(' ')로 둘러싸 표기**해야
합니다.

날짜시간형의 경우에도 싱글쿼트로 둘러싸 표기합니다. 이때 연월일을 하이픈
(−)으로 구분합니다. 시각은 시분초를 콜론(:)으로 구분하여 표기합니다.

문자열형의 열과 비교하기 위해서는 조건으로 지정할 값도 그 자료형에 맞춰 지
정해야 합니다. 한편 자료형에 맞게 표기한 상수값을 '리터럴^{literal}'이라 부릅니다.
문자열 리터럴은 싱글쿼트로 둘러싸 표기합니다.

그림 **2-19** 상수 자료형

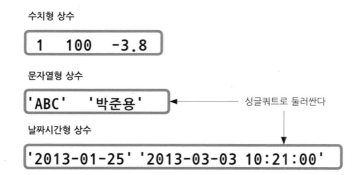

수치형 상수

```
1  100  -3.8
```

문자열형 상수

```
'ABC'  '박준용'
```
◄── 싱글쿼트로 둘러싼다

날짜시간형 상수

```
'2013-01-25' '2013-03-03 10:21:00'
```

4. NULL값 검색

'검색'이라고는 해도 조건식을 표기하는 것뿐이므로 간단합니다. 하지만 NULL 값을 검색할 경우에는 조금 주의해야 합니다. 지금부터 NULL 값을 검색하는 방법에 관해 살펴보겠습니다. 시험 삼아 = 연산자로 NULL값을 검색할 수 있는지 알아봅시다.

예제 **2-5**　연산자로 **NULL** 검색하기

```
SELECT * FROM sample21;
```

no	name	birthday	address
1	박준용	1976-10-18	대구광역시 수성구
2	김재진	NULL	대구광역시 동구
3	홍길동	NULL	서울특별시 마포구

= 연산자로 birthday가 NULL인 행만 추출

```
SELECT * FROM sample21 WHERE birthday = NULL;
```

no	name	birthday	address

birthday 열 값이 NULL 인 행이 있지만 birthday =NULL 과 같은 조건식으로

는 검색할 수 없었습니다. 즉, = 연산자로 NULL을 검색할 수는 없습니다.

– IS NULL

NULL 값을 검색할 때는 = 연산자가 아닌 'IS NULL'을 사용합니다. IS NULL은 술어로 연산자의 한 종류로 생각해주세요.

birthday IS NULL 과 같이 사용하면 됩니다. 좌변 항목의 값이 NULL인 경우 참을 반환합니다.

| 예제 2-6 | IS NULL로 NULL 검색하기 |

```
SELECT * FROM sample21;
```

no	name	birthday	address
1	박준용	1976-10-18	대구광역시 수성구
2	김재진	NULL	대구광역시 동구
3	홍길동	NULL	서울특별시 마포구

IS NULL을 사용해 **birthday**가 NULL인 행만 추출

```
SELECT * FROM sample21 WHERE birthday IS NULL;
```

no	name	birthday	address
2	김재진	NULL	대구광역시 동구
3	홍길동	NULL	서울특별시 마포구

이제 NULL 값에 해당하는 행이 표시되었습니다. 반대로 NULL 값이 아닌 행을 검색하고 싶다면 'IS NOT NULL'을 사용하면 됩니다.

Point ▶ NULL 값을 검색할 경우에는 IS NULL 을 사용한다!

5. 비교 연산자

= 연산자와 <> 연산자, IS NULL로 검색하는 방법에 관해 알아보았습니다. WHERE 구로 지정하는 조건식은 참과 거짓을 반환하는 비교 연산자나 술어를

사용해서 표기할 수 있습니다.

SQL에서는 많은 연산자 술어를 사용할 수 있습니다. 여기에서는 대표적인 비교 연산자에 어떤 것이 있는지를 소개하겠습니다.

- **= 연산자**
  좌변과 우변의 값이 같을 경우 참이 된다.

- **<> 연산자**
  좌변과 우변의 값이 같지 않을 경우 참이 된다.

- **> 연산자**
  좌변이 값이 우변의 값보다 클 경우 참이 된다. 같거나 작을 경우는 거짓이 된다.

- **>= 연산자**
  좌변이 값이 우변의 값보다 크거나 같을 경우 참이 된다. 작을 경우는 거짓이 된다.

- **< 연산자**
  좌변이 값이 우변의 값보다 작을 경우 참이 된다. 같거나 클 경우는 거짓이 된다.

- **<= 연산자**
  좌변이 값이 우변의 값보다 작거나 같을 경우 참이 된다. 클 경우는 거짓이 된다.

< 연산자와 > 연산자는 대소관계를 비교하는 연산자입니다만 =을 붙임으로써 서로 값이 같은 경우도 비교할 수 있습니다. =은 <, >의 뒤에 붙입니다. =>나 =<는 틀린 표기법입니다. 또한 <=나 >=을 표기할 때에는 사이에 스페이스를 넣어서는 안됩니다. '< ='와 같이 스페이스를 넣으면 <와 =로 연산자가 두 개라고 판단하여 에러가 발생합니다.

조건 조합하기

여기에서는 조건을 조합하여 더 세밀하게 검색할 수 있도록 3개의 논리 연산자 AND, OR, NOT에 관해 설명하겠습니다.

SYNTAX	AND, OR, NOT

조건식1 **AND** 조건식2
조건식1 **OR** 조건식2
NOT 조건식

그림 **2-20** 조건 조합

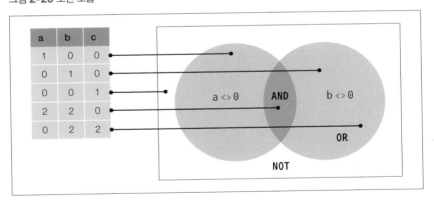

실제로 SELECT 명령을 사용해서 데이터베이스에서 데이터를 검색할 때 단순한 조건식을 넣으면 많은 결괏값이 반환되어 한눈에 알아보기 힘듭니다. 따라서 통상적으로 2개 이상의 조건식을 조합해 검색하는 경우가 많습니다. 조건식을 조합해 사용할 경우 복수의 조건을 WHERE 구로 지정합니다. 조합할 때는 AND, OR, NOT의 3가지 방법을 사용할 수 있습니다.

1. AND로 조합하기

복수의 조건을 조합할 경우 **AND**를 가장 많이 사용합니다. AND는 논리 연산자의 하나로 좌우에 항목이 필요한 이항 연산자가 됩니다. 좌우의 식 모두 참일 경우 AND 연산자는 참을 반환합니다. '모든 조건을 만족하는 경우 조건식은 참이 된다'고 할 때 AND 연산자로 조건식을 조합합니다. 다시 표현하자면 '및'에 해당합니다.

SYNTAX	AND

조건식1 **AND** 조건식2

예제 데이터의 sample24를 사용해서 설명하겠습니다. sample24 테이블은 단순히 설명을 위한 용도로, 크게 의미 없는 데이터들을 넣어 단순한 구조로 만들었습니다.

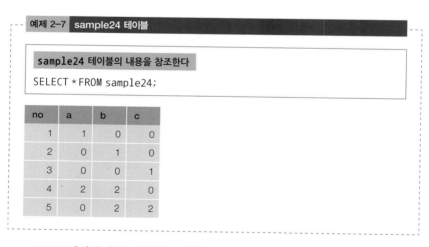

예제 2-7 ┃ sample24 테이블

sample24 테이블의 내용을 참조한다

SELECT * FROM sample24;

no	a	b	c
1	1	0	0
2	0	1	0
3	0	0	1
4	2	2	0
5	0	2	2

sample24 테이블에서 a 열과 b 열이 모두 0이 아닌 행을 검색하는 경우를 생각해보겠습니다. 0이 아니라는 조건은 'a<>0'과 'b<>0'이라는 조건식이 됩니다. 이

들 조건을 모두 만족해야 하므로 2개의 조건식을 AND로 연결합니다.

```
WHERE a <> 0 AND b <> 0
```

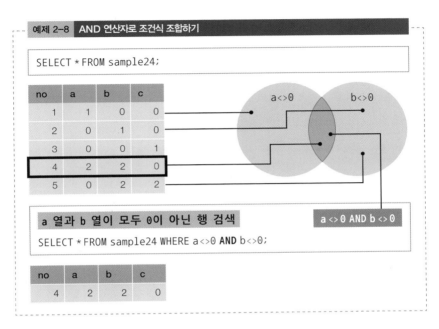

예제 2-8 AND 연산자로 조건식 조합하기

```
SELECT * FROM sample24;
```

a 열과 b 열이 모두 0이 아닌 행 검색

```
SELECT * FROM sample24 WHERE a<>0 AND b<>0;
```

a<>0 AND b<>0

a 열이 0이 아닌 행은 no가 1과 4인 2개 행입니다. b 열이 0이 아닌 행은 no가 2, 4, 5인 3개 행입니다. a 열과 b 열이 모두 0이 아닌 행은 no가 4인 한 개의 행입니다.

앞의 예제에서 실행 결과를 벤 다이어그램으로 나타내 보았습니다. 벤 다이어그램은 집합 관계를 그림으로 표현한 것입니다. 하나의 원은 집합을 의미합니다. 왼쪽 원에는 a<>0 조건을 만족하는 행이 포함됩니다. 오른쪽 원에는 b<>0 조건을 만족하는 행이 포함됩니다.

AND 연산은 조건을 만족하는 행을 집합으로 표현했을 때 이들 집합이 겹치는 부분, 즉 '교집합'으로 계산할 수 있습니다. AND 연산자는 논리곱을 계산하는 논리 연산자입니다.

2. OR로 조합하기

'어느 쪽이든 하나만 참이 되면 조건식은 참이 된다'라고 할 경우에는 OR로 조건식을 연결합니다. OR 또한 논리 연산자의 하나로 좌우 항목이 모두 필요한 이항연산자입니다. AND와 달리 어느 쪽이든 조건을 만족하면 결과는 참이 됩니다. 모든 조건이 거짓인 경우 결과는 거짓이 됩니다. 즉, OR는 '또는'에 해당합니다. OR에 관해서도 sample24 테이블을 사용해 설명하겠습니다.

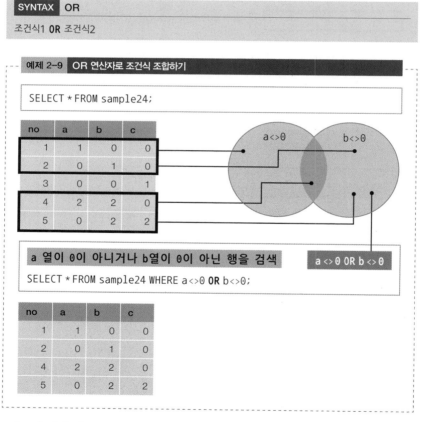

a가 0이 아닌 것은 no가 1, 4인 행입니다. b가 0이 아닌 것은 no가 2, 4, 5인 행

입니다. 이를 정리하면 a가 0이 아니거나 b가 0이 아닌 것은 no가 1, 2, 4, 5인
행이 됩니다.

OR 연산은 조건을 만족하는 행을 집합으로 표현했을 때, 이 집합들을 합한 부분,
즉 '합집합'으로 계산할 수 있습니다. OR 연산자는 논리합을 계산하는 논리 연산
자입니다.

`Point` **OR로 조건식을 연결하면 어느 쪽이든 조건을 만족하는 행을 모두 검색할
수 있다!**

3. AND와 OR를 사용할 경우 주의할 점

AND 연산자나 OR 연산자의 좌우로 참과 거짓을 반환하는 조건식을 지정하는
경우가 많습니다. 열이나 상수만을 지정해도 에러가 발생하지는 않지만 기대한
결괏값을 얻을 수 없습니다. 예를 들어 no 열의 값이 1 또는 2인 행을 추출하고
싶을 경우, 다음과 같은 조건식을 사용하면 올바른 결과를 얻을 수 없습니다.

```
SELECT * FROM sample24 WHERE no = 1 OR 2;
```

상수 '2'는 논리 연산으로 항상 참이 되기 때문에 결과적으로 모든 행을 반환하게
됩니다. 올바른 조건식은 다음과 같습니다.

```
SELECT * FROM sample24 WHERE no = 1 OR no = 2;
```

- AND와 OR를 조합해 사용하기

AND와 OR를 사용한 조건식으로 'a 열은 0이 아니다 (a<>0)'이라는 것을 던졌
습니다. 0, 1, 2라는 3개의 값이 있다면 a<>0은 1이나 2의 경우 참이 됩니다. '~
이 아닌'이라는 조건보다 '~인'이라는 조건이 더 이해하기 쉬울 것입니다. 'a<>0'
을 'a=1 OR a=2'라는 조건으로 바꾸어 보겠습니다.

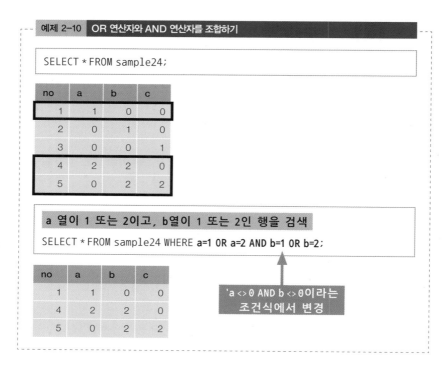

예제 2-10 OR 연산자와 AND 연산자를 조합하기

```
SELECT * FROM sample24;
```

no	a	b	c
1	1	0	0
2	0	1	0
3	0	0	1
4	2	2	0
5	0	2	2

a 열이 1 또는 2이고, b열이 1 또는 2인 행을 검색

```
SELECT * FROM sample24 WHERE a=1 OR a=2 AND b=1 OR b=2;
```

no	a	b	c
1	1	0	0
4	2	2	0
5	0	2	2

'a <> 0 AND b <> 0'이라는 조건식에서 변경

'a<>0 AND b<>0'이라는 조건식을 'a=1 OR a=2 AND b=1 OR b=2'로 변경해 보았습니다. 하지만 'a<>0 AND b<>0'의 조건식 결과와는 다른 것을 알 수 있습니다.

– 연산자의 우선 순위

결과가 다른 이유는 AND와 OR의 계산 우선순위가 다르기 때문입니다. OR 보다 AND 쪽이 우선 순위가 높기 때문에 a = 2 AND b = 1이 먼저 계산됩니다. 이를 괄호로 나타내면 다음과 같습니다.

```
WHERE a=1 OR (a=2 AND b=1) OR b=2
```

즉, 3개의 조건식이 OR로 연결된 것과 같아집니다. 따라서 조건식은 다음과 같이 3개로 나뉩니다.

• a = 1

- a = 2 AND b = 1

- b = 2

그림 **2-21** 연산자 우선 순위

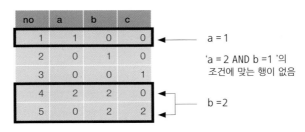

각각의 조건식에 맞는 행이 결과로 반환되었습니다. 'a 열이 1 또는 2이며 b 열이
1 또는 2이다'라는 조건으로 검색하고자 했지만 '『a 열이 1이다』 또는 『a 열이 2이
며 b 열이 1이다』 또는 『b 열이 2이다』'라는 조건이 되어버렸습니다. 처음 원한 대
로 조건을 지정하기 위해서는 다음과 같이 괄호로 우선 순위를 변경하면 됩니다.

```
SELECT * FROM sample24 WHERE (a=1 OR a=2) AND (b=1 OR b=2);
```

일반적으로 OR 조건식은 괄호로 묶어 지정하는 경우가 많습니다. 조건이 잘못
지정되는 것을 미연에 방지할 수 있도록 괄호로 묶어두는 습관을 붙이는 것이 좋
습니다.

Point ▶ AND는 OR에 비해 우선 순위가 높다!

4. NOT으로 조합

여기까지 논리 연산자 AND와 OR에 대해서 알아보았습니다. 지금부터 또 하나
의 논리 연산자인 NOT에 관해 알아보겠습니다.

SYNTAX **NOT**

NOT 조건식

NOT 연산자는 오른쪽에만 항목을 지정하는 '단항 연산자'입니다. 오른쪽에 지정한 조건식의 반대 값을 반환합니다. 만약 조건식이 참을 반환하면 NOT은 이에 반하는 거짓을 반환합니다. 주로 복수의 조건식에 대해 '~아닌', '~외에', '~를 제외한 나머지' 등의 조건을 지정할 경우 사용합니다.

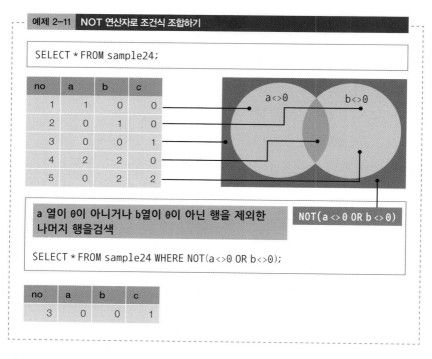

검색 결과를 벤 다이어그램으로 표현해 보았습니다. 조건식 'a<>0 OR b<>0'을 만족하는 집합은 두 개의 원을 모두 합한 부분입니다. NOT 연산자는 이에 포함되지 않는 그 나머지 부분을 결과로서 반환합니다.

패턴 매칭에 의한 검색

여기서는 패턴 매칭으로 검색하는 방법에 관해 배워보겠습니다. 'LIKE' 술어를 사용하면 문자열의 일부분을 비교하는 '부분 검색'을 할 수 있습니다.

SYNTAX	LIKE

열 **LIKE** 패턴

그림 **2-22** LIKE에 의한 패턴 매칭

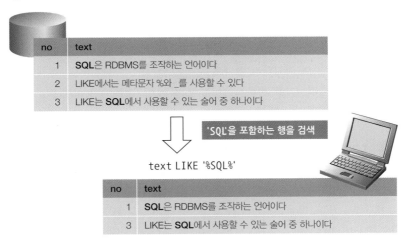

no	text
1	**SQL**은 RDBMS를 조작하는 언어이다
2	LIKE에서는 메타문자 %와 _를 사용할 수 있다
3	LIKE는 **SQL**에서 사용할 수 있는 술어 중 하나이다

'SQL'을 포함하는 행을 검색

text LIKE '%SQL%'

no	text
1	**SQL**은 RDBMS를 조작하는 언어이다
3	LIKE는 **SQL**에서 사용할 수 있는 술어 중 하나이다

= 연산자로 검색하는 경우는 셀의 데이터 값이 완전히 동일한지를 비교합니다. 하지만 '특정 문자나 문자열이 포함되어 있는지를 검색하고 싶은' 경우도 많겠지요. 이런 경우 사용하는 방법으로 '패턴 매칭' 또는 '부분 검색'이라고도 합니다.

1. LIKE로 패턴 매칭하기

= 연산자로 검색할 경우에는 열 값이 완전히 일치할 때 참이 됩니다. LIKE 술어를 사용하면 열 값이 부분적으로 일치하는 경우에도 참이 됩니다.

SYNTAX	LIKE
열명 **LIKE** '패턴'	

LIKE 술어는 이항 연산자처럼 항목을 지정합니다. 왼쪽에는 매칭 대상을 지정하고 오른쪽에는 패턴을 문자열로 지정합니다. 단, 수치형 상수는 지정할 수 없습니다. 패턴을 정의할 때는 다음과 같은 **메타문자**를 사용할 수 있습니다.

SYNTAX	LIKE에서 사용할 수 있는 메타문자
% _	

'와일드카드'라고도 불리는 메타문자는 패턴 매칭 시 '임의의 문자 또는 문자열'에 매치하는 부분을 지정하기 위해 쓰이는 **특수 문자**입니다. 퍼센트(%)는 임의의 문자열을 의미하며, 언더스코어(_)는 임의의 문자 하나를 의미합니다. 패턴을 정의할 때는 메타문자를 여러 개 사용할 수 있습니다.

한편 메타문자를 전혀 정의하지 않아도 문제는 없지만, 완전 일치로 검색되므로 정의하는 의미가 없습니다. 와일드카드로 자주 쓰이는 ＊는 LIKE에서는 사용할 수 없습니다.

Point ▶ LIKE 술어를 사용하여 패턴 매칭으로 검색할 수 있다!
패턴을 정의할 때 사용할 수 있는 메타문자로는 %와 _이 있다!

여기에서는 예제 데이터 sample25를 사용하여 설명하겠습니다.

`sample25` 테이블의 내용 참조하기

SELECT * FROM sample25;

no	text
1	**SQL**은 RDBMS를 조작하는 언어이다
2	LIKE에서는 메타문자 %와 _를 사용할 수 있다
3	LIKE는 **SQL**에서 사용할 수 있는 술어 중 하나이다

sample25 테이블의 text 열에는 문자열이 저장되어 있습니다. 전부 3개의 행이
존재합니다. 여기에서 문자열 'SQL'을 포함하는 행을 패턴 매칭으로 검색해보겠
습니다. 'SQL'이라는 문자만 포함하면 되므로 일단 다음과 같은 조건으로 검색해
보겠습니다.

%은 임의의 문자열을 나타내는 메타문자

WHERE text LIKE 'SQL%'

예제 2-13 LIKE 술어 'SQL%'로 패턴 매칭(전방 일치)

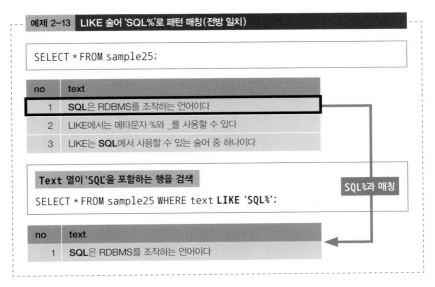

SELECT * FROM sample25;

no	text
1	**SQL**은 RDBMS를 조작하는 언어이다
2	LIKE에서는 메타문자 %와 _를 사용할 수 있다
3	LIKE는 **SQL**에서 사용할 수 있는 술어 중 하나이다

Text 열이 'SQL'을 포함하는 행을 검색

SELECT * FROM sample25 WHERE text **LIKE 'SQL%'**;

SQL%과 매칭

no	text
1	**SQL**은 RDBMS를 조작하는 언어이다

문제없이 문자열 'SQL'을 포함하는 행이 검색되었습니다. 하지만 sample25 테이블을 잘 보면 no가 3인 행의 text 열에도 'SQL'이 포함되어 있는 것을 알 수 있습니다. 이 행이 검색되지 않은 것은 text 열 값이 SQL로 시작되지 않기 때문입니다. 다시 말해 'SQL' 앞에도 문자열이 존재하기 때문입니다. 이처럼 문자열 도중에 존재하는 'SQL'을 검색하고자 한다면 다음과 같이 패턴을 바꿀 필요가 있습니다.

```
WHERE text LIKE '%SQL%'
```

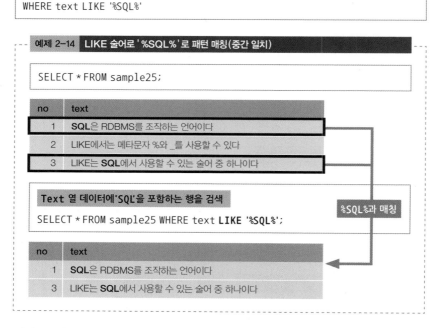

핵심은 메타문자 %가 빈 문자열과도 매치하는 것입니다. 첫 번째 행의 경우 '%SQL%'에서 'SQL' 앞의 %에 매치하는 문자열은 없는데도 검색이 되었습니다.

Point ▶ %는 임의의 문자열과 매치하며, 빈 문자열에도 매치한다!

'SQL%'을 이용한 검색은 문자열 앞쪽에 지정한 문자와 일치하므로 '전방 일치'라고 부르며, 지정한 문자 뒤로 임의의 문자열이 존재하게 됩니다. 한편 '%SQL%'의 경우는 지정 문자열이 중간에 있기 때문에 '중간 일치'라고 부르며 지정한 문자 앞뒤로 임의의 문자열이 존재합니다. 예로 들지는 않았지만 '%SQL'과 같이 검색하면 '후방 일치'가 되겠지요. 즉, 앞쪽에 임의의 문자열이 존재합니다.

그림 **2-23** 전방 일치, 중간 일치, 후방 일치

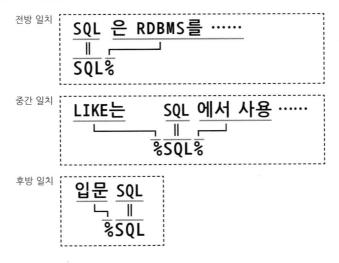

2. LIKE로 %를 검색하기

sample25의 두 번째 행은 데이터 안에 %와 _를 포함합니다. 이는 메타문자와 동일한 문자로 이를 LIKE로 검색할 경우 어떻게 정의하는지 알아보도록 하겠습니다.

LIKE에서는 메타문자 부분이 임의의 문자열을 의미하므로, % 자신을 검색조건으로 지정할 때는 WHERE text LIKE '%%%'로도 매치하지 않기 때문에 구분할 필요가 있습니다. 프로그래밍의 세계에서는 이러한 문제를 '이스케이프'라는 방법으로 처리할 수 있습니다. LIKE로 %를 검색하는 경우에는 '\%'와 같이 \을 % 앞에 붙입니다. 결국 %를 포함하는 데이터를 검색하고 싶을 경우 조건식은 다음과 같습니다.

```
WHERE text LIKE '%\%%'
```

그렇다면, 실제로 sample25에서 검색해보겠습니다.

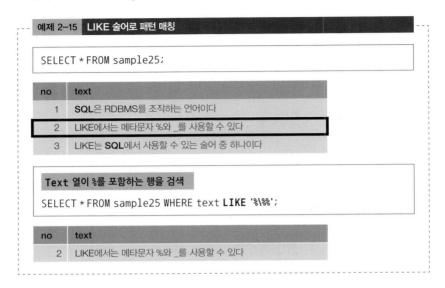

%가 연속으로 나열되어 있어 알아보기 힘들 수도 있지만 나열된 순서에 따라 확인해보면 이해할 수 있습니다. 맨 앞의 %는 메타문자의 %입니다. 임의의 문자열과 매치합니다. 그 다음에 나오는 %는 앞에 \가 있어 이스케이프 된 것을 의미하기 때문에 메타문자가 아닌 일반문자 %를 의미합니다.

그림 **2-24** %를 \로 이스케이프

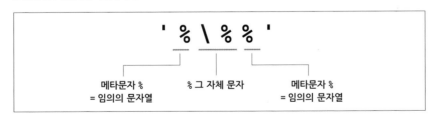

Point ▶ %를 LIKE로 검색할 경우에는 \%로 한다!
　　　　 _를 LIKE로 검색할 경우에는 \ _로 한다!

3. 문자열 상수 '의 이스케이프

메타문자를 검색할 때처럼 문자열 상수를 검색할 때도 같은 문제가 발생합니다. 문자열 상수는 '문자열'과 같이 '로 둘러싸 표기합니다. 그렇다면, 문자열 상수 안에 '를 포함하고 싶을 경우에는 어떻게 해야 할지 알아보겠습니다.

표준 SQL에서는 '를 2개 연속해서 기술하는 것으로 이스케이프 처리를 할 수 있습니다. 예를 들면 'It's'라는 문자열을 문자열 상수로 표기하면 'It''s'로 씁니다. 또한 '하나만 문자열 데이터일 경우에는 ''''으로 쓰면 됩니다.

SYNTAX 문자열 상수 안에 '기술하기
It's → 'It''s'   ' → ''''

SQL뿐만 아니라 프로그래밍 언어에서는 시작과 끝이 구분되지 않으면 에러가 발생합니다. SQL에서는 싱글쿼트로 문자열 상수를 기술하는데 시작의 '과 끝의 ' 이 정확하게 표기되지 않으면 에러가 발생하므로 주의해야 합니다.

Point '을 문자열 상수 안에 포함할 경우는 '를 2개 연속해서 기술한다!

지금까지 LIKE에 의한 패턴 매칭에 관해 알아보았습니다. 간단한 패턴 매칭이라면 LIKE로 충분합니다만 더 복잡한 패턴을 매칭하는 경우는 정규 표현식 (Regular Expression)을 사용하는 편이 낫습니다.

최근에는 대부분의 데이터베이스가 정규 표현식을 지원합니다. 정규 표현식에서는 더 많은 메타문자를 사용해서 폭넓게 패턴을 지정할 수 있습니다.

마치며

2장에서는 SELECT 명령의 기본적인 실행 방법, 행과 열의 지정 방법, 검색 조건에 대해서 알아보았습니다.

- SELECT 명령

SELECT 명령으로 데이터베이스의 테이블에서 데이터를 읽어올 수 있습니다.

- 열 지정

SELECT 명령의 SELECT 구로 열을 지정함으로써 테이블에서 원하는 열의 데이터 값을 읽어올 수 있습니다.

- 행 지정

SELECT 명령의 WHERE 구로 조건식을 지정함으로써 테이블에서 원하는 행을 검색할 수 있습니다.

- 조건식

WHERE 구로 지정하는 조건식은 =와 <>라는 비교 연산자를 사용해서 조건을 정의할 수 있습니다.

- AND, OR, NOT

조건식은 AND, OR, NOT의 논리 연산자로 조건을 조합할 수 있습니다.

- LIKE

LIKE 술어로 패턴 매칭에 의한 검색을 할 수 있습니다.

연습문제

- **문제 1**

  WHERE 구로 조건식을 지정하는 것으로 테이블에서 원하는 ( )을 검색할 수 있습니다. 다음 중 ( )에 해당하는 것은 무엇입니까?

  ① 행

  ② 열

  ③ 조건식

- **문제 2**

  NULL 값을 가지는 행을 검색할 경우 사용하는 연산자는 무엇입니까?

  ① =

  ② <>

  ③ IS NULL

- **문제 3**

  나이가 20세 이상인 여성만 검색할 경우 '나이가 20세 이상'이라는 조건식과 '여성이다'라는 조건식을 조합하여 WHERE 구에 지정하는데, 이 경우 필요한 논리 연산자는 무엇입니까?

  ① AND

  ② OR

  ③ NOT

3 장

정렬과 연산

3장에서는 다음과 같은 내용을 학습합니다.

- ORDER BY로 행 정렬
- LIMIT로 결과 행 수 제한
- 함수와 연산자
- 수치, 문자열, 날짜 연산
- CASE 문

정렬 – ORDER BY

SELECT 명령의 ORDER BY 구를 사용하여 검색결과의 행 순서를 바꿀 수 있습니다. 여기서는 정렬(sort) 방법을 배워보겠습니다.

SYNTAX **ORDER BY 구**

SELECT 열명 **FROM** 테이블명 **WHERE** 조건식 **ORDER BY** 열명

그림 **3-1** ORDER BY

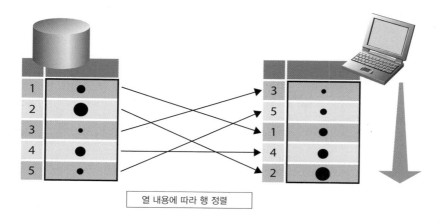

열 내용에 따라 행 정렬

SELECT 명령에 ORDER BY 구를 지정하면 검색 결과의 행 순서를 바꿀 수 있습니다. ORDER BY 구를 지정하지 않을 경우에는 데이터베이스 내부에 저장된 순서로 반환됩니다. 언제나 정해진 순서로 결괏값을 얻기 위해서는 ORDER BY 구를 지정해야 합니다.

1. ORDER BY로 검색 결과 정렬하기

SELECT 명령의 ORDER BY 구로 정렬하고 싶은 열을 지정합니다. 지정된 열의 값에 따라 행 순서가 변경됩니다. 이때 ORDER BY 구는 WHERE 구 뒤에 지정합니다.

SYNTAX | **WHERE 구 뒤에 ORDER BY 구를 지정하는 경우**

SELECT 열명 **FROM** 테이블명 **WHERE** 조건식 **ORDER BY** 열명

검색 조건이 필요없는 경우에는 WHERE 구를 생략하는데 이때 ORDER BY 구는 FROM 구의 뒤에 지정합니다.

SYNTAX | **FROM 구 뒤에 ORDER BY 구를 지정하는 경우**

SELECT 열명 **FROM** 테이블명 **ORDER BY** 열명

예제 3-1 | **age 열로 정렬하기**

```
SELECT * FROM sample31;
```

name	age	address
A씨	36	대구광역시 중구
B씨	18	부산광역시 연제구
C씨	25	서울특별시 중구

age열의 값을 오름차순으로 정렬하기

```
SELECT * FROM sample31 ORDER BY age;
```

name	age	address
B씨	18	부산광역시 연제구
C씨	25	서울특별시 중구
A씨	36	대구광역시 중구

순서를 바꿀 수 있다.

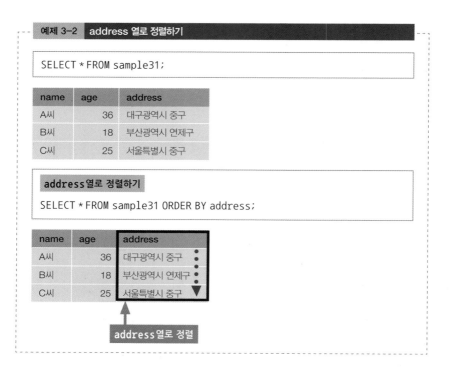

예제 3-2 **address 열로 정렬하기**

```
SELECT * FROM sample31;
```

name	age	address
A씨	36	대구광역시 중구
B씨	18	부산광역시 연제구
C씨	25	서울특별시 중구

address 열로 정렬하기

```
SELECT * FROM sample31 ORDER BY address;
```

name	age	address
A씨	36	대구광역시 중구
B씨	18	부산광역시 연제구
C씨	25	서울특별시 중구

address 열로 정렬

2. ORDER BY DESC로 내림차순으로 정렬하기

ORDER BY 구에 지정한 열의 값에 따라 행의 순서가 바뀐다는 것을 알았습니다. 앞선 예제에서는 오름차순으로 정렬하였습니다. 이와 반대로 내림차순으로도 정렬할 수 있습니다. 내림차순은 열명 뒤에 DESC를 붙여 지정합니다.

SYNTAX **내림차순으로 정렬**

SELECT 열명 **FROM** 테이블명 **ORDER BY** 열명 **DESC**

앞선 예제에서 아무것도 지정하지 않았는데 오름차순으로 정렬되었습니다. 오름차순은 내림차순과 달리 생략 가능하며 ASC로도 지정할 수 있습니다.

SYNTAX **오름차순으로 정렬**

SELECT 열명 **FROM** 테이블명 **ORDER BY** 열명 **ASC**

DESC는 descendant(하강), ASC는 ascendant(상승)의 약자입니다. DESC는 내려가는 이미지로, ASC는 올라가는 이미지로 기억해 두면 외우기가 쉬울 겁니다.

그림 **3-2** DESC와 ASC

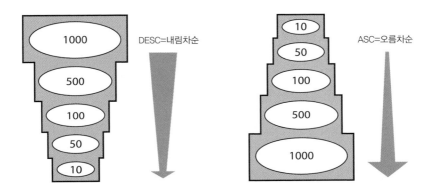

Point ▶ DESC로 내림차순 정렬한다!
ASC로 오름차순 정렬한다!

ASC나 DESC로 정렬방법을 지정하지 않은 경우에는 ASC로 간주됩니다. 즉 ORDER BY의 기본 정렬방법은 오름차순입니다.

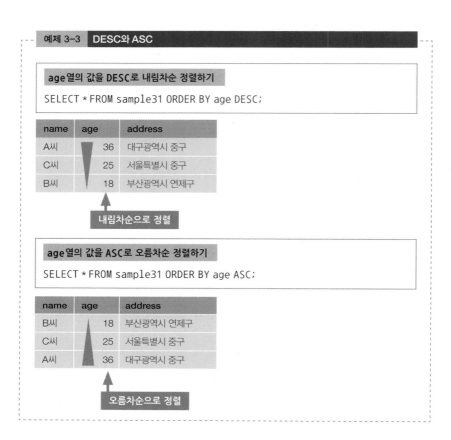

age열의 값을 DESC로 내림차순 정렬하기

SELECT * FROM sample31 ORDER BY age DESC;

name	age	address
A씨	36	대구광역시 중구
C씨	25	서울특별시 중구
B씨	18	부산광역시 연제구

내림차순으로 정렬

age열의 값을 ASC로 오름차순 정렬하기

SELECT * FROM sample31 ORDER BY age ASC;

name	age	address
B씨	18	부산광역시 연제구
C씨	25	서울특별시 중구
A씨	36	대구광역시 중구

오름차순으로 정렬

3. 대소관계

ORDER BY로 정렬할 때는 값의 대소관계가 중요합니다. 수치형 데이터라면 대소관계는 숫자의 크기로 판별하므로 이해하기 쉽습니다.

그림 3-3 수치형 데이터의 대소관계

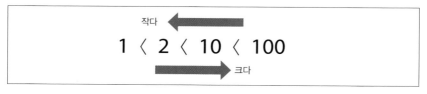

날짜시간형 데이터도 수치형 데이터와 마찬가지로 숫자 크기로 판별합니다.

그림 **3-4** 날짜시간형 데이터의 대소관계

문제는 문자열형 데이터입니다. 이때 알파벳이나 한글 자모음 배열순서를 사용하면 문자를 차례대로 나열할 수 있습니다. 알파벳, 한글 순이며 한글은 자음, 모음 순입니다. 문자열은 문자의 집합으로, 방금 설명한 순서를 각각의 문자에 차례대로 적용해 문자열의 순서를 결정합니다.

예를 들어 '나비', '가방', '가족'을 정렬할 경우 다음과 같습니다.

① 가방
② 가족
③ 나비

먼저 '나비'의 '나'에서 'ㄴ', '가방'과 '가족'의 '가'에서 'ㄱ'을 비교해 순서를 정합니다. 'ㄱ'이 'ㄴ'에 비해 순서가 빠르므로 '가방'과 '가족'이 나비보다 우선됩니다. 다음으로 '가방'과 '가족'을 비교하는데 'ㄱ' 다음 'ㅏ'는 '가방'과 '가족' 둘 다 같으므로 다음 문자인 '방'과 '족'을 비교합니다. '방'의 'ㅂ'이 '족'의 'ㅈ' 보다 우선되므로 결국 앞의 순서대로 정렬됩니다. 문자열형 데이터의 대소관계는 이처럼 '사전식 순서'에 의해 결정됩니다.

Point ▶ **문자열형 데이터의 대소관계는 사전식 순서에 의해 결정된다!**

– 사전식 순서에서 주의할 점

수치형과 문자열형은 대소관계 계산 방법이 서로 다릅니다. 수치형은 수치의 대소관계로, 문자열형은 사전식 순서로 비교합니다. 그렇다면 문제가 되는 부분은 어디일까요? 더 구체적인 예를 들어 설명하겠습니다. sample311을 살펴봅시다.

sample311 테이블의 내용 참조하기

```
SELECT * FROM sample311;
```

a	b
1	1
2	2
10	10
11	11

Sampl311은 a 열이 문자열형(VARCHAR)으로, b 열이 수치형(INTEGER)으로 이루어진 테이블입니다. 각 행의 열은 서로 동일한 값으로 지정되어 있습니다. 여기서 a 열을 오름차순으로 정렬해보겠습니다.

예제 3-5　sample311을 a 열로 정렬하기

a 열을 오름차순으로 정렬하기

```
SELECT * FROM sample311 ORDER BY a;
```

a	b
1	1
10	10
11	11
2	2

뭔가 결과가 이상하다고 생각하실 겁니다. 1보다 2가 큰 것은 당연한데 10과 11이 2보다도 작은 숫자라니 이해할 수 없는 결과가 나와버렸습니다. 이는 a 열이 문자열형으로 되어 있어 대소관계를 사전식 순서로 비교했기 때문에 발생하는 현상입니다. 다시 말해 수치의 대소관계로 비교하지 않는다는 것입니다. 시험 삼아 ORDER BY b로 b 열을 정렬해보면 b 열은 수치형 열이므로 예상대로 '1, 2, 10, 11'의 순으로 정렬됩니다.

물론 문자열형 열에 숫자 데이터를 넣을 수 있습니다. 숫자도 문자의 일종이므로 저장하는 데 아무런 문제가 되지 않습니다. 하지만 문자열형 열에 숫자를 저장하면 문자로 인식되어 대소관계의 계산 방법이 달라집니다. 정렬이나 비교 연산을 할 때는 이 점에 주의해야 합니다.

Point ▶ **수치형과 문자열형 데이터는 대소관계의 계산 방법이 다르다!**

4. ORDER BY는 테이블에 영향을 주지 않는다

ORDER BY를 이용해 행 순서를 바꿀 수 있습니다. 하지만 이는 어디까지나 서버에서 클라이언트로 행 순서를 바꾸어 결과를 반환하는 것뿐, 저장장치에 저장된 데이터의 행 순서를 변경하는 것은 아닙니다.

SELECT 명령은 데이터를 검색하는 명령입니다. 이는 테이블의 데이터를 참조만할 뿐이며 변경은 하지 않습니다.

10강

복수의 열을 지정해 정렬하기

ORDER BY 구로 간단히 행을 정렬할 수 있다는 것을 알았습니다. 여기에서는 복수 열을 지정해 정렬하는 방법에 관해 알아보도록 하겠습니다.

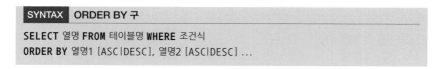

SYNTAX **ORDER BY 구**

SELECT 열명 **FROM** 테이블명 **WHERE** 조건식
ORDER BY 열명1 [ASC|DESC], 열명2 [ASC|DESC] ...

그림 3-5 복수 열을 지정해 정렬하기

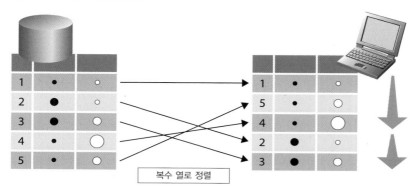

복수 열로 정렬

데이터양이 많을 경우 하나의 열만으로는 행을 특정짓기 어려운 때가 많습니다. 예를 들어 '상품코드와 해당 상품의 하위번호'까지 함께 고려했을 때 비로소 하나의 행을 특정지을 수 있는 명세서 등을 들 수 있겠지요. 이런 경우 복수의 열을 지정해 정렬하면 편리합니다.

한편 정렬 시에는 NULL 값에 주의할 필요가 있습니다. 이 절의 마지막에 ORDER BY에서의 NULL 값의 정렬 순서에 관해 다루겠습니다.

1. 복수 열로 정렬 지정

ORDER BY로 행을 정렬하는 경우 같은 값을 가진 행의 순서는 어떻게 정해지는 걸까요? 또 ORDER BY 구는 생략할 수 있는데 이때 순서는 어떻게 정해질까요?

미리 답을 알려드린다면 '순서는 일정하지 않다'입니다. 데이터베이스 서버의 당시 상황에 따라 어떤 순서로 행을 반환할지 결정됩니다. 따라서 언제나 같은 순서로 결과를 얻고 싶다면 반드시 ORDER BY 구로 순서를 지정해야 합니다. 일반적으로 ORDER BY 구를 지정하지 않는 경향이 있으나 사실 중요한 부분입니다.

ORDER BY 구를 지정해도 1개의 열만으로는 정확히 순서를 결정할 수 없는 경우도 많을 겁니다. 같은 값이 들어가 있는 경우가 그렇겠지요. 그럼 sample32 테이블을 살펴보겠습니다.

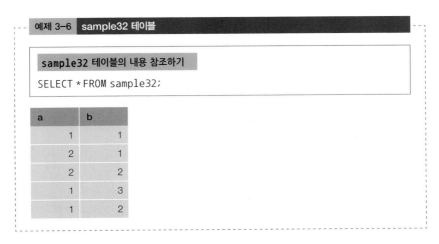

예제 3-6 sample32 테이블

sample32 테이블의 내용 참조하기

SELECT * FROM sample32;

a	b
1	1
2	1
2	2
1	3
1	2

a 열, b 열 모두 INTEGER 형 입니다. 열에는 1이나 2와 같은 값이 들어가 있습니다. b 열은 a 열의 하위 번호입니다. 이를 '1-1, 1-2, 1-3, 2-1, 2-2'와 같이 열의 상관관계에 맞춰 정렬하려 합니다.

SELECT 명령에는 ORDER BY가 있으니 이를 이용해 a 열로 정렬하면 원하는 결과를 얻을 수 있을 겁니다. 그럼 해보겠습니다.

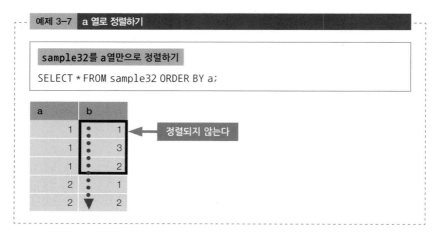

예제 3-7 **a 열로 정렬하기**

sample32를 a열만으로 정렬하기
SELECT * FROM sample32 ORDER BY a;

그 결과 a 열은 제대로 '1, 2'의 순서대로 정렬되었습니다. 하지만 b 열의 정렬 순서가 일정하지 않습니다. a 열의 값이 1인 행이 총 3개 있는데, 서로 값이 똑같아 순서를 결정할 수 없기 때문입니다.

− ORDER BY로 복수 열 지정하기

ORDER BY 구에는 복수로 열을 지정할 수 있습니다. SELECT 구에서 열을 지정한 것처럼 콤마(,)로 열명을 구분해 지정하면 됩니다.

SYNTAX **복수 열로 정렬하기**
SELECT 열명 **FROM** 테이블명 **ORDER BY** 열명1, 열명2...

복수 열을 지정하면 정렬 결과가 바뀝니다. 정렬 순서는 지정한 열명의 순서를 따릅니다. 이때 값이 같아 순서를 결정할 수 없는 경우에는 다음으로 지정한 열명을 기준으로 정렬하는 식으로 처리됩니다.

sample32로 다시 해보겠습니다. ORDER BY a, b로 지정해 먼저 a 열로 정렬하고, 값이 같은 부분은 b 열로 정렬합니다. 그렇게 하면 b 열이 '1, 3, 2'로 바르게 정렬되지 않던 문제를 해결할 수 있습니다. 실제로도 다음과 같이 기대한 순서대로 잘 정렬되었습니다.

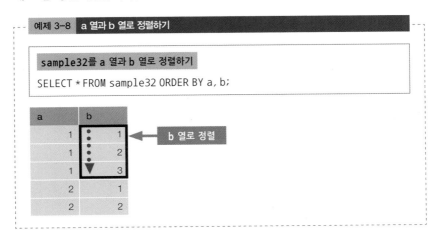

예제 3-8 a 열과 b 열로 정렬하기

sample32를 a 열과 b 열로 정렬하기

SELECT * FROM sample32 ORDER BY a, b;

Point ▶ **ORDER BY 구에 복수의 열을 지정할 수 있다!**

다음으로 ORDER BY b, a과 같이 열 지정 순서를 바꾸면 어떻게 되는지 알아보겠습니다.

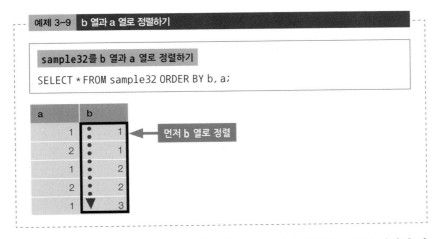

예제 3-9 b 열과 a 열로 정렬하기

sample32를 b 열과 a 열로 정렬하기

SELECT * FROM sample32 ORDER BY b, a;

먼저 b 열에서 값의 크기 순서대로 정렬되고, 값이 같은 부분은 a 열로 정렬된 것을 알 수 있습니다.

2. 정렬방법 지정하기

복수 열을 지정한 경우에도 각 열에 대해 개별적으로 정렬방법을 지정할 수 있습니다. 이때는 각 열 뒤에 ASC나 DESC를 붙여줍니다.

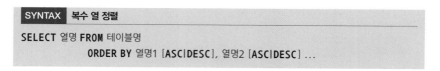

구문 중에 [ ] 부분은 생략할 수 있습니다. |는 둘 중 하나라는 뜻이며 …는 동일한 형태로 연속해서 지정할 수 있다는 의미입니다. 이를 활용해 각 열의 정렬방법을 다르게 지정할 수 있습니다.

그럼, 지금부터 sample32를 사용해 '열1은 ASC로 정렬, 열2는 DESC로 정렬'을 해보겠습니다.

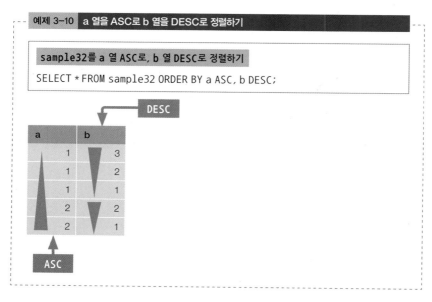

문제없이 a 열은 오름차순으로 b 열은 내림차순으로 정렬된 것을 알 수 있습니다.

앞에서 설명했듯이 복수 열을 지정하는 경우에도 정렬방법을 생략하면 기본값은 ASC가 됩니다. 하지만 데이터베이스 제품에 따라 기본값을 변경할 수도 있으므로 주의가 필요합니다.

```
ORDER BY a DESC, b
```

이 예제에서는 b 열의 정렬을 생략했습니다. 이때 데이터베이스 제품에 따라 기본값이 달라 내림차순이 될 수도 오름차순이 될 수도 있습니다. 문장의 가독성을 높이기 위해서라도 가능한 한 정렬방법을 생략하지 말고 지정하도록 합니다.

3. NULL 값의 정렬순서

ORDER BY로 정렬하는 방법에 관해 알아보았습니다. 지금부터는 NULL 값이 저장된 열의 정렬방법을 살펴보겠습니다.

NULL에 관해서는 앞서 2장에서 가볍게 언급한 바 있습니다만, 그 특성상 대소비교를 할 수 없어 정렬 시에는 별도의 방법으로 취급합니다. 이때 '특정 값보다 큰 값', '특정 값보다 작은 값'의 두 가지로 나뉘며 이 중 하나의 방법으로 대소를 비교합니다.

간단히 말하자면 ORDER BY로 지정한 열에서 NULL 값을 가지는 행은 가장 먼저 표시되거나 가장 나중에 표시됩니다. NULL에 대한 대소비교 방법은 표준 SQL에도 규정되어 있지 않아 데이터베이스 제품에 따라 기준이 다릅니다.

MySQL의 경우는 NULL 값을 가장 작은 값으로 취급해 ASC(오름차순)에서는 가장 먼저, DESC(내림차순)에서는 가장 나중에 표시합니다.

11강

결과 행 제한하기 – LIMIT

SELECT 명령에서는 결괏값으로 반환되는 행을 제한할 수 있습니다. 여기서는 LIMIT 구로 결과 행을 제한하는 방법에 관해 알아보겠습니다.

SYNTAX LIMIT 구

SELECT 열명 **FROM** 테이블명 **LIMIT** 행수 [**OFFSET** 시작행]

그림 **3-6** LIMIT 구로 행 제한

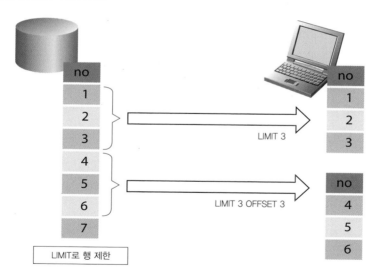

인터넷 쇼핑몰에서 물건을 구매하거나 커뮤니티 사이트의 게시판을 읽다 보면, 수많은 상품과 게시물을 전부 하나의 페이지에 표시하는 대신 몇 건씩 나누어 표

시하는 것을 알 수 있습니다. 이런 경우에 LIMIT 구를 사용해 표시할 건(행) 수
를 제한할 수 있습니다.

1. 행수 제한

LIMIT 구는 표준 SQL은 아닙니다. MySQL과 PostgreSQL에서 사용할 수 있는
문법이라는 점에 주의해 주세요. LIMIT 구는 SELECT 명령의 마지막에 지정하
는 것으로 WHERE 구나 ORDER BY 구의 뒤에 지정합니다.

SYNTAX **LIMIT 구**

SELECT 열명 **FROM** 테이블명 **WHERE** 조건식 **ORDER BY** 열명 **LIMIT** 행수

LIMIT 다음에는 최대 행수를 수치로 지정합니다. 만약 LIMIT 10으로 지정하면
최대 10개의 행이 클라이언트로 반환됩니다. 그럼 sample33 테이블을 이용해
확인해보겠습니다.

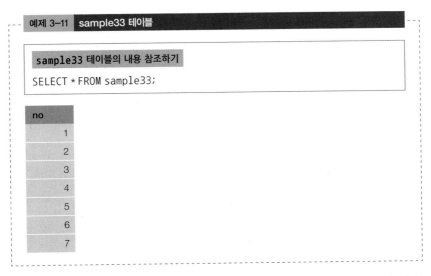

예제 3-11   sample33 테이블

sample33 테이블의 내용 참조하기

SELECT * FROM sample33;

no
1
2
3
4
5
6
7

sample33은 no 열만 가지는 테이블로 준비했습니다. 전부 7행으로 열 값은
1~7까지 연속된 숫자로 이루어집니다. 앞에서 본 SELECT 문장을 3개의 행만

반환되도록 LIMIT로 제한해보겠습니다.

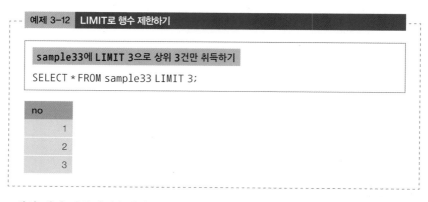

예제 3-12 **LIMIT로 행수 제한하기**

sample33에 LIMIT 3으로 상위 3건만 취득하기
SELECT * FROM sample33 LIMIT 3;

no
1
2
3

3개의 행이 반환되었습니다. LIMIT로 지정하는 것은 '최대 행수'입니다. 만약 테이블에 하나의 행만 있다면 LIMIT 3으로 지정해도 1개의 행이 반환됩니다.

Point▶ **LIMIT 구로 반환될 행수를 제한할 수 있다!**

– 정렬한 후 제한하기

앞의 사례에서 LIMIT 3을 한 것과 동일한 결과를 얻기 위해 WHERE 구에 조건을 지정할 수도 있습니다. 예를 들면 WHERE no <= 3과 같은 조건을 붙인다면 동일한 결과를 얻을 수 있습니다. 하지만 LIMIT와 WHERE은 기능과 내부처리 순서가 전혀 다릅니다. LIMIT는 반환할 행수를 제한하는 기능으로, WHERE 구로 검색한 후 ORDER BY로 정렬된 뒤 최종적으로 처리됩니다.

그럼 이를 확인해 보도록 하겠습니다. no 열을 내림차순으로 정렬한 뒤 상위 3건만을 취득해보겠습니다. no 열을 내림차순으로 정렬하면 '7, 6, 5, 4…' 순이 될 것입니다.

sample33을 정렬 후 LIMIT 3으로 상위 3건만 취득하기

SELECT * FROM sample33 ORDER BY no DESC LIMIT 3;

no
7
6
5

예상대로 no 열을 내림차순으로 정렬한 뒤에 상위 3개 행에 해당하는 '7, 6, 5'가 표시되었습니다.

– LIMIT를 사용할 수 없는 데이터베이스에서의 행 제한

LIMIT는 표준 SQL이 아니기 때문에 MySQL과 PostgreSQL 이외의 데이터베이스에서는 사용할 수 없습니다. SQL Server에서는 LIMIT와 비슷한 기능을 하는 'TOP'을 사용할 수 있습니다. 다음과 같이 TOP 뒤에 최대 행수를 지정하면 됩니다.

```
SELECT TOP 3 * FROM sample33;
```

Oracle에는 LIMIT도 TOP도 없습니다. 대신 ROWNUM이라는 열을 사용해 WHERE 구로 조건을 지정하여 행을 제한할 수 있습니다.

```
SELECT * FROM sample33 WHERE ROWNUM <= 3;
```

ROWNUM은 클라이언트에게 결과가 반환될 때 각 행에 할당되는 행 번호입니다. 단, ROWNUM으로 행을 제한할 때는 WHERE 구로 지정하므로 정렬하기 전에 처리되어 LIMIT로 행을 제한한 경우와 결괏값이 다릅니다. 이 문제에 관해서는 5장의 'FROM 구에서 서브쿼리 사용하기'에서 다시 언급하겠습니다.

2. 오프셋 지정

웹 시스템에서는 클라이언트의 브라우저를 통해 페이지 단위로 화면에 표시할 내용을 처리합니다. 대량의 데이터를 하나의 페이지에 표시하는 것은 기능적으로도 속도 측면에서도 효율적이지 못하므로 일반적으로 페이지 나누기^{pagination} 기능을 사용합니다. 커뮤니티 사이트 등에서 게시판 하단 부분에 '1 2 3 4 5 다음' 등으로 표시된 것이 그 예입니다.

이 페이지 나누기 기능은 LIMIT를 사용해 간단히 구현할 수 있습니다. 한 페이지당 5건의 데이터를 표시하도록 한다면 첫 번째 페이지의 경우 LIMIT 5로 결괏값을 표시하면 될 것입니다. 그 다음 페이지에서는 6번째 행부터 5건의 데이터를 표시하도록 합니다. 이때 '6번째 행부터'라는 표현은 결괏값으로부터 데이터를 취득할 위치를 가리키는 것으로, LIMIT 구에 OFFSET으로 지정할 수 있습니다.

그림 **3-7** 페이지 바꾸기

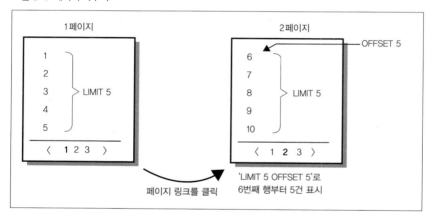

그럼 sample33으로 확인해보겠습니다. 한 페이지당 데이터 3건씩 총 3개 페이지에 나눠 표시합니다.

sample33에서 LIMIT 3 OFFSET 0으로 첫 번째 페이지 표시

SELECT * FROM sample33 LIMIT 3 OFFSET 0;

no
1
2
3

첫 번째 행부터 세 번째 행까지 표시되었습니다. LIMIT 3으로 했을 때와 같은 결과입니다. LIMIT 구의 OFFSET은 생략 가능하며 기본값은 0입니다.

OFFSET에 의한 시작 위치 지정은 LIMIT 뒤에 기술합니다. 위치 지정은 0부터 시작하는 컴퓨터 자료구조의 배열 인덱스를 떠올리면 조금이나마 이해하기 쉬울 겁니다. 간단하게 정리하면 '시작할 행 – 1'로 기억해 두면 편리합니다. 예를 들어 첫 번째 행부터 5건을 취득한다면, '1 – 1'로 위치는 0이 되어 OFFSET 0으로 지정하면 됩니다.

SYNTAX   **OFFSET 지정**

SELECT 열명 FROM 테이블명 LIMIT 행수 OFFSET 위치

그럼 두 번째 페이지를 표시해보도록 하겠습니다. 두 번째 페이지에는 4행부터 3건의 데이터를 표시합니다.

sample33에서 LIMIT 3 OFFSET 3으로 두 번째 페이지 표시

SELECT * FROM sample33 LIMIT 3 OFFSET 3;

no
4
5
6

12강

수치 연산

SQL은 데이터베이스를 조작하는 언어이지만 컴퓨터를 조작하는 언어이기도 한 만큼 기본적으로 계산기능을 포함합니다. 여기에서는 계산하는 방법, 특히 수치의 연산 방법에 대해 배워보겠습니다.

SYNTAX 산술 연산

+ - * / % MOD

그림 3-8 산술 연산

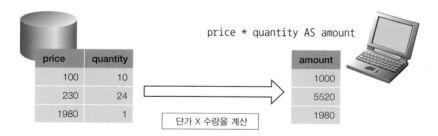

price * quantity AS amount

price	quantity
100	10
230	24
1980	1

단가 X 수량을 계산

amount
1000
5520
1980

어떤 계산을 할지는 연산자를 이용해 지정합니다. WHERE 구에서 조건을 지정할 때 사용했던 = 역시 연산자의 하나입니다. 여기에서는 수치를 연산하는 산술 연산에 관해 설명하겠습니다. 산술 연산은 다른 프로그래밍 언어에서도 사용하는 기본 개념이므로 잘 익혀두시길 바랍니다.

1. 사칙 연산

산술 연산이라고 해도 그리 어렵지 않습니다. 덧셈, 뺄셈, 곱셈, 나눗셈의 사칙 연산과 나눗셈의 나머지, 크게 이 두 가지를 기본적으로 익혀두면 됩니다.

연산자는 기호로 표기합니다. 각 연산자에 대해 다음과 같이 표로 정리해 보았습니다.

표 3-1 산술 연산자

연산자	연산	예
+	덧셈(가산)	1+2 → 3
−	뺄셈(감산)	1−2 → −1
*	곱셈(승산)	1*2 → 2
/	나눗셈(제산)	1/2 → 0.5
%	나머지	1%2 → 1

사칙 연산은 일상생활에서도 쓰이는 것으로 컴퓨터 언어로는 어떻게 표현하는지 조금 설명하겠습니다.

곱셈은 × 기호를 사용하지만 컴퓨터 언어에서는 × 기호가 존재하지 않아 대신 애스터리스크(*)를 사용합니다. *는 '모든 열'을 의미하는 메타 문자입니다만 연산자로도 사용할 수 있습니다. 나눗셈의 기호는 ÷ 이지만, 컴퓨터 언어에서는 슬래시(/)를 사용합니다. 나머지는 나눗셈을 한 후의 나머지를 계산하는 것으로 % 기호를 사용합니다. 1 % 2의 경우 1 ÷ 2의 나머지가 됩니다. 보통 1 ÷ 2는 0.5가 되는데 몫이 정수값이 되도록 계산하는 것이 특징입니다. 결국 1 ÷ 2의 나머지 연산의 결과는 몫이 0에 나머지는 1이 됩니다. 데이터베이스 제품에 따라 적용하는 함수가 다른데, % 대신 MOD 함수를 사용하는 경우도 있습니다.

Point 연산자를 사용해 여러 가지 연산을 할 수 있다!

– 연산자의 우선순위

수학도 아닌 산수에 관한 내용으로 모두 아실 거라 생각하지만 간단하게 언급하겠습니다.

계산할 때는 우선순위가 있습니다. 산술 연산자의 경우는 다음과 같습니다.

표 3-2 연산자의 우선순위

우선순위	연산자
1	* / %
2	+ −

곱셈, 나눗셈, 나머지 그룹과 덧셈, 뺄셈 그룹으로 나뉩니다. 같은 그룹 내 연산자의 우선 순위는 동일합니다. 계산 순서는 연산자에 따라 관계없는 경우도 있지만 기본적으로 왼쪽에서 오른쪽으로 진행됩니다. 우선순위가 같은 연산자들끼리 연산하는 경우는 문제가 되지 않지만 우선순위가 다른 연산자들이 섞여있는 경우는 우선순위가 높은 쪽이 먼저 계산됩니다. 다음 사례를 살펴보겠습니다.

그림 3-9 우선순위가 같은 경우의 연산

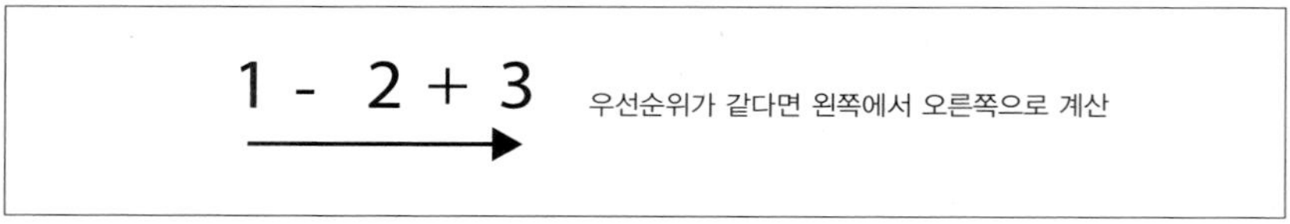

1 - 2 + 3   우선순위가 같다면 왼쪽에서 오른쪽으로 계산

[그림 3-9]의 경우는 '1 − 2'를 계산한 후 그 결과에 대해 '+ 3'을 계산합니다.

그림 3-10 우선순위가 다른 경우의 연산

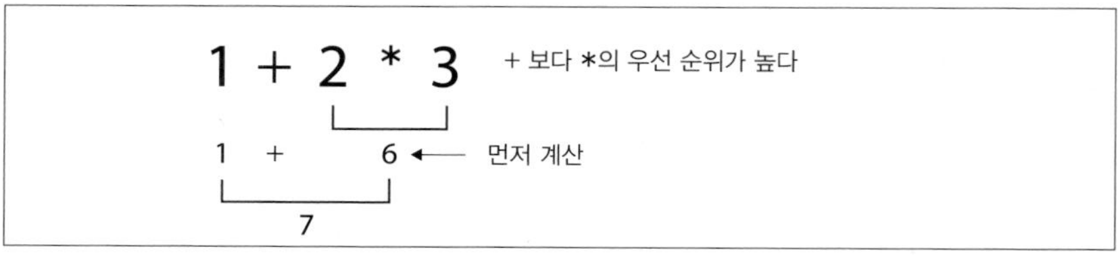

1 + 2 * 3   + 보다 *의 우선 순위가 높다

1 + 6 ← 먼저 계산

7

[그림 3-10]의 경우는 + 보다 *가 우선순위가 높으므로 '2 * 3'을 먼저 계산한 후 최종적으로 1에 그 결괏값을 더해 계산합니다. 즉, 6이라는 결괏값에 1을 더해 최종적으로는 7이라는 결괏값을 얻을 수 있습니다.

SQL 명령에서는 여러 부분에서 산술 연산자를 사용해 연산할 수 있습니다. 앞에서 설명한 SELECT 구나 WHERE 구 안에서도 연산할 수 있습니다. 그럼 지금부터 예제를 통해 알아보겠습니다.

2. SELECT 구로 연산하기

2장에서 'SELECT 구에는 열명을 지정한다'라고 배웠습니다만 이 외에도 여러 가지 **식**을 기술할 수 있습니다. 이 식은 열명, 연산자, 상수로 구성됩니다.

SYNTAX **SELECT 구**

SELECT 식 1, 식 2... **FROM** 테이블명

식을 기술할 수 있다는 것은 명령이 실행될 때 연산을 할 수 있다는 것을 의미합니다. 구체적인 예를 들어 설명하기 위해 sample34 테이블을 살펴보겠습니다.

예제 3-16 sample34 테이블

sample34 테이블의 내용 참조하기

SELECT * FROM sample34;

no	price	quantity
1	100	10
2	230	24
3	1980	1

sample34 테이블을 이용해 가격과 수량으로 금액을 계산하는 경우를 생각해보겠습니다. 예를 들어 가격이 100원인 상품을 10개 주문하면 주문금액은 1000원이 됩니다. 이는 '단가×개수'라는 연산식으로 계산할 수 있습니다.

sample34 테이블에서는 price가 가격을, quantity가 수량을 의미합니다. 따라서 금액을 계산하는 식은 price * quantity가 되며 SELECT 구로 지정해 계산할 수 있습니다. 이때 *의 앞뒤로 스페이스를 넣을 필요는 없습니다. price*quantity와 같이 붙여 써도 무관합니다. [예제 3-17]에서는 구분하기 쉽

도록 스페이스를 넣었습니다.

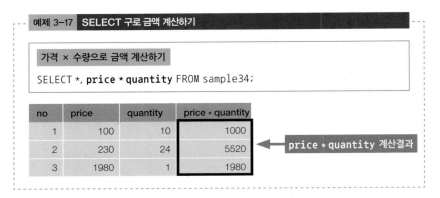

예제 3-17 **SELECT 구로 금액 계산하기**

가격 × 수량으로 금액 계산하기

SELECT *, price * quantity FROM sample34;

no	price	quantity	price * quantity
1	100	10	1000
2	230	24	5520
3	1980	1	1980

price * quantity 계산결과

3. 열의 별명

SELECT 결과에서 price * quantity라고 명명된 열이 금액을 계산한 부분입니다. no가 1인 행을 보면 price가 100, quantity가 10이므로 100×10으로 금액은 1000원이 됩니다.

이때 price * quantity와 같이 열 이름이 길고 알아보기 어려운 경우는 별명을 붙여 열명을 재지정할 수 있습니다. 예를 들어 price * quantity에 amount라는 별명을 붙이면 조금 더 알아보기 쉬울 겁니다. 그럼 지금부터 별명을 붙여보겠습니다.

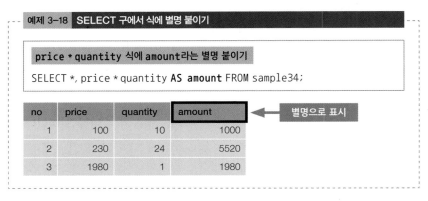

예제 3-18 **SELECT 구에서 식에 별명 붙이기**

price * quantity 식에 amount라는 별명 붙이기

SELECT *, price * quantity **AS amount** FROM sample34;

no	price	quantity	amount
1	100	10	1000
2	230	24	5520
3	1980	1	1980

별명으로 표시

별명은 예약어 **AS**를 사용해 지정합니다. SELECT 구에서는 콤마(,)로 구분해 복수의 식을 지정할 수 있으며 각각의 식에 별명을 붙일 수 있습니다. MySQL에서는 별명을 중복해서 지정해도 에러는 발생하지 않지만 프로그래밍 언어에서 결괏값의 처리 방식에 따라 문제가 발생할 수도 있습니다. 기본적으로 중복되지 않도록 지정합니다.

키워드 AS는 생략할 수 있습니다. 'SELECT price * quantity amount'라고 써도 무방합니다. 에일리어스(alias)라고도 불리는 별명은 영어, 숫자, 한글 등으로 지정할 수 있습니다. 단, 별명을 한글로 지정하는 경우에는 여러 가지로 오작동하는 경우가 많으므로 더블쿼트(MySQL에서는 백쿼트)로 둘러싸서 지정합니다. 이 룰은 데이터베이스 객체의 이름에 ASCII 문자 이외의 것을 사용할 경우에 해당합니다.

```
SELECT price * quantity "금액" FROM sample34;
```

Point ▶ 이름에 ASCII 문자 이외의 것을 포함할 경우는 더블쿼트로 둘러싸서 지정한다!

더블쿼트로 둘러싸면 명령구문을 분석할 때 데이터베이스 객체의 이름이라고 간주합니다. 한편 싱글쿼트로 둘러싸는 것은 문자열 상수입니다.

그림 **3-11** 객체명과 문자열 상수

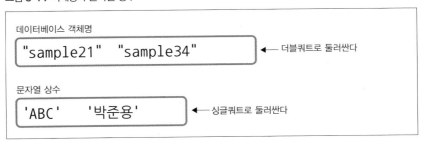

앞서 2장에서 '예약어와 같은 이름은 지정할 수 없다'고 설명했습니다만 더블쿼트로 둘러싸서 지정하면 사용할 수 있습니다. 예를 들면 SELECT은 예약어이므로 다음과 같이 별명을 지정해서는 사용할 수 없습니다.

```
SELECT price * quantity AS SELECT FROM sample34;
```

이때 별명 SELECT를 다음과 같이 더블쿼트로 둘러싸면 문제없이 지정할 수 있습니다.

```
SELECT price * quantity AS "SELECT" FROM sample34;
```

또한 이름을 붙일 때는 숫자로 시작할 수 없습니다. 수치형 상수를 명령 안에서 사용할 경우에는 쿼트로 묶지 않고 숫자만 입력합니다. 이때 이름이 숫자로 시작한다면 그것이 수치형 상수를 의미하는 것인지 데이터베이스 객체명을 의미하는 것인지 구별할 수 없습니다. 그에 따라 데이터베이스 객체명은 '숫자로 시작해서는 안 된다'라는 제약이 생겼습니다. 물론 이름이 예약어와 겹칠 때와 마찬가지로 더블쿼트로 묶으면 피할 수 있습니다.

이처럼 MySQL에서는 숫자로 시작하는 객체명이 허용됩니다. 다만 숫자만으로 구성되는 객체명은 허용되지 않습니다. 한편 Oracle에서는 숫자로 시작하는 이름은 허용되지 않습니다. 데이터베이스 제품에 따라 미묘한 차이가 있으니 주의하시기 바랍니다. 더블쿼트로 둘러싸면 객체명으로 간주하는 룰은 표준 SQL에 규정되어 있습니다.

Point ▶ **이름을 지정하는 경우 숫자로 시작되지 않도록 한다!**

4. WHERE 구에서 연산하기

SELECT 구에 이어, 지금부터는 WHERE 구에서의 연산 방법을 알아보겠습니다. 구체적인 사례로 sample34 테이블을 사용해 '가격×수량'으로 금액을 계산하여 2000원 이상에 해당하는 행을 검색해보겠습니다.

```
SELECT *, price * quantity AS amount FROM sample34;
```

no	price	quantity	amount
1	100	10	1000
2	230	24	5520
3	1980	1	1980

WHERE 구에서 금액을 계산하고 2000원 이상인 행 검색하기

```
SELECT *, price * quantity AS amount FROM sample34
  WHERE price * quantity >= 2000;
```

no	price	quantity	amount
2	230	24	5520

WHERE 구의 조건식은 'price * quantity >= 2000'입니다. price * quantity 로 금액을 계산해 그 값이 2000 이상인 행을 검색하라는 뜻입니다. 그 결과 금액이 2000원 이상인 행은 no가 2인 행 뿐이었습니다.

여기에서 price * quantity를 계산할 때 SELECT 구에서 amount라는 별명을 붙였으므로 WHERE 구에도 amount로 지정하면 되지 않을까 생각될 수도 있습니다. 하지만 실제로 다음과 같은 SELECT 명령을 실행해 보면 amount라는 열은 존재하지 않는다는 에러가 발생합니다. 그 이유를 지금부터 설명하겠습니다.

```
SELECT *, price * quantity AS amount FROM sample34
  WHERE amount >= 2000;
```

– WHERE 구와 SELECT 구의 내부처리 순서

WHERE 구에서의 행 선택, SELECT 구에서의 열 선택은 데이터베이스 서버 내부에서 **WHERE 구 → SELECT 구**의 순서로 처리됩니다. 서버 내부의 처리순서까지 고려할 필요가 있는 것인지 의문을 가질 수도 있겠습니다. 하지만 SELECT 명령을 이해하기 위해서는 중요한 부분이므로 서버의 처리순서와 관련이 있다는 것만이라도 알아두시기 바랍니다.

표준 SQL에는 내부처리 순서가 따로 정해져 있지 않습니다. 하지만 WHERE 구 → SELECT 구의 순서로 내부 처리를 하는 데이터베이스가 많습니다. 따라서 WHERE 구로 행이 조건에 일치하는지 아닌지를 먼저 조사한 후에 SELECT 구에 지정된 열을 선택해 결과로 반환하는 식으로 처리합니다.

별명은 SELECT 구문을 내부 처리할 때 비로소 붙여집니다. 즉, WHERE 구의 처리는 SELECT 구보다 선행되므로 WHERE 구에서 사용한 별칭은 아직 내부적으로 지정되지 않은 상태가 되어 에러가 발생하는 것입니다.

Point▶ SELECT 구에서 지정한 별명은 WHERE 구 안에서 사용할 수 없다!

그림 **3-12** WHERE 구와 SELECT 구의 내부처리 순서

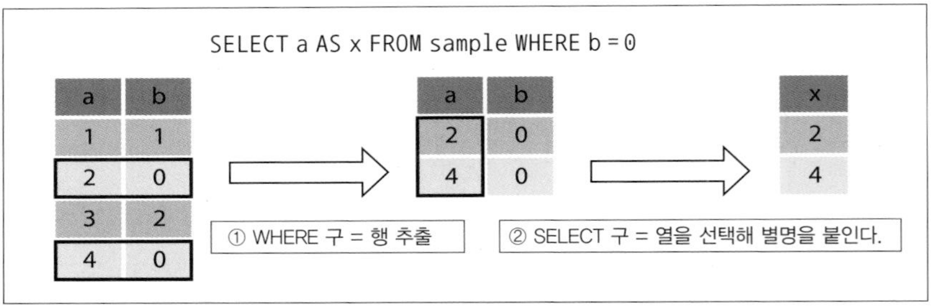

5. NULL 값의 연산

NULL 값을 이용해 'NULL + 1'과 같은 연산을 하면 결과는 어떻게 될까요?

C나 PHP 언어로 프로그래밍한 경험이 있다면 '1'이라 대답할 수도 있겠습니다. 프로그래밍 경험이 없는 분이라도 NULL은 유효한 값이 없는 상태이므로 0으로 간주해 계산 결과가 '1'이 될 것이라 생각할 수 있을 겁니다.

C나 PHP 언어에서는 NULL이 0으로도 처리되지만 SQL에서는 NULL 값이 0으로 처리되지 않습니다. 즉, 'NULL + 1'의 결괏값은 1이 아닌 NULL입니다. 다음 연산결과 또한 모두 NULL이 됩니다.

- NULL + 1

- 1 + NULL

- 1 + 2 * NULL

- 1 / NULL

여기서 나눗셈을 보면 NULL이 0으로 처리되지 않는다는 것을 알 수 있습니다.

통상적인 연산에서는 0으로 1을 나누면 'division by zero' 에러가 발생할 것입니다. 하지만 1 / NULL을 계산해도 NULL이 0으로 처리되지 않아 에러가 발생하지 않고 결과는 NULL이 됩니다.

Point ▶ **NULL로 연산하면 결과는 NULL이 된다!**

6. ORDER BY 구에서 연산하기

ORDER BY 구에서도 연산할 수 있고 그 결괏값들을 정렬할 수 있습니다. sample34 테이블을 사용해 구체적인 예를 들어 설명하겠습니다. '가격×수량'으로 금액을 계산해 값이 큰 순서대로 정렬해보겠습니다.

```
SELECT *, price * quantity AS amount FROM sample34;
```

no	price	quantity	amount
1	100	10	1000
2	230	24	5520
3	1980	1	1980

ORDER BY 구에서 금액을 계산하고 내림차순으로 정렬하기

```
SELECT *, price * quantity AS amount FROM sample34 ORDER BY price *
quantity DESC;
```

no	price	quantity	amount
2	230	24	5520
3	1980	1	1980
1	100	10	1000

amount 값이 내림차순으로 정렬되었습니다. ORDER BY는 서버에서 내부
적으로 가장 나중에 처리됩니다. 즉, SELECT 구보다 나중에 처리되기 때문에
SELECT 구에서 지정한 별명을 ORDER BY에서도 사용할 수 있습니다. 다음
[예제 3-21]을 통해 확인해보겠습니다.

```
SELECT *, price * quantity AS amount FROM sample34;
```

no	price	quantity	amount
1	100	10	1000
2	230	24	5520
3	1980	1	1980

ODER BY구에서 별명을 사용해 정렬하기

```
SELECT *, price * quantity AS amount FROM sample34 ORDER BY amount
DESC;
```

no	price	quantity	amount
2	230	24	5520
3	1980	1	1980
1	100	10	1000

이처럼 SELECT 구에서 지정한 별명을 마치 그런 열이 존재하는 것처럼 ORDER BY 구에서 사용할 수 있었습니다. 한편, WHERE 구에서는 별명을 사용할 수 없었습니다. 다시 한 번 언급하지만 서버에서 내부처리가 다음과 같은 순으로 처리되기 때문입니다.

여기서 별명을 지정
↓
WHERE 구 → SELECT 구 → ORDER BY 구

Point ▶ ORDER BY 구에서는 SELECT 구에서 지정한 별명을 사용할 수 있다!

7. 함수

연산자 외에 **함수**를 사용해 연산할 수도 있습니다. 함수는 다음과 같은 문법으로 표기합니다.

함수명 (인수1, 인수2...)

연산자는 기호에 따라 연산 방법이 결정됩니다. 예를 들어 + 기호는 덧셈에 사용됩니다. 한편 함수는 함수명에 따라 연산 방법이 결정됩니다. 연산자는 좌우의 항목이 연산 대상이 됩니다. 함수는 계산 대상을 인수로 지정합니다. 이때 인수는 함수명 뒤에 괄호로 묶어 표기합니다. 인수의 수나 구분 방법은 함수에 따라 다릅니다. 대부분의 함수는 1개 이상의 인수를 가집니다. 인수는 파라미터parameter라고도 부릅니다. 또한, 연산자가 그러하듯 함수 역시 결괏값을 반환합니다. 이것을 '함수의 반환값'이라고 부릅니다.

사실 연산자도 함수도 둘 다 같은 것이라고 할 수 있습니다. 다만 표기 방법이 다를 뿐입니다. 여기서는 간단하게 나머지를 계산하는 % 연산자와, 동일하게 나머지를 계산하는 MOD 함수를 서로 비교해 설명하겠습니다.

% 연산자는 MySQL 등에서 사용할 수 있는 연산자입니다. 10 % 3를 계산하면 10 ÷ 3을 한 나머지는 1이 되므로 결과는 1이 됩니다. MOD 함수는 MySQL이나 Oracle 등에서 사용할 수 있는 함수입니다. 함수명이 MOD이고, 인수로는 나뉘어질 수와 나눌 수의 순으로 2개를 지정합니다. MOD 함수 역시 나머지값을 반환합니다. 다음 실행 예를 잘 살펴보면 서로 비슷하다는 것을 알 수 있습니다.

```
10 % 3 → 1
MOD(10, 3) → 1
```

그럼, 다음 절에서는 대표적인 산술함수에 관해 설명하겠습니다.

Point ▶ 함수도 연산자도 표기 방법이 다를 뿐, 같은 것이다!

8. ROUND 함수

일상생활에서 부가세를 계산하는 경우가 있을 겁니다. 이 경우 부가세를 포함한 금액을 계산하려면 부가세가 5%일 경우 1.05로, 8%일 경우 1.08로 곱셈을 하게 됩니다.

경우에 따라서는 부가세를 포함한 금액이 소수점을 가질 수도 있습니다. 이런 경우 거래되는 단위를 고려해 반올림을 하는데 이때 사용하는 것이 ROUND 함수입니다.

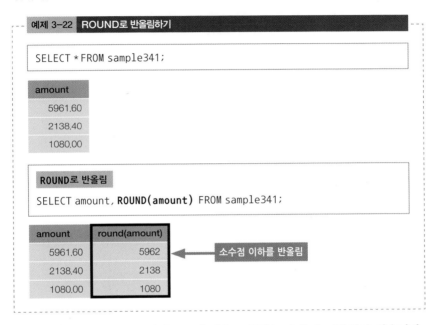

앞의 예를 보면 amount 열에는 소수점을 포함하는 수치가 저장되어 있습니다. 이를 부가세(8%)를 포함하는 금액으로 간주하겠습니다. 다만 INTEGER 형의 경우는 정수밖에 저장할 수 없기 때문에 amount 열은 **DECIMAL 형**으로 정의하였습니다. DECIMAL 형은 열을 정의할 때 정수부와 소수부의 자릿수를 지정할 수 있는 자료형입니다. 다시 말해 소수점을 포함하는 수치를 저장하는 자료형이 됩니다.

– 반올림 자릿수 지정

ROUND 함수는 기본적으로 소수점 첫째 자리를 기준으로 반올림한 값을 반환합니다. 이때 ROUND 함수의 두 번째 인수로 반올림할 자릿수를 지정할 수 있습니다. 해당 인수를 생략하는 경우는 0으로 간주되어, 소수점 첫째 자리를 반올림합니다. 1을 지정하면 소수점 둘째 자리를 반올림합니다.

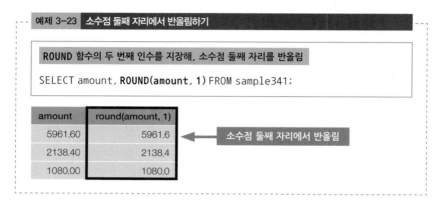

그림 **3-13** ROUND 함수의 두 번째 인수

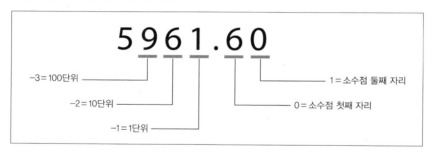

음수로 지정해 정수부의 반올림할 자릿수도 지정할 수 있습니다. −1을 지정하면 1단위, −2을 지정하면 10단위를 반올림할 수 있습니다. 그 밖에도 반올림 외에 버림을 하는 경우도 있는데 이는 TRUNCATE 함수로 계산할 수 있습니다.

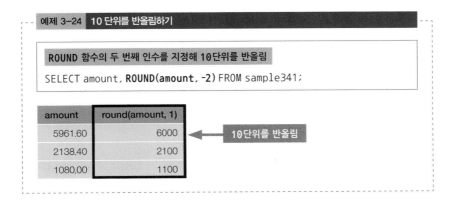

예제 3-24 | 10 단위를 반올림하기

ROUND 함수의 두 번째 인수를 지정해 10단위를 반올림

```
SELECT amount, ROUND(amount, -2) FROM sample341;
```

amount	round(amount, 1)
5961.60	6000
2138.40	2100
1080.00	1100

← 10단위를 반올림

이것으로 자주 사용하는 사칙 연산의 설명을 마무리 짓겠습니다.

앞에서 설명한 함수 외에도 SIN, COS 등의 삼각함수나 루트를 계산하는 SQRT, 대수를 계산하는 LOG 등 수많은 함수가 제공됩니다. 또한 합계를 계산할 수 있는 SUM이라는 함수가 있습니다만 이 함수는 수치를 계산하는 일종의 산술함수로 처리 방식이 좀 다르기 때문에 여기에서는 다루지 않고 집계와 서브 쿼리에서 자세하게 설명하겠습니다. SIN이나 SQRT 등 미처 다루지 않은 함수에 대해서는 데이터베이스의 매뉴얼을 참고해 주시기 바랍니다.

13강

문자열 연산

데이터에는 수치형 외에 문자열형도 있습니다. 여기에서는 문자열 연산에 대해서 배워보겠습니다.

SYNTAX 문자열 연산

+ || CONCAT SUBSTRING TRIM CHARACTER_LENGTH

그림 **3-14** 문자열 연산

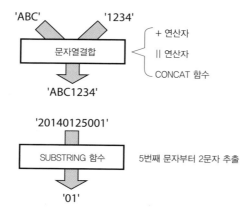

지금부터 문자열을 연산하는 연산자와 함수를 설명하겠습니다. 문자열끼리 연산하는 연산자는 많지 않습니다. 이 절에서는 문자열 결합에 관해서만 다룹니다. 이와 관련해 문자열을 가공하는 함수 중 자주 사용하는 것을 뽑아 소개합니다.

1. 문자열 결합

문자열 결합이란 다음과 같이 문자열 데이터를 결합하는 연산입니다.

> **문자열 결합 사례**
>
> 'ABC' || '1234' → 'ABC1234'

문자열을 결합하는 연산자에는 데이터베이스 제품마다 방언이 있으며 다음과 같은 차이를 가집니다.

표 3-3 문자열 결합 연산자

연산자/함수	연산	데이터베이스
+	문자열 결합	SQL Server
||	문자열 결합	Oracle, DB2, PostgreSQL
CONCAT	문자열 결합	MySQL

SQL Server는 문자열 결합에 + 연산자를 사용합니다. Oracle이나 DB2, PostgreSQL에서는 || 연산자를 사용해서 문자열을 결합합니다. MySQL에서는 CONCAT 함수로 문자열을 결합합니다.

Point ▶ **+ 연산자, || 연산자, CONCAT 함수로 문자열을 결합할 수 있다!**

문자열 결합은 '2개의 열 데이터를 모아서 1개의 열로 처리하고 싶은' 경우에 자주 사용합니다. sample35 테이블을 이용해 수량과 수량 단위의 문자열을 결합해보도록 하겠습니다.

```
SELECT * FROM sample35;
```

no	price	quantity	unit
1	100	10	개
2	230	24	캔
3	1980	1	장

문자열 결합으로 단위를 연결해 결과 얻기

```
SELECT CONCAT(quantity, unit) FROM sample35;
```

CONCAT(quantity,unit)
10개
24캔
1장

sample35의 unit 열은 문자열형이고 quantity 열은 INTEGER 형의 열입니다. CONCAT 함수를 이용해 두 열을 결합하였습니다. 문자열 결합이지만 수치 데이터도 문제없이 연산할 수 있습니다. 단, 문자열로 결합한 결과는 문자열형이 됩니다. 한편, Oracle에서는 quantity || unit, SQL Server에서는 quantity + unit 로 결합합니다.

2. SUBSTRING 함수

SUBSTRING 함수는 문자열의 일부분을 계산해서 반환해주는 함수입니다. 데이터베이스에 따라서는 함수명이 SUBSTR인 경우도 있습니다.

블로그 시스템 등에서는 사용자가 업로드한 데이터를 특정지을 수 있도록 날짜와 연속된 번호를 사용해 유일한 ID를 지정하는 경우가 많습니다. 이러한 ID를 하나의 열에 저장하는 경우도 있지만 보통 다루기 쉽도록 날짜와 연속된 번호라는 두 개의 열로 나누는 경우가 많습니다.

또한 연월일을 YYYYMMDD와 같은 형식의 문자열 데이터로 저장하는 경우도 아주 많습니다. 해당 날짜 데이터에서 년, 월, 일을 각각 따로 추출해내고 싶은 경우가 있을 겁니다. 이런 경우 SUBSTRING 함수를 사용해 간편하게 문자열을 추출해낼 수 있습니다.

앞 4자리(년) 추출

```
SUBSTRING('20140125001', 1, 4) → '2014'
```

5째 자리부터 2자리(월) 추출

```
SUBSTRING('20140125001', 5, 2) → '01'
```

---

3. TRIM 함수

TRIM 함수는 문자열의 앞뒤로 여분의 스페이스가 있을 경우 이를 제거해주는 함수로 문자열 도중에 존재하는 스페이스는 제거되지 않습니다. 고정길이 문자열형에 대해 많이 사용하는 함수입니다.

앞에서 설명했듯이 CHAR 형의 문자열형에서는 문자열의 길이가 고정되며 남은 공간은 스페이스로 채워집니다. 이처럼 빈 공간을 채우기 위해 사용한 스페이스를 제거하는 데 TRIM 함수를 사용할 수 있습니다. 한편, 인수를 지정하는 것으로 스페이스 이외의 문자를 제거할 수도 있습니다.

TRIM으로 스페이스 제거하기

```
TRIM('ABC   ') → 'ABC'
```

---

4. CHARACTER_LENGTH 함수

CHARACTER_LENGTH 함수는 문자열의 길이를 계산해 돌려주는 함수입니다. VARCHAR 형의 문자열은 가변 길이이므로 길이가 서로 다릅니다. CHARACTER_LENGTH 함수를 사용하면 문자열의 길이를 계산할 수 있습니다. 문자열의 길이는 문자 단위로 계산되어 수치로 반환됩니다. 또한 함수명은 CHAR_LENGTH로 줄여서 사용할 수 있습니다. 한편 **OCTET_LENGTH 함수**는 문자열의 길이를 바이트 단위로 계산해 돌려주는 함수입니다.

이것으로 CHAR_LENGTH/OCTET_LENGTH 함수의 설명을 끝내고 싶었습니다만 조금 까다로울 수 있는 내용도 언급하겠습니다. 컴퓨터 안에는 이미지 데이터, 음성 데이터, 수치 데이터, 문자열 데이터 등 다양한 종류의 데이터가 저장됩니다. 하지만 이런 데이터는 '전부 수치'라고 자주 언급되므로 따로 자세한 설명은 하지 않겠습니다. 다시 말해 문자열 데이터도 결국 수치로 저장된다는 것입니다.

데이터 단위로 '바이트'라는 것이 있습니다. SQL의 OCTET_LENGTH 함수를 잘 사용하는 동시에 중요한 것은 문자 하나의 데이터가 몇 바이트의 저장공간을 필요로 하는지 '인코드 방식'에 따라 결정된다는 점입니다. 바꿔 말하자면 문자를 수치화(인코드) 하는 방식에 따라 필요한 저장공간의 크기가 달라진다는 것입니다. VARCHAR 형의 최대 길이 역시 바이트 단위로 지정합니다. 하지만 문자세트character set에 따라 길이가 문자 수로 간주되기도 하니 주의할 필요가 있습니다.

– 문자세트(character set)

한중일의 인쇄 문화에서는 반각과 전각이라는 용어를 사용해 문자의 폭을 설명하기도 합니다. 예를 들어 알파벳의 경우는 반각문자, 한글은 전각문자라고 할 수 있습니다. 반각과 전각의 차이는 화면상의 표시를 보면 잘 알 수 있습니다. 반각문자는 전각문자 폭의 절반밖에 안 되며 저장용량 또한 전각문자 쪽이 더 큽니다. 반각의 알파벳이나 숫자, 기호는 'ASCII 문자'라고 불립니다.

한글의 경우 'EUC-KR', 'UTF-8' 등의 인코드 방식을 주로 사용합니다. 인코드 방식은 데이터베이스나 테이블을 정의할 때 변경할 수 있습니다. 이를 RDBMS에서는 '**문자세트**'라고 부릅니다. 서론이 조금 길어졌습니다만 핵심은 '한 문자가 몇 바이트인지는 쓰이는 문자세트에 따라 다르다'라는 것입니다.

CHAR_LENGTH 함수를 사용하는 경우에는 아무런 문제가 되지 않습니다. 한글이든 ASCII 문자든 문자 수로 계산되기 때문입니다. 하지만 OCTET_LENG TH 함수의 경우는 문자 수가 아닌 바이트 단위로 길이를 계산하므로 주의할 필요가 있습니다.

'A는 반각, **한**은 전각'이라는 문자열의 문자 수와 바이트 수를 문자세트 별로 조사하면 다음과 같습니다.

표 **3-4** 문자세트 별 문자 수와 바이트 수

문자세트	문자 수	바이트 수
EUC-KR	12	19
UTF-8	12	26

EUC-KR에서 ASCII 문자는 1바이트, 한글은 2바이트의 용량을 가집니다. 한편 UTF-8에서 ASCII 문자는 1바이트, 한글은 3바이트의 용량을 가집니다. 이렇게 문자세트에 따라 한 문자의 크기는 달라집니다. 문자열 조작 함수로 문자 단위가 아닌 바이트 단위로 지정할 경우에는 문자세트에 주의할 필요가 있습니다.

`Point` **문자열 데이터의 길이는 문자세트에 따라 다르다!**

날짜 연산

여기서는 날짜 연산에 대해 배워보겠습니다.

SYNTAX 날짜 연산

CURRENT_TIMESTAMP CURRENT_DATE INTERVAL

그림 **3-15** 날짜 연산

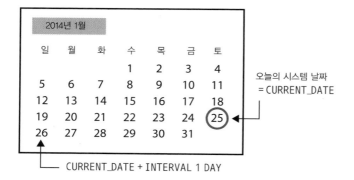

날짜·시간 데이터를 저장하는 방법은 데이터베이스 제품에 따라 크게 달라집니다. 날짜와 시간 전부를 저장할 수 있는 자료형을 지원하거나, 혹은 날짜는 DATE 형, 시간은 TIME 형, 날짜와 시간은 DATETIME 형과 같이 세분화해 지원하는 데이터베이스 제품도 있습니다. 이 책에서는 날짜와 시간을 초 단위로 저장할 수 있는 날짜시간형을 중점으로 설명하겠습니다.

실제 시스템에서 날짜 연산은 빈번하게 일어납니다. 쇼핑사이트 등에서 입하, 출하, 주문 등의 많은 부분에 걸쳐 날짜 정보는 유용하게 사용됩니다.

1. SQL에서의 날짜

날짜나 시간 데이터는 수치 데이터와 같이 사칙 연산을 할 수 있습니다. 날짜시간 데이터를 연산하면 결괏값으로 동일한 날짜시간 유형의 데이터를 반환하는 경우도 있으며 기간(간격)의 차를 나타내는 **기간형**(interval) 데이터를 반환하는 경우도 있습니다. 기간형은 '10일간', '2시간10분'과 같이 시간의 간격을 표현할 수 있습니다.

– 시스템 날짜

날짜시간 데이터의 연산을 설명하기 전에 시스템 날짜를 확인하는 방법에 관해 설명하겠습니다.

컴퓨터에는 반드시 시계가 내장되어 있습니다. 네트워크나 주변기기와 데이터통신을 하기 위해서는 시간을 정확하게 측정할 필요가 있기 때문입니다. '시스템 날짜'란 이 같은 하드웨어 상의 시계로부터 실시간으로 얻을 수 있는 일시적인 데이터를 말합니다. RDBMS에서도 시스템 날짜와 시간을 확인하는 함수를 제공합니다.

표준 SQL에서는 'CURRENT_TIMESTAMP'라는 긴 이름의 함수로 실행했을 때를 기준으로 시간을 표시합니다. CURRENT_TIMESTAMP는 함수임에도 인수를 필요로 하지 않습니다. 일반적인 함수와는 달리 인수를 지정할 필요가 없으므로 괄호를 사용하지 않는 특수한 함수입니다.

예제 3-26 시스템 날짜 확인하기

CURRENT_TIMESTAMP로 시스템 날짜 확인

```
SELECT CURRENT_TIMESTAMP;
```

CURRENT_TIMESTAMP

2014-01-25 10:10:30

앞의 예에서는 FROM 구를 생략했습니다. SELECT 구만으로도 SELECT 명령은 실행됩니다만 Oracle과 같은 전통적인 데이터베이스에서는 FROM 구를 생략할 수 없으므로 주의해 주세요.

이미 언급했듯이 CURRENT_TIMESTAMP는 표준 SQL로 규정되어 있는 함수 입니다. Oracle에서는 SYSDATE 함수, SQL Server에서는 GETDATE 함수를 사용해도 시스템 날짜를 확인할 수 있습니다. 그러나 이들은 표준화되기 전에 구 현된 함수인 만큼 사용하지 않는 편이 낫습니다.

– 날짜 서식

날짜 데이터를 데이터베이스에 저장할 경우 CURRENT_TIMESTAMP를 사용해 시스템 상의 날짜를 저장할 수 있습니다. 다만 임의의 날짜를 저장하고 싶을 경우 에는 직접 날짜 데이터를 지정해야 합니다.

날짜 서식은 국가별로 다릅니다. 한국과 일본에서는 연월일을 슬래시나 하이픈 으로 구분해 표기하는 경우가 많습니다. 한편 미국에서는 월의 경우 숫자를 대신 해 Jan, Feb 등으로 표기하며 일반적으로 일월년의 순으로 표기합니다.

- 2014/01/25
- 2014-01-25
- 25 Jan 2014

이처럼 날짜를 표기하는 방식이 다양한 가운데 대부분의 데이터베이스 제품은 날 짜 데이터의 서식을 임의로 지정, 변환할 수 있는 함수를 지원합니다. Oracle의 경우 TO_DATE 함수를 사용해 문자열 데이터를 날짜형 데이터로 변환할 수 있 으며 서식 또한 별도로 지정할 수 있습니다.

```
TO_DATE('2014/01/25', 'YYYY/MM/DD')
```

여기서 'YYYY/MM/DD'가 서식 부분입니다. YYYY가 년, MM이 월, DD가 날 을 의미합니다. 반대로 날짜형 데이터를 서식에 맞춰 변환해 문자열 데이터로 출력하는 함수도 존재합니다. Oracle의 경우 TO_CHAR 함수가 그에 해당합니다.

Point ▶ 날짜 데이터는 서식을 지정할 수 있다!

2. 날짜의 덧셈과 뺄셈

날짜시간형 데이터는 기간형 수치데이터와 덧셈 및 뺄셈을 할 수 있습니다. 날짜
시간형 데이터에 기간형 수치데이터를 더하거나 빼면 날짜시간형 데이터가 반환
됩니다. 예를 들어 특정일로부터 1일 후를 계산하고 싶다면 a + 1 DAY 라는 식
으로 계산할 수 있습니다. 1일 전이라면 a − 1 DAY로 하면 됩니다.

예제 3-27 ┃ 시스템 날짜의 1일 후를 계산하기

날짜를 연산해 시스템 날짜의 1일 후를 검색

```
SELECT CURRENT_DATE + INTERVAL 1 DAY;
```

CURRENT_DATE + INTERVAL 1 DAY

2014-01-26

CURRENT_DATE는 시스템 날짜의 날짜만 확인하는 함수입니다. INTERVAL
1 DAY는 '1일 후'라는 의미의 기간형 상수입니다. 기간형 상수의 기술방법은 데
이터베이스마다 조금씩 다르며 세세한 부분까지 표준화가 이루어지지는 않았습
니다. 더 자세한 내용은 데이터베이스의 매뉴얼을 참고해 주세요.

– 날짜형 간의 뺄셈

날짜시간형 데이터 간에 뺄셈을 할 수 있습니다(덧셈도 할 수 있습니다만 별 의
미가 없습니다). 예를 들면 Oracle에서는 '2014-02-28' − '2014-01-01'이
라고 한다면 두 날짜 사이에 차이가 얼마나 발생하는지 계산할 수 있습니다. 한편
MySQL에서는 DATEDIFF('2014-02-28', '2014-01-01')로 계산할 수 있
습니다.

CASE 문으로 데이터 변환하기

여기에서는 CASE 문에 대해 배워 보겠습니다. CASE 문을 이용해 데이터를 변환할 수 있습니다.

SYNTAX CASE 문

```
CASE WHEN 조건식1 THEN 식1
  [ WHEN 조건식2 THEN 식2 ... ]
  [ ELSE 식3 ]
END
```

그림 **3-16** CASE 문

```
1 → 남자
2 → 여자
```
디코드
```
CASE
    WHEN 1 THEN '남자'
    WHEN 2 THEN '여자'
END
```

RDBMS에 준비된 함수를 사용해 데이터를 특정 형태로 변환하는 경우도 있지만, 임의의 조건에 따라 독자적으로 변환 처리를 지정해 데이터를 변환하고 싶은 경우도 있을 겁니다. 이때 CASE 문을 이용할 수 있습니다. 여기에서는 CASE 문에 관해서 설명합니다.

1. CASE 문

지금까지 살펴본 다양한 연산자와 함수를 서로 적절히 조합해 사용하면 대부분의 계산을 처리할 수 있습니다. 하지만 RDBMS에 갖추어져 있는 기존의 연산자나 함수만으로는 처리할 수 없는 것도 있을 겁니다. 예를 들면 NULL 값을 0으로 간주하여 계산하고 싶은 경우가 그렇습니다. 하지만 NULL 값으로 연산한 결과는 모두 NULL이 됩니다.

RDBMS에서는 사용자가 함수를 작성할 수 있습니다. 방금 설명한 것과 같은 상황 역시 사용자 정의 함수를 작성해서 해결할 수 있을 겁니다. 하지만 간단한 처리의 경우에는 사용자 정의 함수를 작성하지 않고도 CASE 문으로 처리할 수 있습니다.

우선 CASE 문을 살펴보도록 하겠습니다.

SYNTAX CASE 문

```
CASE WHEN 조건식1 THEN 식1
[ WHEN 조건식2 THEN 식2 … ]
[ ELSE 식3 ]
END
```

먼저 **WHEN** 절에는 참과 거짓을 반환하는 조건식을 기술합니다. 해당 조건을 만족하여 참이 되는 경우는 **THEN** 절에 기술한 식이 처리됩니다. 이때 WHEN 과 THEN을 한데 조합해 지정할 수 있습니다. WHEN 절의 조건식을 차례로 평가해 나가다가 가장 먼저 조건을 만족한 WHEN 절과 대응하는 THEN 절 식의 처리결과를 CASE 문의 결괏값으로 반환합니다. 그 어떤 조건식도 만족하지 못한 경우에는 **ELSE** 절에 기술한 식이 채택됩니다. ELSE는 생략 가능하며 생략했을 경우 'ELSE NULL'로 간주됩니다.

그럼, 지금부터 NULL 값을 0으로 변환하는 CASE 식 구현사례를 살펴보겠습니다.

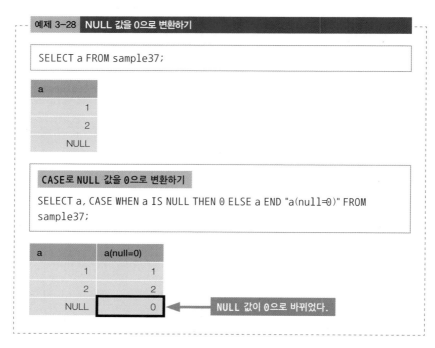

예제 3-28 **NULL 값을 0으로 변환하기**

```
SELECT a FROM sample37;
```

a
1
2
NULL

CASE로 NULL 값을 0으로 변환하기

```
SELECT a, CASE WHEN a IS NULL THEN 0 ELSE a END "a(null=0)" FROM
sample37;
```

a	a(null=0)
1	1
2	2
NULL	0

NULL 값이 0으로 바뀌었다.

a 열 값이 NULL일 때 WHEN a IS NULL은 참이 되므로 CASE 문은 THEN 절의 '0'을 반환합니다. NULL이 아닌 경우에는 ELSE 절의 'a', 즉 a 열의 값을 반환합니다.

– COALESCE

사실 NULL 값을 변환하는 경우라면 **COALESCE 함수**를 사용하는 편이 더 쉽습니다. 앞의 SELECT 명령 예제를 COALESCE 함수를 사용해 구현하면 다음과 같습니다.

```
SELECT a, COALESCE(a, 0) FROM sample37;
```

COALESCE 함수는 여러 개의 인수를 지정할 수 있습니다. 주어진 인수 가운데 NULL이 아닌 값에 대해서는 가장 먼저 지정된 인수의 값을 반환합니다. 앞의 예문은 a가 NULL이 아니면 a값을 그대로 출력하고, 그렇지 않으면(a가 NULL이면) 0을 출력합니다.

2. 또 하나의 CASE 문

숫자로 이루어진 코드를 알아보기 더 쉽게 문자열로 변환하고 싶은 경우 CASE 문을 많이 사용합니다. 예를 들어 '1은 남자/2는 여자'라는 코드 체계가 있다면, 이를 모르는 사람에게는 '1/2'라고 표시하는 것보다 '남자/여자'라고 표시하는 편이 알아보기 쉬울 겁니다.

덧붙이자면 이와 같이 문자화하는 것을 '디코드'라 부르고 반대로 수치화하는 것을 '인코드'라 부릅니다(앞서 문자세트 설명에서 언급했던 '인코드 방식'과 동일한 의미입니다).

그림 3-17 디코드와 인코드

이와 같은 디코드를 CASE 문으로도 처리할 수 있습니다.

```
WHEN a = 1 THEN '남자'
WHEN a = 2 THEN '여자'
```

Point ▶ CASE 문에는 2개의 구문이 있다!

CASE 문은 '검색 CASE'와 '단순 CASE'의 두 개 구문으로 나눌 수 있습니다. 검색 CASE는 앞서 설명한 'CASE WHEN 조건식 THEN 식 …' 구문입니다. 한편 단순 CASE는 'CASE 식 WHEN 식 THEN 식 …' 구문입니다. 단순 CASE에서는 CASE 뒤에 식을 기술하고 WHEN 뒤에 (조건식이 아닌) 식을 기술합니다.

```
CASE 식1
    WHEN 식2 THEN 식3
    [ WHEN 식4 THEN 식5 … ]
    [ ELSE 식6 ]
END
```

식1의 값이 WHEN의 식2의 값과 동일한지 비교하고, 값이 같다면 식3의 값이 CASE 문 전체의 결괏값이 됩니다. 값이 같지 않으면 그 뒤에 기술한 WHEN 절과 비교하는 식으로 진행됩니다. 즉, 식1의 값과 식4의 값이 같은지를 비교하고 같다면 식5의 값이 CASE 문의 결괏값이 되는 것입니다. 비교 결과 일치하는 WHEN 절이 하나도 없는 경우에는 ELSE 절이 적용됩니다.

그럼 지금부터 성별 문자열을 디코딩하는 예를 살펴보겠습니다. 먼저 검색 CASE 의 경우입니다.

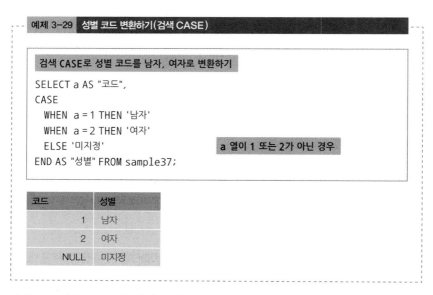

다음으로 단순 CASE에 관해 살펴보겠습니다. 검색 CASE의 경우에는 WHEN에 a = 1, a = 2처럼 식을 상세하게 기술해야 하지만 단순 CASE에서는 CASE 문에서 비교할 항목인 'a'를 따로 지정하므로 WHEN에는 1, 2처럼 비교할 값만 기술

하면 됩니다.

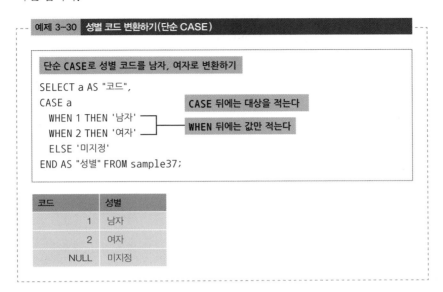

단순 CASE로 성별 코드를 남자, 여자로 변환하기

```
SELECT a AS "코드",
CASE a                          CASE 뒤에는 대상을 적는다
    WHEN 1 THEN '남자'
    WHEN 2 THEN '여자'          WHEN 뒤에는 값만 적는다
    ELSE '미지정'
END AS "성별" FROM sample37;
```

코드	성별
1	남자
2	여자
NULL	미지정

3. CASE를 사용할 경우 주의사항

이제까지의 예제에서는 SELECT 구에서 CASE 문을 사용했습니다. 그러나 CASE 문은 어디에나 사용할 수 있습니다. WHERE 구에서 조건식의 일부로 사용될 수도 있고 ORDER BY 구나 SELECT 구에서도 사용할 수 있습니다.

– ELSE 생략

ELSE를 생략하면 **ELSE NULL**이 되는 것에 주의합시다. 상정한 것 이외의 데이터가 들어오는 경우도 많습니다. 대응하는 WHEN이 하나도 없으면 ELSE 절이 사용됩니다. 이때 ELSE를 생략하면 상정한 것 이외의 데이터가 왔을 때 NULL이 반환됩니다. 따라서 ELSE를 생략하지 않고 지정하는 편이 낫습니다.

Point▶ CASE 문의 ELSE는 생략하지 않는 편이 낫다!

– WHEN에 NULL 지정하기

단순 CASE에서는 WHEN 뒤에 1개의 상수값을 지정하는 경우가 많을 것입니다. 앞에서 살펴본 예제에서처럼 WHEN 1 THEN '남자' WHEN 2 THEN '여자'와 같이 쓸 수 있습니다. 여기에서 데이터가 NULL인 경우를 고려해 WHEN NULL THEN '데이터 없음'과 같이 지정해도 문법적으로는 문제가 없지만 정상적으로 처리되지 않습니다.

그 이유에 대해 상세하게 설명하도록 하겠습니다. 단순 CASE 문에서는 CASE에서 지정된 식과 WHEN에서 지정된 식을 비교해가며 확인합니다.

단순 CASE 문에서 WHEN 절에 NULL 지정하기

```
CASE a
    WHEN 1 THEN '남자'
    WHEN 2 THEN '여자'
    WHEN NULL THEN '데이터 없음'
    ELSE '미지정'
END
```

이 예제에서는 다음과 같은 순서로 조건식을 처리합니다.

① a = 1
② a = 2
③ a = NULL

비교 연산자 = 로는 NULL 값과 같은지 아닌지를 비교할 수 없습니다. 따라서 a 열의 값이 NULL이라 해도 a = NULL은 참이 되지 않습니다. 즉 '데이터 없음' 대신 '미지정'이라는 결괏값이 나옵니다. 단순 CASE 문으로는 NULL을 비교할 수 없다는 문제점이 있습니다.

이때 **NULL 값인지 아닌지를 판정하기 위해서는 IS NULL을 사용**합니다. 다만 단순 CASE 문은 특성상 = 연산자로 비교하는 만큼, NULL 값인지를 판정하려면 검색 CASE 문을 사용해야 합니다.

```
CASE
    WHEN a = 1 THEN '남자'
    WHEN a = 2 THEN '여자'
    WHEN a IS NULL THEN '데이터 없음'
    ELSE '미지정'
END
```

Point ▶ 단순 CASE 문으로는 NULL 값을 비교할 수 없다!

- DECODE NVL

Oracle에는 이 같은 디코드를 수행하는 DECODE 함수가 내장되어 있습니다. DECODE 함수는 CASE 문과 같은 용도로 사용할 수 있습니다. 다만 DECODE 함수는 Oracle에서만 지원하는 함수인 만큼 다른 데이터베이스 제품에서는 사용할 수 없습니다. 그에 비해 CASE 문은 표준 SQL로 규정된 덕분에 많은 데이터베이스 제품이 지원합니다.

또한 NULL 값을 변환하는 함수도 있는데 Oracle에서는 NVL 함수, SQL Server에서는 ISNULL 함수가 이에 해당합니다. 다만 이 함수들은 특정 데이터베이스에 국한된 함수인 만큼 NULL 값을 변환할 때는 표준 SQL로 규정되어 있는 COALESCE 함수를 사용합니다.

마치며

3장에서는 정렬과 연산자나 함수를 사용한 연산에 관해 학습했습니다.

- **ORDER BY 구에 의한 정렬**

  ORDER BY 구를 사용해 정렬할 수 있습니다.

- **DESC, ASC에 의한 내림차순과 오름차순 정렬**

  DESC, ASC로 내림차순과 오름차순으로 정렬할 수 있습니다.

- **LIMIT 구에 의한 행 제한**

  LIMIT 구를 사용해 검색 결과의 행을 제한할 수 있습니다.

- **산술 연산**

  산술 연산자와 함수로 연산을 할 수 있습니다.

- **열의 별명**

  SELECT 구에서 열이나 식에 별명을 붙일 수 있습니다.

- **문자열 연산**

  문자열 연산자나 함수로 문자열 데이터를 가공할 수 있습니다.

- **날짜 연산**

  날짜 연산자나 함수로 날짜시간형의 데이터를 연산할 수 있습니다.

- **CASE 문**

  CASE 문을 사용해 데이터를 변환할 수 있습니다.

연습문제

– **문제 1**

ORDER BY 구에 의해 정렬되는 것은 무엇입니까?

① 행

② 열

③ 오름차순

– **문제 2**

식 중에 NULL 값이 포함된 경우 연산결과는 무엇입니까?

① 에러가 발생한다.

② 0

③ NULL

– **문제 3**

SELECT 구로 식에 붙일 수 있는 것은 무엇입니까?

① 별명

② CASE 문

③ ORDER BY

4 장

데이터의 추가, 삭제, 갱신

4장에서는 다음과 같은 내용을 학습합니다.

- INSERT 명령으로 데이터 추가하기
- DELETE 명령으로 데이터 삭제하기
- UPDATE 명령으로 데이터 변경하기
- 논리삭제와 물리삭제

행 추가하기 – INSERT

16강에서는 데이터를 추가하는 방법을 알아보도록 하겠습니다. 데이터베이스의
테이블에 행을 추가하기 위해서는 INSERT 명령을 사용합니다.

SYNTAX **INSERT 명령**

INSERT INTO 테이블명 **VALUES**(값 1, 값 2, …)

그림 **4-1** INSERT 명령으로 행 추가

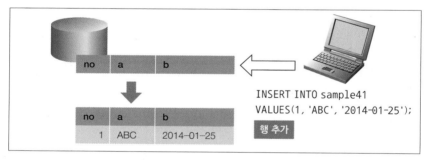

지금까지 배운 SELECT 명령은 데이터 검색을 위한 것으로, 질의를 하면 데이터
베이스 서버가 클라이언트로 결과를 반환하는 형식으로 처리됩니다. 데이터를 추
가할 경우에는 이와 반대로 클라이언트에서 서버로 데이터를 전송하는 형식을
취하며 서버 측은 전송받은 데이터를 데이터베이스에 저장합니다. 웹 페이지에
서 '신규등록'이나 '추가'와 같은 버튼을 클릭했을 때 처리되는 데이터 추가 기능
이라 생각하면 이해하기 쉽습니다. 그럼 지금부터 데이터를 추가하는 데 필요한
INSERT 명령에 대해 알아보겠습니다.

1. INSERT로 행 추가하기

RDBMS에서는 **INSERT 명령**을 사용해 테이블의 행 단위로 데이터를 추가합니다. 그럼 실제로 INSERT 명령으로 데이터를 추가해보겠습니다. 데이터베이스를 생성하면 테이블에는 아무런 데이터도 저장되어 있지 않은 상태가 됩니다. 이후 INSERT 명령으로 데이터를 추가해 데이터베이스를 구축합니다. INSERT 명령을 실행하기 전에 기존의 테이블에 어떤 데이터가 저장되어 있는지 SELECT 명령으로 확인하겠습니다.

예제 4-1 sample41 테이블

```
SELECT * FROM sample41;
```

no	a	b

sample41 테이블에는 3개의 열이 정의되어 있지만 저장된 데이터가 없어 아무것도 표시되지 않습니다. INSERT 명령을 통해 행을 추가하려면 각 열의 값을 지정해야 합니다. 그렇다면 각 열에 어떤 유형의 데이터를 저장할 수 있는지 DESC 명령으로 확인해봅니다.

예제 4-2 sample41 테이블의 열 구성 확인하기

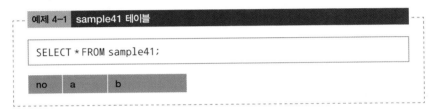

```
DESC sample41;
```

Field	Type	Null	Key	Default	Extra
no	int(11)	NO		NULL	
a	varchar(30)	YES		NULL	
b	date	YES		NULL	

no 열은 int(11)이므로 수치형 데이터를 저장할 수 있습니다. a 열은 varchar(30)이므로 최대 길이가 30인 문자열을 저장할 수 있습니다. b 열은 날짜시간형 데이터를 저장할 수 있습니다.

그럼 INSERT 명령으로 행을 추가해보겠습니다. 먼저 INSERT INTO 뒤에 행을

추가할 테이블을 지정합니다.

```
INSERT INTO sample41
```

저장할 데이터를 지정하지 않았기 때문에 아직은 INSERT 명령문이 완성되지 않은 상태입니다. 행의 데이터는 다음과 같이 VALUES 구를 사용해 지정합니다.

예제 4-3 sample41 테이블에 행 추가하기

```
INSERT INTO sample41 VALUES(1, 'ABC', '2014-01-25');
```

값을 지정할 때는 해당 열의 데이터 형식에 맞도록 지정해야 합니다. 앞에서 본 명령을 실행하면 sample41 테이블에 행이 추가됩니다.

다만, INSERT 명령을 실행해도 처리상태만 표시될 뿐 SELECT 명령을 실행했을 때처럼 결과를 출력하지는 않습니다. SELECT 명령의 경우 실행하면 그 결과가 클라이언트에게 반환되지만, INSERT명령은 데이터가 클라이언트에서 서버로 전송되므로 반환되는 결과가 없는 것입니다. 그럼 이번에는 실제로 행이 추가되었는지 SELECT 명령을 이용해 확인해보겠습니다.

예제 4-4 sample41 테이블

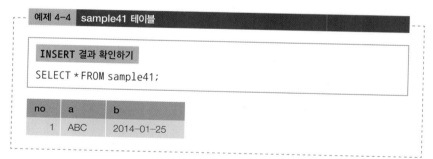

INSERT 결과 확인하기
```
SELECT * FROM sample41;
```

no	a	b
1	ABC	2014-01-25

기존에는 없던 행이 추가된 것을 확인할 수 있습니다.

Point ▶ **INSERT 명령으로 테이블에 행을 추가할 수 있다!**

2. 값을 저장할 열 지정하기

INSERT 명령으로 행을 추가할 경우 값을 저장할 열을 지정할 수 있습니다. 열을
지정할 경우에는 테이블명 뒤에 괄호로 묶어 열명을 나열하고 VALUES 구로 값
을 지정합니다. VALUES 구에 값을 지정할 경우에는 지정한 열과 동일한 개수로
값을 지정해야 합니다.

> **SYNTAX** **INSERT의 열 지정**
>
> **INSERT INTO** 테이블명 (열1, 열2, ...) **VALUES**(값1, 값2, ...)

앞에서 정리한 문법을 적용하면 지정한 열에 값을 넣어 행을 추가할 수 있습니다.
그럼 지금부터 sample41 테이블에 no 열과 a 열만 지정해 행을 추가해보겠습니
다.

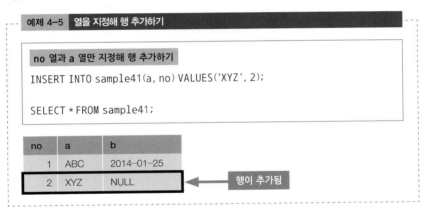

행이 추가되었습니다. 특히 별도의 값을 지정하지 않았던 b 열에는 기본값인
NULL(b 열의 default 값)이 저장된 것을 알 수 있습니다. 이에 관해서는 뒤에
서 상세하게 다루겠습니다.

3. NOT NULL 제약

행을 추가할 때 유효한 값이 없는 상태(NULL)로 두고 싶을 경우에는 VALUES
구에서 NULL로 값을 지정할 수 있습니다. 실제로 sample41에 대해 모든 열의

값이 NULL인 행을 추가해보겠습니다.

```
INSERT INTO sample41(no, a, b) VALUES(NULL, NULL, NULL);
```

하지만 앞의 INSERT 명령을 실행하면 에러가 발생합니다. 이는 no 열에 대해 NULL 값을 허용하지 않는 **NOT NULL 제약**이 걸려있기 때문입니다. 이와 같이 테이블에 저장하는 데이터를 설정으로 제한하는 것을 통틀어 '제약'이라 부릅니다. NOT NULL 제약은 그중 하나로 이 외에도 다양한 제약이 있습니다.

Point ▶ **NOT NULL 제약이 걸려있는 열은 NULL 값을 허용하지 않는다!**

그렇다면 앞의 INSERT 명령에서 no 열 값을 '3'으로 변경하여 다시 실행해보겠습니다. 이때는 NULL 값이 아니므로 문제없이 실행됩니다.

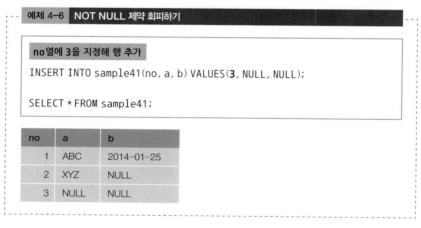

NULL은 여러 측면에서 주의할 필요가 있습니다. 지금까지 알아본 것처럼 NULL의 조건을 비교할 때는 IS NULL을 이용해야 하며 NULL을 포함한 연산 결과는 모두 NULL이 되어버리기도 합니다. NULL을 허용하고 싶지 않다면 NOT NULL 제약을 걸어두는 편이 좋습니다.

4. DEFAULT

DESC 명령으로 열 구성을 살펴보면 **Default**라는 항목을 찾을 수 있습니다. Default는 명시적으로 값을 지정하지 않았을 경우 사용하는 초깃값을 말합니다. Default 값은 테이블을 정의할 때 지정할 수 있습니다. 열을 지정해 행을 추가할 때 지정하지 않은 열은 Default 값을 사용하여 저장됩니다.

실제로 지금까지 앞에서 살펴보았던 sample41의 경우, Default는 모두 NULL 이었습니다. 그래서 값을 생략하면 초깃값으로 NULL을 저장하는 것입니다.

더 구체적인 예를 들어 설명하겠습니다. 먼저 DESC 커맨드로 sample411의 열 구성을 살펴보겠습니다.

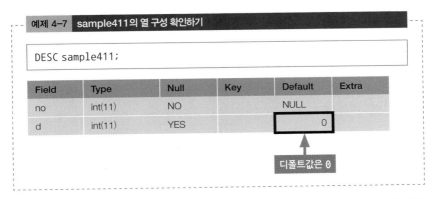

예제 4-7 sample411의 열 구성 확인하기

```
DESC sample411;
```

Field	Type	Null	Key	Default	Extra
no	int(11)	NO		NULL	
d	int(11)	YES		0	

디폴트값은 0

sample411의 d 열에는 디폴트값으로 0이 설정되어 있습니다. 이때 d 열에 다음과 같이 숫자를 지정해 행을 추가해보겠습니다. 그러면 테이블에 지정한 값들이 문제없이 저장되는 것을 확인할 수 있습니다.

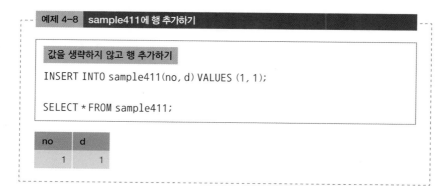

예제 4-8 sample411에 행 추가하기

값을 생략하지 않고 행 추가하기

INSERT INTO sample411(no, d) VALUES (1, 1);

SELECT * FROM sample411;

no	d
1	1

다음으로는 디폴트값을 지정해 행을 추가해보겠습니다. VALUES 구에서 DEF
0AULT 키워드를 사용하면 디폴트값이 저장됩니다. 이처럼 디폴트값을 지정하
는 것을 'DEFAULT를 명시적으로 지정하는 방법'이라고 합니다.

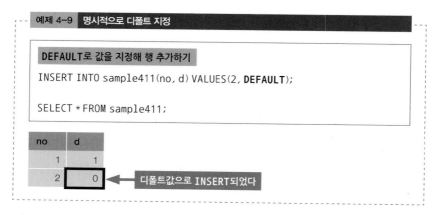

예제 4-9 명시적으로 디폴트 지정

DEFAULT로 값을 지정해 행 추가하기

INSERT INTO sample411(no, d) VALUES(2, **DEFAULT**);

SELECT * FROM sample411;

no	d
1	1
2	0	◀── 디폴트값으로 INSERT되었다

– 암묵적으로 디폴트 저장

한편 앞에서 살펴본 것처럼 암묵적으로 지정하는 방법도 있습니다. 여기서 암묵
적인 방법이란 디폴트값으로 저장할 열을 INSERT 명령문에서 별도 지정하지 않
는 것을 말합니다. 실제로 d 열을 제외하고 no 열만 지정해 INSERT 명령을 실
행해보겠습니다. 그 결과, 명시적 방법과 암묵적 방법 중 어떤 것을 사용해도 d
열의 값이 디폴트로 저장됨을 확인할 수 있습니다.

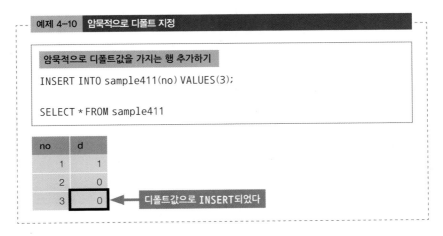

예제 4-10 암묵적으로 디폴트 지정

암묵적으로 디폴트값을 가지는 행 추가하기

```
INSERT INTO sample411(no) VALUES(3);

SELECT * FROM sample411
```

no	d
1	1
2	0
3	0

디폴트값으로 INSERT되었다

Point 열을 지정하지 않으면 디폴트값으로 행이 추가된다.

삭제하기 - DELETE

17강에서는 데이터를 삭제하는 방법을 배워보겠습니다. 데이터베이스의 테이블에서 행을 삭제하기 위해서는 DELETE 명령을 사용합니다.

SYNTAX **DELETE 명령**

DELETE FROM 테이블명 **WHERE** 조건식

그림 **4-2** DELETE 명령으로 행 삭제하기

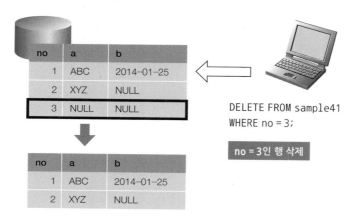

DELETE FROM sample41
WHERE no = 3;

no = 3인 행 삭제

데이터베이스는 하드디스크와 같은 저장장치에 데이터를 저장해 관리합니다. 하지만 저장장치에는 저장용량이 정해져 있는 만큼 데이터를 무제한으로 저장할 수는 없습니다. 그러다 보면 저장공간이 모자라 데이터를 삭제해야 하는 경우도 자주 발생합니다.

실제로 시스템에서 '삭제'나 '취소' 버튼을 이용해 데이터를 삭제하는 경우가 많을 것입니다. 이때 사용하는 DELETE 명령에 관해 설명하겠습니다.

1. DELETE로 행 삭제하기

RDBMS에서 데이터를 삭제할 경우에는 행 단위로 DELETE 명령을 수행합니다. 지금부터 테이블에서 행을 삭제하는 DELETE 명령의 사용 방법에 대해 알아보겠습니다.

SYNTAX   DELETE 명령

DELETE FROM 테이블명 **WHERE** 조건식

DELETE 명령을 실행하기 전에 기존 테이블에 어떤 데이터가 저장되어 있는지 SELECT 명령으로 확인합니다.

예제 4-11   sample41 테이블

> **sample41 테이블에 저장된 데이터 확인하기**
>
> SELECT * FROM sample41;

no	a	b
1	ABC	2014-01-25
2	XYZ	NULL
3	NULL	NULL

여기서 DELETE FROM sample41; 으로 DELETE 명령을 실행하면 sample41 테이블의 모든 데이터가 삭제됩니다. DELETE 명령에는 WHERE 구를 지정할 수 있으나 SELECT 명령처럼 WHERE 구를 생략할 경우에는 모든 행을 대상으로 동작하기 때문입니다. 한편 WHERE 구를 지정한 경우에는 해당 조건식에 맞는 행만 삭제 대상이 됩니다.

Point▶ **DELETE 명령으로 행을 삭제할 수 있다!**

그럼 WHERE 구에 조건을 지정하여 no 열이 3인 행을 삭제해보겠습니다.

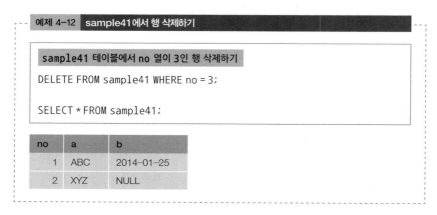

실행 결과, no 열의 값이 3인 행이 삭제된 것을 확인할 수 있습니다. 이처럼 삭제는 행 단위로 수행됩니다. SELECT 명령과 같이 열을 지정할 수는 없습니다. 즉, DELETE no FROM sample41과 같이 열을 지정하여 그 열만 삭제할 수는 없습니다.

DELETE 명령을 실행할 때는 재확인을 위한 대화창 같은 것은 표시되지 않습니다. 즉, WHERE 구에서 조건식을 잘못 지정하면 의도하지 않은 데이터마저 삭제됩니다. 따라서 DELETE 명령을 실행할 때는 주의를 기울여야 합니다.

Point ▶ DELETE 명령은 WHERE 조건에 일치하는 '모든 행'을 삭제한다!

2. DELETE 명령 구

WHERE 구에서 대상이 되는 행을 검색하는 것은 SELECT 명령에서도 DELETE 명령에서도 똑같습니다. 단지 SELECT 명령에서는 조건에 맞는 행의 결괏값이 클라이언트로 반환되지만, DELETE 명령에서는 조건에 맞는 행이 삭제된다는 점만 다릅니다.

앞선 예에서는 WHERE no = 3으로 조건을 지정하여 no 열이 3인 행을 삭제했습니다만 조건식을 변경하여 삭제할 행을 바꿀 수 있습니다. 예를 들어 WHERE no = 1 OR no = 2로 바꾸면 no 열이 1이나 2인 행을 삭제할 수 있습니다.

그림 4-3 WHERE 조건에 일치하는 행 삭제

no	a	b
1	ABC	2014-01-25
2	XYZ	NULL
3	NULL	NULL

no	a	b
1	ABC	2014-01-25
2	XYZ	NULL

DELETE FROM sample41
WHERE no = 1 OR no = 2;의 삭제 대상

이처럼 DELETE 명령에서도 SELECT 명령처럼 WHERE 구를 지정할 수 있습니다. 하지만 ORDER BY 구는 사용할 수 없습니다. 어떤 행부터 삭제할 것인지는 중요하지 않으며 의미가 없기 때문입니다.*

★ 역자주_ MySQL에서는 DELETE 명령에서 ORDER BY 구와 LIMIT 구를 사용해 삭제할 행을 지정할 수 있습니다.

데이터 갱신하기 – UPDATE

18강에서는 데이터를 갱신하는 방법을 배워보겠습니다. 테이블의 셀에 저장되어 있는 값을 갱신하려면 UPDATE 명령을 사용합니다.

SYNTAX	UPDATE 명령

UPDATE 테이블명 **SET** 열1 = 값1, 열2 = 값2, ... **WHERE** 조건식

그림 **4-4** UPDATE로 데이터 갱신

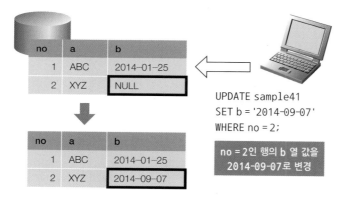

데이터 갱신 작업은 시스템을 다루는 과정에서 자주 발생합니다. 데이터를 잘못 입력하여 수정해야 하는 경우도 빈번합니다. 이때 실제 시스템에서 '등록'이나 '갱신' 버튼을 클릭하면 데이터 갱신이 이루어진다고 이해하시면 됩니다. 지금부터 이런 경우에 사용하는 UPDATE 명령에 관해서 설명하겠습니다.

1. UPDATE로 데이터 갱신하기

RDBMS에서는 UPDATE 명령으로 데이터를 갱신할 수 있습니다. UPDATE 명령은 테이블의 셀 값을 갱신하는 명령입니다. 그럼 UPDATE 명령에 대해 알아보겠습니다.

SYNTAX **UPDATE 명령**

UPDATE 테이블명 **SET** 열명 = 값 **WHERE** 조건식

UPDATE 명령을 실행하기 전에 기존 테이블에 어떤 데이터가 저장되어 있는지 SELECT 명령으로 확인하겠습니다.

예제 4-13   sample41 테이블

```
SELECT * FROM sample41;
```

no	a	b
1	ABC	2014-01-25
2	XYZ	NULL

DELETE와 달리 UPDATE는 셀 단위로 데이터를 갱신할 수 있습니다. WHERE 구에 조건을 지정하면 그에 일치하는 행을 갱신할 수 있습니다. WHERE 구를 생략한 경우에는 DELETE의 경우와 마찬가지로 테이블의 모든 행이 갱신됩니다.

앞서 소개한 것처럼, UPDATE 명령에서는 **SET 구**를 사용하여 갱신할 열과 값을 지정합니다. 문법은 'SET 열명 = 값'입니다. 이때 =은 비교 연산자가 아닌, 값을 대입하는 대입 연산자입니다. 같은 =이지만 연산 방법이 다르다는 점에 주의해 주세요. 또한 테이블에 존재하지 않는 열을 지정하면 에러가 발생하여 UPDATE 명령은 실행되지 않습니다. 당연한 말이지만 열이 존재하지 않으므로 값도 갱신할 수 없기 때문입니다.

값은 상수로 표기합니다. 앞에서 설명한 INSERT 명령과 마찬가지로 자료형에 맞는 값을 지정해야 합니다. 수치형 열에는 수치형 리터럴로, 문자열형 열에는 문

자열형 리터럴로 표기합니다. 갱신해야 할 열과 값이 복수인 경우에는 '열 = 값'을 콤마(,)로 구분하여 리스트 형식으로 지정할 수 있습니다. SET 구에 지정한 갱신 내용은 처리 대상이 되는 모든 행에 적용됩니다.

그럼 sample41의 셀 값을 UPDATE 명령으로 갱신해보겠습니다. 여기서는 b 열이 NULL인 행의 값을 UPDATE 명령으로 갱신해보겠습니다.

먼저, 행 지정은 WHERE no = 2로 하겠습니다. 물론 WHERE b IS NULL로 도 동일한 행을 지정할 수 있습니다. 갱신할 값은 SET b = '2014-09-07'로 하 겠습니다. 이때 b 열은 날짜형이므로 날짜의 리터럴로 값을 표기합니다. 그리고 UPDATE 명령을 실행하면 b 열의 데이터가 갱신된 것을 확인할 수 있습니다.

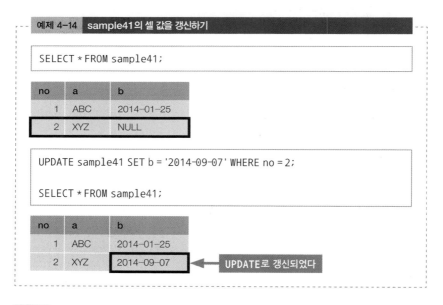

예제 4-14 sample41의 셀 값을 갱신하기

```
SELECT * FROM sample41;
```

no	a	b
1	ABC	2014-01-25
2	XYZ	NULL

```
UPDATE sample41 SET b = '2014-09-07' WHERE no = 2;

SELECT * FROM sample41;
```

no	a	b
1	ABC	2014-01-25
2	XYZ	2014-09-07

← UPDATE로 갱신되었다

Point UPDATE 명령으로 행의 셀 값을 갱신할 수 있다!

UPDATE 명령의 WHERE 조건문 역시 DELETE 명령과 마찬가지로 조건에 일 치하는 모든 행이 그 대상이 됩니다. 그리고 WHERE 구를 생략하면 테이블의 모든 행이 갱신 대상이 됩니다. 즉, WHERE 구를 생략하거나 잘못 지정할 경우

DELETE 명령에서 언급한 것처럼 의도하지 않은 처리가 발생할 수 있으므로 주
의해야 합니다.

UPDATE 명령에서는 WHERE 조건에 일치하는 '모든 행'이 갱신된다!

2. UPDATE로 갱신할 경우 주의사항

SET 구에서 =은 대입 연산자라는 점을 앞서 설명했습니다. 일단 테이블을 생
성하면 INSERT 명령을 이용해 행을 추가하기 전까지 아무런 데이터도 존재하
지 않습니다. 하지만 행을 추가하면 되므로 아무런 문제가 되지 않습니다. 한편
UPDATE 명령은 이미 존재하는 행에 대해 값을 갱신하므로 이전의 값과 이후의
값의 두 가지 상태를 생각할 수 있습니다.

그림 **4-5** 갱신 전과 갱신 후의 값 비교

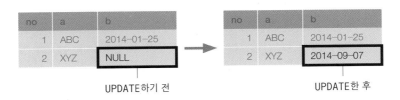

여기에서 다음과 같은 UPDATE 명령을 실행하면 어떻게 될지 생각해봅시다.

```
UPDATE sample41 SET no = no + 1;
```

이 명령문에는 WHERE 구가 지정되어 있지 않으므로 갱신 대상은 테이블의 모
든 행이 됩니다. SET 구에서는 no 열의 값을 갱신하는데, 갱신 후의 값은 본래
값(갱신 전의 값)에서 1을 더한 결과입니다. 마치 프로그래밍 예제에 자주 등장
하는 증가 연산과 같은 형식을 취합니다.

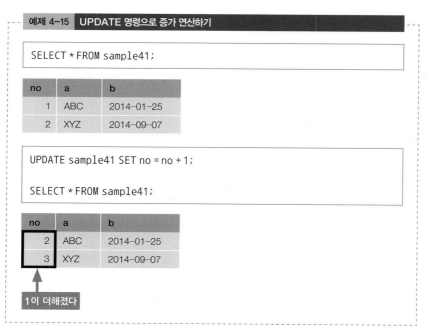

예제 4-15　UPDATE 명령으로 증가 연산하기

```
SELECT * FROM sample41;
```

no	a	b
1	ABC	2014-01-25
2	XYZ	2014-09-07

```
UPDATE sample41 SET no = no + 1;

SELECT * FROM sample41;
```

no	a	b
2	ABC	2014-01-25
3	XYZ	2014-09-07

1이 더해졌다

실행 결과, 모든 행의 no 값에 1씩 더해진 것을 알 수 있습니다. 이처럼 갱신할 값을 열이 포함된 식으로도 표기할 수 있습니다. 이때 해당 열이 갱신 대상이 되는 열이라 해도 상관없습니다.

앞선 실행 예의 계산식을 간단하게 설명하면 '현재의 no 값에 1을 더한 값으로 no 열을 갱신하라'는 의미입니다. 갱신은 행 단위로 처리되므로 '현재의 no 값'은 그 행이 갱신되기 전의 값에 해당합니다.

3. 복수열 갱신

UPDATE 명령의 SET 구에서는 필요에 따라 콤마(,)로 구분하여 갱신할 열을 여러 개 지정할 수 있습니다.

SYNTAX　UPDATE 명령

UPDATE 테이블명 **SET** 열명1 = 값1, 열명2 = 값2, ... **WHERE** 조건식

명령문이 조금 길지만 딱히 어려운 부분은 없습니다. 다음과 같이 두 구문으로 나누어서 UPDATE 명령을 실행하는 것보다 하나로 묶어서 실행하는 편이 더 효율적입니다. 여기서는 a 열을 갱신하는 UPDATE 명령과 b 열을 갱신하는 UPDATE 명령을 따로 실행하지 않고 a 열과 b 열을 같이 실행했습니다.

두 구문으로 나누어 UPDATE 명령 실행

```
UPDATE sample41 SET a = 'xxx' WHERE no = 2;
UPDATE sample41 SET b = '2014-01-01' WHERE no = 2;
```

하나로 묶어서 UPDATE 명령 실행

```
UPDATE sample41 SET a ='xxx', b = '2014-01-01' WHERE no = 2;
```

– SET 구의 실행 순서

여러 개의 열을 한 번에 갱신할 수 있어 편리하기는 하지만, 그 전에 SET 구는 어떤 순서로 갱신 처리를 하는지 알아둘 필요가 있습니다. 예를 들어 다음과 같은 2개의 UPDATE 명령이 있을 때 어떤 순서로 처리되는지 알아보겠습니다.

```
UPDATE sample41 SET no = no + 1, a = no;          ①
UPDATE sample41 SET a = no, no = no + 1;          ②
```

이 두 UPDATE 명령은 콤마(,)로 구분된 갱신 식의 순서가 서로 다릅니다. 그렇다면 이들 UPDATE 명령을 각각 실행한 결과가 같을지 한번 생각해보세요.

사실은 데이터베이스 제품에 따라 그 처리 방식이 달라집니다. 다시 말해 데이터베이스 제품에 따라 결과가 달라지는 것입니다. 예를 들어 MySQL에서는 서로 다른 결괏값이 나오지만 Oracle에서는 어느 명령을 실행해도 결과는 같습니다.

그렇다면 MySQL의 경우 UPDATE 명령이 어떻게 처리되는지 살펴보겠습니다. 그에 앞서 sample41 테이블의 현재 데이터를 다음과 같은 SELECT 명령으로 확인합니다.

예제 4-16 ┃ sample41 테이블

```
SELECT * FROM sample41;
```

no	a	b
2	ABC	2014-01-25
3	XYZ	2014-09-07

여기서 [예제 4-17]과 같이 첫 번째 UPDATE 명령을 실행하면 no 열과 a 열의
값이 서로 같아집니다. no 열의 값에 1을 더하여 no 열에 저장한 뒤, 그 값이 다
시 a 열에 대입되기 때문입니다.

예제 4-17 ┃ MySQL에서 UPDATE 명령 ① 실행

UPDATE 명령 ① 실행

```
UPDATE sample41 SET no = no + 1, a = no;

SELECT * FROM sample41;
```

no	a	b
3	3	2014-01-25
4	4	2014-09-07

다음으로 [예제 4-18]과 같이 두 번째 UPDATE 명령을 실행해보겠습니다. 그러
면 no 열의 값을 a 열에 대입한 후, no 열의 값을 + 1 합니다. 따라서 a 열의 값
은 'no - 1'한 값이 됩니다.

UPDATE 명령 ② 실행

UPDATE sample41 SET a = no, no = no + 1;

SELECT * FROM sample41;

no	a	b
4	3	2014-01-25
5	4	2014-09-07

이번에는 Oracle에서 UPDATE 명령을 실행한 결과를 살펴보겠습니다. 이때 테이블의 데이터는 MySQL에서 UPDATE 명령을 실행하기 전과 동일한 상태라고 가정합니다.

예제 4-19　Oracle에서 UPDATE 명령 ①, ② 실행

UPDATE 명령 ① 실행

UPDATE sample41 SET no = no + 1, a = no;

SELECT * FROM sample41;

no	a	b
3	2	2014-01-25
4	3	2014-09-07

UPDATE 명령 ② 실행

UPDATE sample41 SET a = no, no = no + 1;

SELECT * FROM sample41;

no	a	b
4	3	2014-01-25
5	4	2014-09-07

두 UPDATE 명령을 연속으로 실행하다 보면 값이 자꾸 증가해버려 이해하기 어려울 수도 있습니다. 하지만 no 열과 a 열의 관계만 알면 이해할 수 있을 겁니다.

MySQL에서는 ①을 실행했을 때 no 열과 a 열의 값은 같아집니다. 하지만 ②를 실행하면 no 열과 a 열의 값은 서로 달라집니다. 한편 Oracle에서는 ①을 실행해도 ②를 실행해도 a 열의 값은 'no − 1' 상태를 유지합니다.

즉, Oracle에서는 SET 구에 기술한 식의 순서가 처리에 영향을 주지 않는다는 것을 알 수 있습니다. 갱신식의 오른쪽에 위치한 no 열의 값이 항상 갱신 이전의 값을 반환하기 때문입니다. 한편 MySQL에서는 SET 구에 기술된 순서로 갱신 처리가 일어나므로 no 열의 값은 갱신 이전의 값이 아닌 갱신된 이후의 값을 반환합니다. 따라서 MySQL의 경우, 갱신식 안에서 열을 참조할 때는 처리 순서를 고려할 필요가 있습니다.

그림 **4-6** MySQL의 갱신 처리

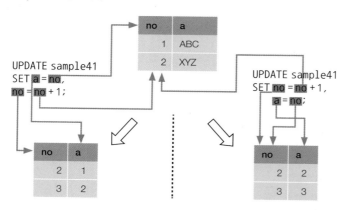

4. NULL로 갱신하기

UPDATE 명령으로 셀 값을 NULL로 갱신할 수 있습니다. 따로 거창한 문법이 정해져 있는 것은 아닙니다. UPDATE sample41 SET b = NULL과 같이 갱신할 값으로 NULL을 지정하면 됩니다. 이처럼 NULL로 값을 갱신하는 것을 보통 'NULL 초기화'라 부르기도 합니다.

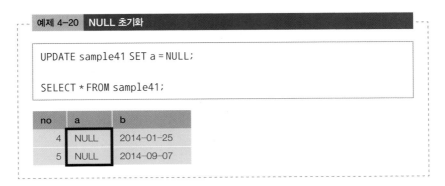

예제 4-20 NULL 초기화

```
UPDATE sample41 SET a = NULL;

SELECT * FROM sample41;
```

no	a	b
4	NULL	2014-01-25
5	NULL	2014-09-07

다만 NOT NULL 제약이 설정되어 있는 열은 NULL이 허용되지 않습니다.
UPDATE 명령에 있어서도 NOT NULL 제약은 유효합니다. no 열에는 NOT
NULL 제약이 설정되어 있으므로 no 열의 셀을 NULL로 갱신할 수 없습니다.
즉, UPDATE sample41 SET no = NULL을 실행하면 NOT NULL 제약에 위
반되어 에러가 발생합니다.

물리삭제와 논리삭제

19장에서는 데이터 삭제 방법인 물리삭제와 논리삭제에 대해 알아보도록 하겠습니다.

그림 **4-7** 물리삭제와 논리삭제

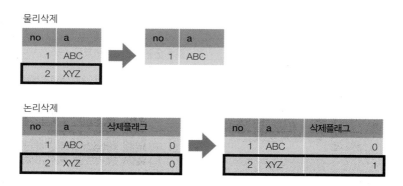

데이터베이스에서 데이터를 삭제하는 방법은 용도에 따라 크게 '물리삭제'와 '논리삭제'의 두 가지로 나뉩니다. 하지만 물리삭제와 논리삭제는 전용 SQL 명령이 따로 존재하지 않습니다. 지금부터 설명할 내용은 SQL 명령에 관한 해설이라기보다는 시스템 설계 분야에 관한 것으로, 시스템을 구축할 때 자주 사용하는 말이기도 합니다. 그럼 자세히 알아보도록 하겠습니다.

1. 두 종류의 삭제방법

데이터베이스에서 데이터를 삭제할 때는 물리삭제와 논리삭제의 두 가지 방법을 고려할 수 있습니다. 단, 이는 SQL 명령이 두 가지 존재한다는 의미가 아닙니다. 데이터를 삭제하는 데에 두 가지 사고 방식이 있다고 이해하면 쉽습니다.

먼저, 물리삭제는 SQL의 DELETE 명령을 사용해 직접 데이터를 삭제하자는 사고 방식입니다. 삭제 대상 데이터는 필요없는 데이터이므로 DELETE 명령을 실행해서 테이블에서 삭제해버리자, 라는 지극히 자연스러운 발상에 의한 삭제방법을 말합니다.

그림 4-8 물리삭제

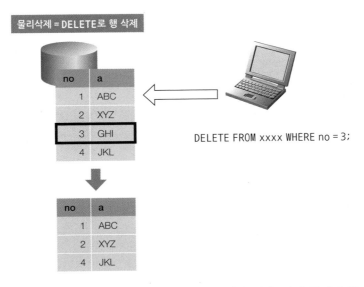

한편 논리삭제의 경우, 테이블에 '삭제플래그'와 같은 열을 미리 준비해 둡니다. 즉, 테이블에서 실제로 행을 삭제하는 대신, UPDATE 명령을 이용해 '삭제플래그'의 값을 유효하게 갱신해두자는 발상에 의한 삭제방법을 말합니다. 실제 테이블 안에 데이터는 남아있지만, 참조할 때에는 '삭제플래그'가 삭제로 설정된 행을 제외하는 SELECT 명령을 실행합니다. 결과적으로는 해당 행이 삭제된 것처럼 보입니다.

사실 논리삭제는 삭제플래그를 사용하는 방법 이외에도 여러 가지 방법이 있습니다. 설계하는 사람에 따라 다르므로 얼마든지 방법은 다양하지요. 하지만 일반적으로는 삭제플래그를 사용해서 논리삭제를 구현합니다.

그림 **4-9** 논리삭제

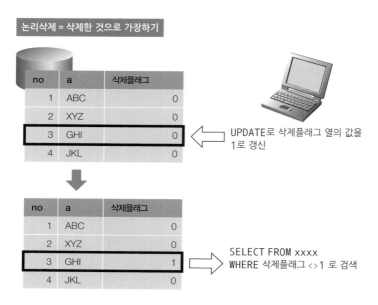

논리삭제의 장점으로는 데이터를 삭제하지 않기 때문에 삭제되기 전의 상태로 간단히 되돌릴 수 있다는 것을 꼽을 수 있습니다. 한편 단점으로는 삭제해도 데이터베이스의 저장공간이 늘어나지 않는 점, 그리고 데이터베이스의 크기가 증가함에 따라 검색속도가 떨어지는 점을 들 수 있습니다. 뿐만 아니라 애플리케이션 측 프로그램에서는 삭제임에도 불구하고 UPDATE 명령을 실행하므로 혼란을 야기하기도 합니다.

2. 삭제방법 선택하기

어떤 방법으로 삭제할 것인지는 시스템의 특성이나 테이블에 저장되어 있는 데이터의 특성에 따라 다르기 때문에 단정지어 말할 수는 없습니다. 상황에 맞게 선택해야합니다.

예를 들어 SNS 서비스처럼 사용자의 개인정보를 다루는 시스템에서는 사용자가 탈퇴한 경우 데이터를 삭제합니다. 이때 개인정보를 취급하는 마스터 테이블에서 삭제할 경우에는 물리삭제를 하는 편이 안전할 겁니다. 개인정보의 유출을 미연에 방지하는 측면에서도 좋은 선택이라 할 수 있습니다.

반면, 쇼핑 사이트의 경우는 사용자가 주문을 취소할 경우에도 데이터를 삭제합니다. 이러한 경우에는 논리삭제 방법을 많이 사용합니다. 주문이 취소되었다고 해도 발주는 된 것으로, 해당 정보가 완전히 불필요한 것이라고는 말할 수 없습니다. 이러한 데이터는 특히 주문 관련 통계를 낼 때 유용하게 사용할 수 있기 때문입니다.

한편으로는 하드웨어의 제한으로 인해 물리삭제를 할 수밖에 없는 경우도 있을 겁니다. 논리삭제로는 실제로 데이터가 삭제되지 않기 때문에 데이터베이스의 사용량은 줄어들지 않으며, 오히려 일방적으로 늘어납니다. 이때 저장공간이 작다면 가능한 한 용량이 모자라지 않도록 운용할 필요가 있습니다. 결국 물리삭제 방법으로 데이터를 지웁니다.

이렇게 물리삭제와 논리삭제는 어느 쪽이 좋은지 따지기보다는 상황에 따라 용도에 맞게 데이터 삭제 방법을 선택하는 것이 중요합니다.

Point ▶ **물리삭제와 논리삭제는 용도에 맞게 선택한다!**

마치며

4장에서는 데이터의 조작방법에 관하여 알아보았습니다. 데이터의 조작방법에는 추가(INSERT), 삭제(DELETE), 갱신(UPDATE)이라는 기본적인 명령이 있다는 것을 알았습니다.

– INSERT 명령에 의한 행 추가

INSERT 명령을 실행하여 테이블에 행을 추가할 수 있습니다.

– DELETE 명령에 의한 행 삭제

DELETE 명령을 실행하여 테이블에서 조건에 일치하는 행을 삭제할 수 있습니다.

– UPDATE 명령에 의한 셀 값 갱신

UPDATE 명령을 실행하여 테이블의 셀 단위로 데이터를 변경할 수 있습니다.

– 데이터의 물리삭제

데이터의 물리삭제는 DELETE 명령을 이용해 실제로 행을 삭제하는 것을 의미합니다.

– 데이터의 논리삭제

데이터의 논리삭제는 삭제 플래그를 이용하여 데이터가 삭제된 것처럼 가장하는 삭제 방법을 말합니다.

연습문제

- 문제 1

테이블에 행을 추가할 때 사용하는 SQL 명령은 무엇입니까?

① SELECT
② INSERT
③ DELETE

- 문제 2

DELETE 명령에서 WHERE 구를 지정하지 않고 실행하는 경우, 테이블의 데이터는 어떻게 변화합니까?

① 에러가 발생한다.
② 변하지 않는다.
③ 모두 지워진다.

- 문제 3

UPDATE 명령으로 갱신할 수 있는 것은 다음 중 무엇입니까?

① 셀
② 행
③ 제약

집계와 서브쿼리

5장에서는 다음과 같은 내용을 학습합니다.

– COUNT로 행 개수 구하기
– 합계, 평균 구하기
– 그룹화로 집계
– 서브쿼리
– EXIST 술어와 상관 서브쿼리

행 개수 구하기 – COUNT

여기서는 집계함수를 사용하는 방법을 알아보겠습니다. 대표적인 집계함수는 다음과 같은 5개를 꼽을 수 있습니다.

SYNTAX	집계함수
COUNT(집합)	
SUM(집합)	
AVG(집합)	
MIN(집합)	
MAX(집합)	

그림 **5-1** 행 개수 구하기

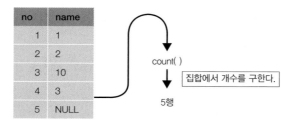

SQL은 데이터베이스라 불리는 '데이터 집합'을 다루는 언어입니다. 이 같은 집합의 개수나 합계가 궁금하다면 SQL이 제공하는 집계함수를 사용하여 간단하게 구할 수 있습니다.

그렇다면 먼저 COUNT 집계함수를 사용해서 테이블의 행 개수를 구해보겠습니다.

1. COUNT로 행 개수 구하기

SQL은 집합을 다루는 **집계함수**를 제공합니다. 일반적인 함수는 인수로 하나의 값을 지정하는 데 비해 집계함수는 인수로 집합을 지정합니다. 이 때문에 집합함 수라고도 불립니다. 즉, 집합을 특정 방법으로 계산하여 그 결과를 반환합니다.

방금 '함수의 인자로 집합을 지정한다'고 설명했는데, 이해를 돕기 위해 집계함수 COUNT를 예로 들어 설명하겠습니다. COUNT 함수는 인수로 주어진 집합의 '개수'를 구해 반환합니다. [예제 5-1]과 같은 명령문을 실행하면 sample51 테 이블의 행 개수를 구할 수 있습니다.

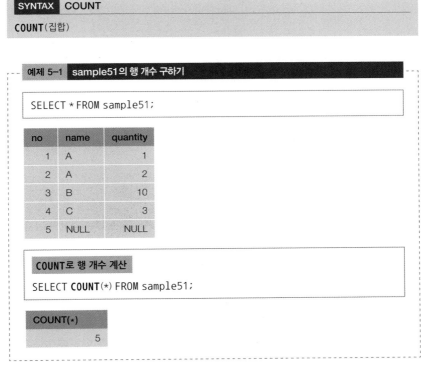

sample51에는 전부 다섯 개의 행이 있으며 COUNT의 결괏값도 5입니다. 인수 로 *가 지정되어 있는데 이는 SELECT 구에서 '모든 열'을 나타낼 때 사용하는 메

타문자와 같습니다. 다만 이때 COUNT 집계함수에서는 '모든 열 = 테이블 전체'라는 의미로 사용됩니다. 즉, COUNT는 인수로 지정된 집합(이 경우는 테이블 전체)의 개수를 계산하는 것입니다. sample51에는 전부 5개의 행이 있으므로 그 결과 5가 반환되었습니다.

Point ▶ COUNT 집계함수로 행 개수를 구할 수 있다!

집계함수의 특징은 복수의 값(집합)에서 하나의 값을 계산해내는 것입니다. 일반적인 함수는 하나의 행에 대하여 하나의 값을 반환합니다. 한편 집계함수는 집합으로부터 하나의 값을 반환합니다. 이렇게 집합으로부터 하나의 값을 계산하는 것을 '집계'라 부릅니다. 이러한 이유로 집계함수를 SELECT 구에 쓰면 WHERE 구의 유무와 관계없이 결괏값으로 하나의 행을 반환합니다.

그림 **5-2** 집합으로부터 하나의 값을 계산

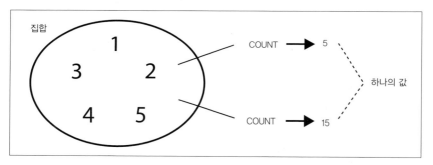

— WHERE 구 지정하기

정말 하나의 행만 반환되는지 sample51로 실험해보겠습니다. sample51 테이블에는 총 다섯 개의 행이 있습니다. 그 중에 name 열이 A인 행을 검색하여 COUNT로 행의 개수를 구하겠습니다. 현재 name 열이 A인 행의 개수는 2개로, 각각의 no 값이 1과 2입니다. 이때 COUNT를 사용하면 어떤 결과가 나올까요?

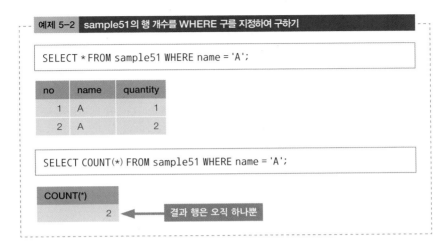

SELECT 구는 WHERE 구보다 나중에 내부적으로 처리됩니다. 따라서 WHERE 구로 조건을 지정하면 테이블 전체가 아닌, 검색된 행이 COUNT로 넘겨집니다. 즉, WHERE 구의 조건에 맞는 행의 개수를 구할 수 있습니다. 앞의 예제에서도 검색된 행은 두 개였지만, 최종적으로 결과는 하나의 행이 되었습니다.

그림 5-3 WHERE 구로 검색해 계산하는 방법

2. 집계함수와 NULL값

COUNT의 인수로 열명을 지정할 수 있습니다. 열명을 지정하면 그 열에 한해서 행의 개수를 구할 수 있습니다. 실제로 집계함수는 보통 그 같은 목적을 위해 많이 사용됩니다. 특히 *를 인수로 사용할 수 있는 것은 COUNT 함수뿐입니다. 다른 집계함수에서는 열명이나 식을 인수로 지정합니다.

여기서 문제는 NULL 값을 어떻게 취급하느냐 하는 것입니다. 이전에도 언급했듯이 SQL에서는 NULL 값을 고려해야 합니다. 집계함수는 집합 안에 NULL 값이 있을 경우 이를 제외하고 처리합니다.

그럼 sample51 테이블을 사용하여 알아보도록 하겠습니다. 이 테이블의 no 열에는 NULL 값이 없지만 name 열에는 NULL 값이 존재합니다.

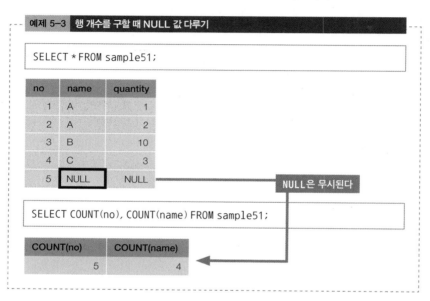

no 열의 행 개수는 5, name 열의 행 개수는 4로 나타났습니다. name 열에는 NULL 값을 가지는 행이 하나 존재하므로 이를 제외한 개수는 4가 됩니다. 다만 COUNT(*)의 경우 모든 열의 행수를 카운트하기 때문에 NULL 값이 있어도 해당 정보가 무시되지 않습니다. 실제로 [예제 5-3]에서 COUNT(*)를 추가해 실행하면 결과로 5가 나오는 것을 알 수 있습니다.

Point ▶ 집계함수는 집합 안에 NULL 값이 있을 경우 무시한다!

3. DISTINCT로 중복 제거

집합을 다룰 때, 경우에 따라서는 집합 안에 중복된 값이 있는지 여부가 문제될 때도 있습니다. 데이터가 서로 중복되지 않는 경우에는 '유일한 값을 가진다'라든 가 '값이 중복되지 않는다'라는 표현을 자주 합니다.

말로 설명하기보다 sample51을 사용해서 구체적인 예를 들어 설명하겠습니다.

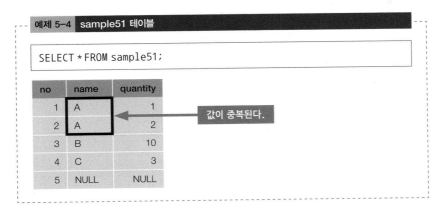

sample51의 no 열은 1, 2, 3......과 같이 일련의 숫자로 되어 있으므로 각 행의 값은 중복하지 않습니다. 한편 name 열의 값은 맨 위의 두 줄이 A로 값이 중복 됩니다. name 열의 값은 총 A, B, C 및 NULL의 네 가지입니다.

SQL의 SELECT 명령은 이러한 중복된 값을 제거하는 함수를 제공합니다. 이때 사용하는 키워드가 바로 **DISTINCT** 입니다.

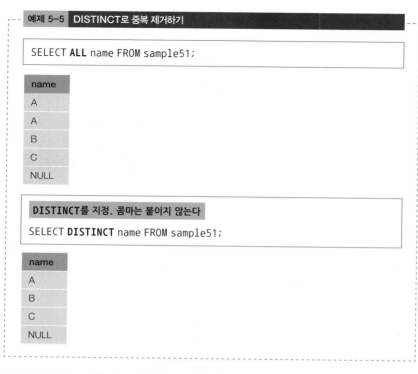

예제 5-5   DISTINCT로 중복 제거하기

```
SELECT ALL name FROM sample51;
```

name
A
A
B
C
NULL

DISTINCT를 지정. 콤마는 붙이지 않는다

```
SELECT DISTINCT name FROM sample51;
```

name
A
B
C
NULL

DISTINCT는 예약어로 열명이 아닙니다. SELECT 구에서 DISTINCT를 지정하면 중복된 데이터를 제외한 결과를 클라이언트로 반환합니다. 중복 여부는 SELECT 구에 지정된 모든 열을 비교해 판단합니다.

앞의 [예제 5-5]에서 첫 번째 SELECT 명령에서는 DISTINCT가 아닌 **ALL**을 지정했습니다. 이렇게 하면 중복 유무와 관계없이 문자 그대로 모든 행을 반환합니다. 즉, SELECT 구에 지정하는 ALL 또는 DISTINCT는 중복된 값을 제거할 것인지 설정하는 스위치와 같은 역할을 합니다. 이때 ALL과 DISTINCT 중 어느 것도 지정하지 않은 경우에는 중복된 값은 제거되지 않습니다. 즉, 생략할 경우에는 ALL로 간주됩니다.

Point▶ DISTINCT로 중복값을 제거할 수 있다!

4. 집계함수에서 DISTINCT

COUNT 집계함수를 이용해 집합의 개수를 구하는 방법을 살펴보았습니다. 그리고 DISTINCT를 지정하면 중복된 값을 제거할 수 있다는 것도 알았습니다. 그렇다면 이번에는 name 열에서 NULL 값을 제외하고, 중복하지 않는 데이터의 개수(A, B, C 3개)을 구하는 경우를 생각해봅시다. COUNT 함수, DISTINCT, WHERE 구의 조건을 지정해 구할 수 있는지 잠깐 생각해보세요.

정답은 '할 수 없다'입니다. WHERE 구에서는 검색할 조건을 지정하는 것밖에 할 수 없습니다. 중복된 값인지 아닌지를 알아보는 함수도 없습니다. SELECT DISTINCT COUNT(name)라는 SELECT 명령으로도 안 됩니다. COUNT 쪽이 먼저 계산되어버리기 때문입니다.

어떻게 하면 좋을까요? 방법은 집계함수의 인수로 DISTINCT을 사용한 수식을 지정하는 것입니다. DISTINCT는 집계함수의 인수에 수식자로 지정할 수 있습니다. DISTINCT를 이용해 집합에서 중복을 제거한 뒤 COUNT로 개수를 구할 수 있는 것이지요. 그럼, 실제로 확인해보겠습니다.

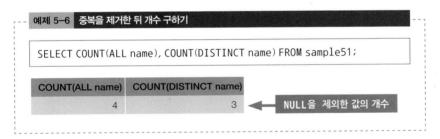

SELECT 구에서의 중복삭제와 마찬가지로, DISTINCT가 아닌 ALL을 지정하면 집합 전부가 집계함수에 주어집니다. 앞서 설명했듯이 ALL을 생략해도 결과는 같습니다. 이때 DISTINCT와 ALL은 인수가 아니므로 콤마는 붙이지 않습니다.

21강

COUNT 이외의 집계함수

집계함수는 COUNT만 있는 것이 아닙니다. SUM 집계함수를 사용해 집합의 합계치를 구할 수 있습니다. 여기에서는 COUNT 이외의 집계함수에 관해 알아보겠습니다.

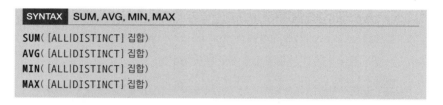

```
SYNTAX    SUM, AVG, MIN, MAX
SUM( [ALL|DISTINCT] 집합)
AVG( [ALL|DISTINCT] 집합)
MIN( [ALL|DISTINCT] 집합)
MAX( [ALL|DISTINCT] 집합)
```

그림 5-4 SUM으로 합계 구하기

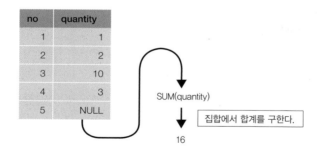

집합을 연산할 때 자주 사용하는 것이 바로 합계입니다. 통상적으로 프로그래밍 언어를 사용하는 경우에는 반복처리를 통해 합계를 구하지만 SQL에서는 SUM 함수를 사용해 합계를 구할 수 있습니다. 또한 집합에서 최솟값, 최댓값을 찾는 경우에도 집계함수를 사용해 처리할 수 있습니다.

1. SUM으로 합계 구하기

집계함수는 COUNT만 있는 것이 아닙니다. **SUM 집계함수**를 사용해 집합의 합계를 구할 수 있습니다. 예를 들어 1, 2, 3이라는 세 개의 값을 가지는 집합이 있다고 합시다. SUM 집계함수의 인수로 이 집합을 지정하면 1+2+3으로 계산하여 6이라는 값을 반환합니다.

그럼 지금부터 sample51을 사용하여 SUM으로 합계를 구해보겠습니다.

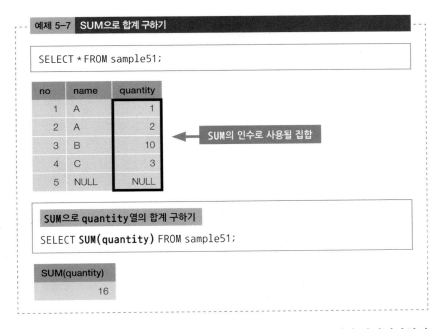

예제 5-7 **SUM으로 합계 구하기**

```
SELECT * FROM sample51;
```

no	name	quantity
1	A	1
2	A	2
3	B	10
4	C	3
5	NULL	NULL

← SUM의 인수로 사용될 집합

SUM으로 quantity열의 합계 구하기

```
SELECT SUM(quantity) FROM sample51;
```

SUM(quantity)
16

SUM 집계함수에 지정되는 집합은 수치형 뿐입니다. 문자열형이나 날짜시간형의 집합에서 합계를 구할 수는 없습니다. name 열은 문자열형이므로 SUM(name)과 같이 지정할 수는 없습니다. 한편, SUM 집계함수도 COUNT와 마찬가지로 NULL 값을 무시합니다. NULL 값을 제거한 뒤에 합계를 냅니다.

Point 집계함수로 집합의 합계를 구할 수 있다!

2. AVG로 평균내기

SUM 집계함수를 사용하여 집합의 합계를 구할 수 있었습니다. 이때 합한 값을 개수로 나누면 **평균값**을 구할 수 있습니다. 집계함수가 반환한 값을 연산할 수도 있는데 SUM(quantity) / COUNT(quantity)와 같이 지정하면 됩니다.

하지만 굳이 SUM과 COUNT를 이용하지 않더라도, **AVG**라는 집계함수를 통해 평균값을 간단하게 구할 수 있습니다. AVG 집계함수에 주어지는 집합은 SUM 과 동일하게 수치형만 가능합니다.

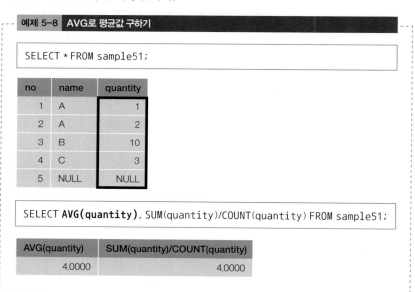

예제 5-8 **AVG로 평균값 구하기**

```
SELECT * FROM sample51;
```

no	name	quantity
1	A	1
2	A	2
3	B	10
4	C	3
5	NULL	NULL

```
SELECT AVG(quantity), SUM(quantity)/COUNT(quantity) FROM sample51;
```

AVG(quantity)	SUM(quantity)/COUNT(quantity)
4.0000	4.0000

Point AVG 집계함수로 집합의 평균값을 구할 수 있다!

AVG 집계함수도 NULL 값은 무시합니다. 즉, NULL 값을 제거한 뒤에 평균값을 계산합니다. 만약 NULL을 0으로 간주해서 평균을 내고 싶다면 CASE를 사용해 NULL을 0으로 변환한 뒤에 AVG 함수로 계산하면 됩니다.

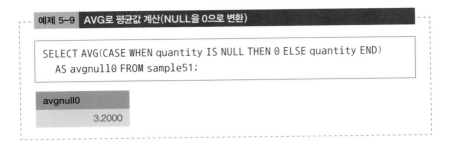

```
SELECT AVG(CASE WHEN quantity IS NULL THEN 0 ELSE quantity END)
    AS avgnull0 FROM sample51;
```

avgnull0
3.2000

3. MIN · MAX로 최솟값·최댓값 구하기

MIN 집계함수, MAX 집계함수를 사용해 집합에서 최솟값과 최댓값을 구할 수 있습니다. 이들 함수는 문자열형과 날짜시간형에도 사용할 수 있습니다. 다만 NULL 값을 무시하는 기본규칙은 다른 집계함수와 같습니다.

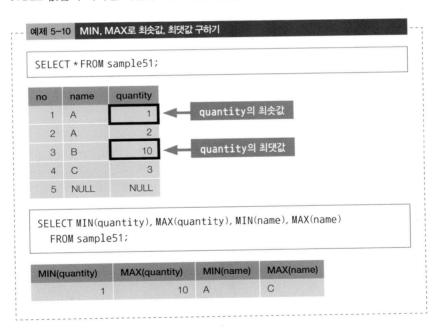

예제 5-10 | MIN, MAX로 최솟값, 최댓값 구하기

```
SELECT * FROM sample51;
```

no	name	quantity
1	A	1
2	A	2
3	B	10
4	C	3
5	NULL	NULL

quantity의 최솟값

quantity의 최댓값

```
SELECT MIN(quantity), MAX(quantity), MIN(name), MAX(name)
    FROM sample51;
```

MIN(quantity)	MAX(quantity)	MIN(name)	MAX(name)
1	10	A	C

22강

그룹화 – GROUP BY

22강에서는 GROUP BY 구를 사용해 그룹화하는 방법에 대해 알아보겠습니다. 그룹화를 통해 집계함수의 활용범위를 넓힐 수 있습니다.

SYNTAX **GROUP BY**

SELECT * FROM 테이블명 GROUP BY 열1, 열2, …

그림 5-5 그룹화

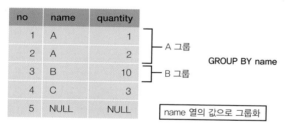

앞에서 COUNT 함수로 행 개수를 구할 수 있었습니다. COUNT의 인수로는 집합을 지정하였는데 이제까지 봐온 예제에서는 테이블 전체 혹은 WHERE 구로 검색한 행이 그 대상이었습니다.

지금부터는 GROUP BY 구를 사용해 집계함수로 넘겨줄 집합을 **그룹**으로 나누는 방법을 설명하겠습니다. 이 같은 그룹화를 통해 집계함수의 활용범위를 넓힐 수 있습니다. 먼저 그룹화에 관해 간단히 살펴보고, 조건을 지정하거나 정렬하여 사용하는 법에 관해 알아보겠습니다.

1. GROUP BY로 그룹화

GROUP BY 구로 그룹화하기에 앞서 sample51 테이블의 내용을 다시 확인하겠습니다. name 열을 주의깊게 봐주세요.

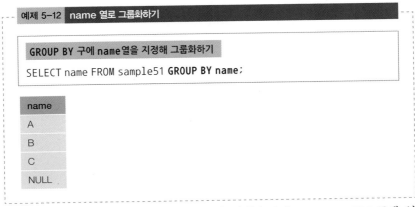

예제 5-11 sample51 테이블

```
SELECT * FROM sample51;
```

no	name	quantity
1	A	1
2	A	2
3	B	10
4	C	3
5	NULL	NULL

name 열이 A인 행은 두 개, B와 C인 행은 각각 한 개씩 있습니다. name 열에서 같은 값을 가진 행끼리 한데 묶어 그룹화한 집합을 집계함수로 넘겨줄 수 있습니다. 그룹으로 나눌 때에는 GROUP BY 구를 사용합니다. 이때 GROUP BY 구에는 그룹화할 열을 지정합니다. 물론 복수로도 지정할 수 있습니다. 예를 들어 name 열을 지정하면 어떤 결과가 나오는지 알아보겠습니다.

예제 5-12 name 열로 그룹화하기

GROUP BY 구에 name열을 지정해 그룹화하기

```
SELECT name FROM sample51 GROUP BY name;
```

name
A
B
C
NULL

DISTINCT를 지정했을 때와 같은 결과가 나왔습니다. GROUP BY 구에 열을 지정하여 그룹화하면 **지정된 열의 값이 같은 행이 하나의 그룹으로 묶입니다.**

SELECT 구에서 name 열을 지정하였으므로 그룹화된 name 열의 데이터가 클라이언트로 반환됩니다.

각 그룹으로 묶인 값들은 서로 동일합니다. 즉, 결과적으로는 각각의 그룹 값이 반환됩니다. 따라서 GROUP BY를 지정해 그룹화하면 DISTINCT와 같이 중복을 제거하는 효과가 있습니다.

그림 5-6 그룹화

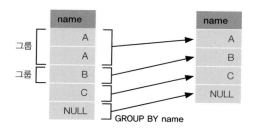

Point▶ GROUP BY 구로 그룹화 할 수 있다!

그럼, DISTINCT로 중복을 제거하는 것과 GROUP BY로 그룹화하는 것은 어떤 차이가 있을까요? 실은 GROUP BY 구를 지정하는 경우에는 집계함수와 함께 사용하지 않으면 별 의미가 없습니다. GROUP BY 구로 그룹화된 각각의 그룹이 하나의 집합으로서 집계함수의 인수로 넘겨지기 때문입니다.

구체적으로는 어떻게 처리되는지 sample51로 확인해보겠습니다. 그리고 COUNT와 SUM 집계함수를 사용해 알아보겠습니다.

GROUP BY 구와 집계함수를 조합

```sql
SELECT name, COUNT(name), SUM(quantity)
  FROM sample51 GROUP BY name;
```

name	COUNT(name)	SUM(quantity)
NULL	0	NULL
A	2	3
B	1	10
C	1	3

GROUP BY name에 의해 name 열 값이 A, B, C 그리고 NULL의 네 개 그룹으로 나뉩니다. A 그룹에는 두 개의 행이 있는데, COUNT는 행의 개수를 반환하므로 2가 됩니다. A 그룹에 해당하는 2개 행의 quantity 열 값은 각각 1과 2입니다. SUM은 합계를 구하는 집계함수이므로 3을 반환하였습니다.

그림 5-7 그룹화해서 개수와 합계 구하기

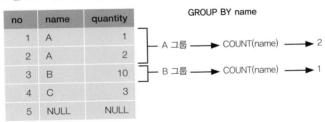

사실 sample51은 예제를 설명하기 위해 임의로 준비한 테이블이므로, 실제로는 어떤 경우에 쓰이는지 잘 이해가 가지 않을 수도 있습니다.

그럼, 실제로 GROUP BY를 사용하는 경우를 간단하게 소개해보겠습니다. 업무 환경에서 GROUP BY를 사용하는 경우는 꽤 많습니다. 예를 들면 각 점포의 일별 매출 데이터가 중앙 판매 관리시스템에 전송되어 점포별 매출실적을 집계해 어떤 점포가 매출이 올라가는지, 어떤 상품이 인기가 있는지 등을 분석할 때 사용됩니다. 여기에서 점포별, 상품별, 월별, 일별 등 특정 단위로 집계할 때 GROUP

BY를 자주 사용합니다. 매출실적을 조사하는 동시에 SUM 집계함수로 합계를 낼 수 있으며, COUNT로 건수를 집계하는 경우도 있습니다.

2. HAVING 구로 조건 지정

집계함수는 WHERE 구의 조건식에서는 사용할 수 없습니다. 실제로 그러한지 다음 명령을 통해 확인해보겠습니다.

```
SELECT name, COUNT(name) FROM sample51
   WHERE COUNT(name) = 1 GROUP BY name;
```

name 열을 그룹화하여 행 개수가 하나만 존재하는 그룹을 검색하고 싶었지만 에러가 발생하여 실행할 수 없습니다. 에러가 발생한 이유는 GROUP BY와 WHERE 구의 내부처리 순서와 관계가 있습니다. 즉, WHERE 구로 행을 검색하는 처리가 GROUP BY로 그룹화하는 처리보다 순서상 앞서기 때문입니다. SELECT 구에서 지정한 별명을 WHERE 구에서 사용할 수 없었던 것과 같은 이유로, 그룹화가 필요한 집계함수는 WHERE 구에서 지정할 수 없습니다.

```
내부처리 순서
WHERE 구 → GROUP BY 구 → SELECT 구 → ORDER BY 구
```

Point ▶ WHERE 구에서는 집계함수를 사용할 수 없다!

그렇다면 집계한 결과에서 조건에 맞는 값을 따로 걸러낼 수는 없는 걸까요? 물론 가능합니다. SELECT 명령에는 **HAVING 구**가 있습니다. HAVING 구를 사용하면 집계함수를 사용해서 조건식을 지정할 수 있습니다.

HAVING 구는 GROUP BY 구의 뒤에 기술하며 WHERE 구와 동일하게 조건식을 지정할 수 있습니다. 조건식에는 그룹별로 집계된 열의 값이나 집계함수의 계산결과가 전달된다고 생각하시면 이해하기 쉬울 겁니다. 이때 조건식이 참인 그룹값만 클라이언트에게 반환됩니다. 결과적으로 WHERE 구와 HAVING 구

에 지정된 조건으로 검색하는 2단 구조가 됩니다.

그림 **5-8** WHERE와 HAVING

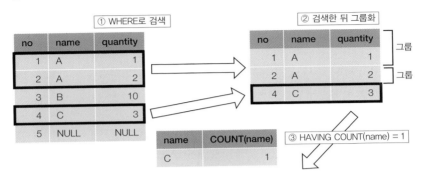

그러면, 앞서 에러가 발생했던 SELECT 명령을 HAVING 구를 사용해 수정해보
겠습니다.

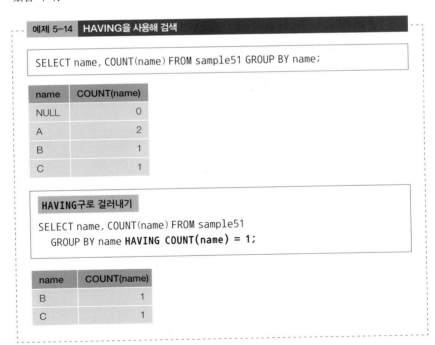

그룹화보다도 나중에 처리되는 ORDER BY 구에서는 문제없이 집계함수를 사용할 수 있습니다. 즉, ORDER BY COUNT(name)과 같이 지정할 수 있습니다.

지금부터는 HAVING 구의 내부처리 순서에 대해서 설명하겠습니다. HAVING 구는 GROUP BY 구 다음으로 처리됩니다.

내부처리 순서

WHERE 구 → GROUP BY 구 → HAVING 구 → SELECT 구 → ORDER BY 구

다만 SELECT 구보다도 먼저 처리되므로 별명을 사용할 수는 없습니다. 예를 들어 COUNT(name)에 cn이라는 별명을 붙이면, ORDER BY 구에서는 사용할 수 있지만 GROUP BY 구나 HAVING 구에서는 사용할 수 없습니다. 즉, 다음과 같은 명령은 실행할 수 없습니다.

```
SELECT name AS n, COUNT(name) AS cn
    FROM sample51 GROUP BY n HAVING cn = 1;
```

단, MySQL과 같이 융통성 있게 별명을 사용할 수 있는 데이터베이스 제품도 있습니다. 실제로, 앞의 SELECT 명령은 MySQL에서는 실행 가능하지만 Oracle 등에서는 에러가 발생합니다.

3. 복수열의 그룹화

GROUP BY를 사용할 때 주의할 점이 하나 더 있습니다. GROUP BY에 지정한 열 이외의 열은 집계함수를 사용하지 않은 채 SELECT 구에 기술해서는 안 됩니다.

더 자세히 살펴보기 위해 다음 [그림 5-9]에서 GROUP BY name으로 name 열을 그룹화했습니다. 이 경우 SELECT 구에 name을 지정하는 것은 문제없지

만, no 열이나 quantity 열을 SELECT 구에 그대로 지정하면 데이터베이스 제품에 따라 에러가 발생합니다.

그림 **5-9** SELECT 구에 기술할 수 없는 열

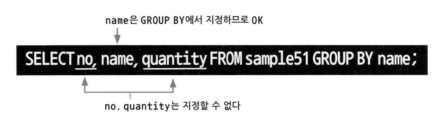

GROUP BY로 그룹화하면 클라이언트로 반환되는 결과는 그룹당 하나의 행이 됩니다. 하지만 name 열 값이 A인 그룹의 quantity 열 값은 1과 2로 두 개입니다. 이때 그룹마다 하나의 값만을 반환해야 하므로 어느 것을 반환하면 좋을지 몰라 에러가 발생합니다.

그림 **5-10** 그룹 내의 quantity 열의 값

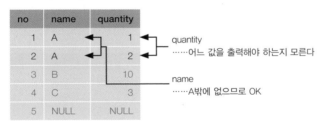

이때 집계함수를 사용하면 집합은 하나의 값으로 계산되므로, 그룹마다 하나의 행을 출력할 수 있습니다. 즉 다음과 같이 쿼리를 작성하면 문제없이 실행할 수 있습니다.

```
SELECT MIN(no), name, SUM(quantity) FROM sample51 GROUP BY name;
```

Point▶ GROUP BY에서 지정한 열 이외의 열은 집계함수를 사용하지 않은 채 SELECT 구에 지정할 수 없다!

만약 no와 quantity로 그룹화한다면 GROUP BY no, quantity로 지정합니다. 이처럼 GROUP BY에서 지정한 열이라면 SELECT 구에 그대로 지정해도 됩니다.

```
SELECT no, quantity FROM sample51 GROUP BY no, quantity;
```

4. 결괏값 정렬

GROUP BY로 그룹화해도 실행결과 순서를 정렬할 수는 없습니다. 데이터베이스 내부 처리에서 같은 값을 그룹으로 나누는 과정에서 순서가 서로 바뀌는 부작용이 일어날 수도 있습니다. 하지만 이는 데이터베이스 내부처리의 문제로 데이터베이스 제품에 따라 다릅니다. 확실한 것은 GROUP BY 지정을 해도 정렬되지는 않는다는 점입니다.

이럴 때는 3장에서 설명한 것처럼 ORDER BY 구를 사용해 결과를 정렬할 수 있습니다. GROUP BY 구로 그룹화한 경우에도 ORDER BY 구를 사용해 정렬할 수 있습니다. 결괏값을 순서대로 정렬해야 한다면 ORDER BY 구를 지정해주세요.

예제 5-15 **집계한 결과 정렬하기**

name 열로 그룹화해 합계를 구하고 내림차순으로 정렬

```
SELECT name, COUNT(name), SUM(quantity)
  FROM sample51 GROUP BY name ORDER BY SUM(quantity) DESC;
```

name	COUNT(name)	SUM(quantity)
B	1	10
C	1	3
A	2	3
NULL	0	NULL

합계를 구한 뒤 분석할 때는 값이 큰 순서대로 살펴보고 싶을 것입니다. 이때 내림차순으로 정렬하기 위해 'DESC'를 지정했습니다. 기본값이 ASC이므로 DESC를 지정하지 않으면 오름차순이 되어버립니다. 이와 같은 경우는 자주 있는 패턴으로 잊어버리지 않도록 합니다.

23강

서브쿼리

서브쿼리는 SELECT 명령에 의한 데이터 질의로, 상부가 아닌 하부의 부수적인 질의를 의미합니다.

SYNTAX 서브쿼리

(SELECT 명령)

그림 **5-11** 서브쿼리

서브쿼리는 SQL 명령문 안에 지정하는 하부 SELECT 명령으로 괄호로 묶어 지정합니다. 문법에는 간단하게 'SELECT 명령'이라고 적었습니다만 SELECT 구, FROM 구, WHERE 구 등 SELECT 명령의 각 구를 기술할 수 있습니다.

특히 서브쿼리는 SQL 명령의 WHERE 구에서 주로 사용됩니다. WHERE 구는 SELECT, DELETE, UPDATE 구에서 사용할 수 있는데 이들 중 어떤 명령에서든 서브쿼리를 사용할 수 있습니다.

물론 상황에 따라 다른 구에서도 사용할 수 있습니다. 지금부터 다양한 명령이나 구에서 사용하는 예를 들어가며 사용법에 관해 자세히 알아보겠습니다.

1. DELETE의 WHERE 구에서 서브쿼리 사용하기

먼저 DELETE 명령의 WHERE 구에서 서브쿼리를 사용하는 예를 살펴보겠습니다.

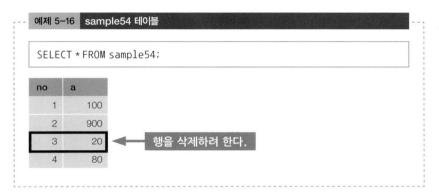

예제 5-16   sample54 테이블

```
SELECT * FROM sample54;
```

no	a
1	100
2	900
3	20
4	80

← 행을 삭제하려 한다.

sample54 테이블에서 a 열의 값이 가장 작은 행을 삭제하려 합니다. 이 테이블에는 네 개의 행밖에 없으므로 a가 20인 행이 가장 작다는 것을 한눈에 알아볼 수 있습니다. 따라서 간단하게 DELETE FROM sample54 WHERE a=20; 이라는 DELETE 명령을 실행해 a 열의 값이 가장 작은 행을 삭제할 수 있습니다.

하지만 a 열의 값이 가장 작은 행이 어느 것인지 전혀 파악할 수 없는 경우에는 어떻게 해야 할까요? 아마 먼저 SELECT 명령으로 검색하고자 할 겁니다.

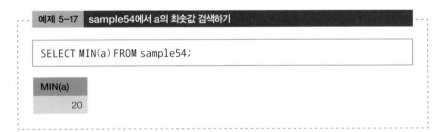

예제 5-17   sample54에서 a의 최솟값 검색하기

```
SELECT MIN(a) FROM sample54;
```

MIN(a)
20

앞의 예제에서 a 열의 최솟값이 20인 것을 알았습니다. 이 SELECT 명령을 DELETE 명령의 WHERE 구에서 사용하면 하나의 DELETE 명령으로 원하는 행을 삭제할 수 있습니다. DELETE 명령과 SELECT 명령을 결합시켜 버리는 겁

니다.

괄호로 서브쿼리를 지정해 삭제

```
DELETE FROM sample54 WHERE a = (SELECT MIN(a) FROM sample54);

SELECT * FROM sample54;
```

no	a
1	100
2	900
4	80

서브쿼리를 사용하면 이렇게 DELETE와 SELECT를 결합시킬 수 있습니다. 괄호로 둘러싼 서브쿼리 부분을 먼저 실행한 후 DELETE 명령을 실행한다고 생각하면 이해하기 쉬울 겁니다. 단, MySQL에서는 [예제 5-18]의 쿼리를 실행할 수 없음에 유의해 주세요.* 대신 DELETE 명령을 SELECT 명령으로 바꾸면 실행하실 수 있습니다.

한편 SQL에는 순차형 언어에서처럼 변수가 존재하지 않습니다. 만약 변수를 사용할 수 있다고 한다면, 다음과 같이 정리해 표현할 수 있을 겁니다.

```
변수 = (SELECT MIN(a) FROM sample54);
DELETE FROM sample54 WHERE a = 변수;
```

사실 이렇게 변수를 사용하는 것은 가능합니다. 구현방법에는 여러 가지가 있으므로 자세하게 설명할 수는 없지만 변수를 사용할 수 있다는 것은 알아두시기 바랍니다.

----

* 역자주_ MySQL에서 예제를 실행하면 'You can't specify target table 'sample54' for update in FROM clause' 라는 에러가 발생합니다. 데이터를 추가하거나 갱신할 경우 동일한 테이블을 서브쿼리에서 사용할 수 없도록 되어 있기 때문입니다. 에러를 발생하지 않고 실행하려면 다음과 같이 인라인 뷰로 임시 테이블을 만들도록 처리하면 됩니다. DELETE FROM sample54 WHERE a = (SELECT a FROM (SELECT MIN(a) AS a FROM sample54) AS x);

2. 스칼라 값

서브쿼리를 사용할 때는 그 SELECT 명령이 어떤 값을 반환하는지 주의할 필요
가 있습니다. 여러 가지 패턴 중에서도 다음과 같은 네 가지가 일반적인 서브쿼리
패턴입니다.

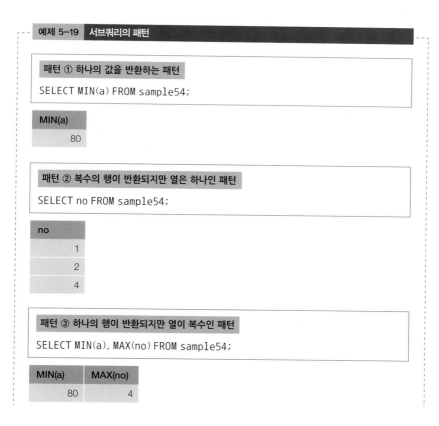

예제 5-19 서브쿼리의 패턴

패턴 ① 하나의 값을 반환하는 패턴

SELECT MIN(a) FROM sample54;

MIN(a)
80

패턴 ② 복수의 행이 반환되지만 열은 하나인 패턴

SELECT no FROM sample54;

no
1
2
4

패턴 ③ 하나의 행이 반환되지만 열이 복수인 패턴

SELECT MIN(a), MAX(no) FROM sample54;

MIN(a)	MAX(no)
80	4

SELECT no, a FROM sample54;

no	a
1	100
2	900
4	80

이때 [예제 5-19]에서 패턴 ①만 다른 패턴과 다릅니다. 이는 다른 패턴과 달리 하나의 값을 반환하기 때문입니다. '단일 값'으로도 통용되지만 데이터베이스 업계에서는 '스칼라 값'이라 불리는 경우가 많으므로 기억해 두시기 바랍니다.

Point ▶ **SELECT 명령이 하나의 값만 반환하는 것을 '스칼라 값을 반환한다'고 한다!**

스칼라 값을 반환하는 SELECT 명령을 특별 취급하는 이유는 서브쿼리로서 사용하기 쉽기 때문입니다. 이처럼 스칼라 값을 반환하도록 SELECT 명령을 작성하고자 한다면 SELECT 구에서 단일 열을 지정합니다. 복수 열을 반환하도록 하면 패턴 ③이나 ④가 되어버리기 때문입니다.

SELECT 구에서 하나의 열을 지정하고, GROUP BY를 지정하지 않은 채 집계 함수를 사용하면 결과는 단일한 값이 됩니다. 만약 GROUP BY로 그룹화를 하면 몇 가지의 그룹으로 나뉘어져 버릴 가능성이 있기 때문에 결과적으로 단일한 값이 반환되지 않을 수 있습니다. 또한, WHERE 조건으로 하나의 행만 검색할 수 있다면 단일 값이 되므로 스칼라 값을 반환하는 SELECT 명령이 됩니다.

서브쿼리로서 사용하기 간편한 경우에 관해서는 아직 언급하지 않았지만 조금이나마 이해되지 않았을까 합니다. 통상적으로 특정한 두 가지가 서로 동일한지 여부를 비교할 때는 서로 단일한 값으로 비교합니다. 즉, WHERE 구에서 스칼라 값을 반환하는 서브쿼리는 = 연산자로 비교할 수 있다는 뜻입니다.

그럼 지금부터 [예제 5-18]의 DELETE 명령을 다시 살펴보겠습니다.

```
DELETE FROM sample54 WHERE a = (SELECT MIN(a) FROM sample54);
```

여기에서 서브쿼리 부분은 스칼라 값을 반환하는 SELECT 명령으로 되어 있으므로 = 연산자를 사용해 열 a의 값과 비교할 수 있습니다. 반대로 스칼라 값을 반환하지 않도록 만들기란 간단합니다. 서브쿼리 부분을 변경하면 스칼라 값을 반환하지 않도록 할 수 있습니다. SELECT 구에서 다른 열을 지정하거나 GROUP BY를 지정하면 바로 에러가 발생합니다.

Point ► **= 연산자를 사용하여 비교할 경우에는 스칼라 값끼리 비교할 필요가 있다!**

스칼라 값을 반환하는 서브쿼리를 특별히 '스칼라 서브쿼리'라 부르기도 합니다. 앞서 HAVING 구를 설명할 때 '집계함수는 WHERE 구에서는 사용할 수 없다'라고 설명했습니다. 하지만 '스칼라 서브쿼리'라면 WHERE 구에 사용할 수 있으므로 집계함수를 사용해 집계한 결과를 조건식으로 사용할 수 있습니다.

그와 비슷한 문제로 'GROUP BY에서 지정한 열 이외의 열을 SELECT 구에 지정하면 에러가 된다'라는 것도 있었습니다. 하나의 그룹에 다른 값이 여러 개 존재할 경우는 스칼라 값이라고 할 수 없습니다.

3. SELECT 구에서 서브쿼리 사용하기

앞서 언급한 예에서는 WHERE 구에 서브쿼리를 사용했습니다. 그 밖에도 서브쿼리는 SELECT 구, UPDATE의 SET 구 등 다양한 구 안에서 지정할 수 있습니다.

문법적으로 서브쿼리는 '하나의 항목'으로 취급합니다. 단, 문법적으로는 문제없지만 실행하면 에러가 발생하는 경우가 자주 있습니다. 이는 스칼라 값의 반환여부에 따라 생기는 현상으로, 서브쿼리를 사용할 때는 스칼라 서브쿼리로 되어있는지 확인해야 합니다.

SELECT 구에서 서브쿼리를 지정할 때는 스칼라 서브쿼리가 필요합니다. 다음

[예제 5-20]의 SELECT 구에서 스칼라 서브쿼리를 사용해보겠습니다.

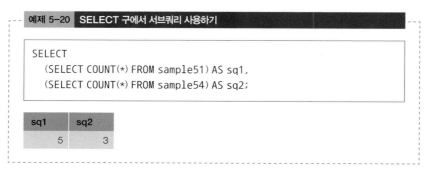

예제 5-20　SELECT 구에서 서브쿼리 사용하기

```
SELECT
  (SELECT COUNT(*) FROM sample51) AS sq1,
  (SELECT COUNT(*) FROM sample54) AS sq2;
```

sq1	sq2
5	3

sample51 테이블의 행 개수와 sample54 테이블의 행 개수를 각 서브쿼리로 구합니다. 여기서 한 가지 주의할 점이 있는데 서브쿼리가 아닌 상부의 SELECT 명령에는 FROM 구가 없다는 것입니다. MySQL 등에서는 실제로 FROM 구를 생략할 수 있습니다. 하지만 Oracle 등 전통적인 데이터베이스 제품에서는 FROM를 생략할 수 없습니다. 이때 Oracle에서는 다음과 같이 FROM DUAL로 지정하면 실행할 수 있습니다. DUAL은 시스템 쪽에서 데이터베이스에 기본으로 작성되는 테이블입니다.

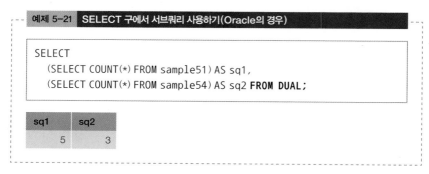

예제 5-21　SELECT 구에서 서브쿼리 사용하기(Oracle의 경우)

```
SELECT
  (SELECT COUNT(*) FROM sample51) AS sq1,
  (SELECT COUNT(*) FROM sample54) AS sq2 FROM DUAL;
```

sq1	sq2
5	3

4. SET 구에서 서브쿼리 사용하기

UPDATE의 SET 구에서도 서브쿼리를 사용할 수 있습니다. SET 구에서 서브쿼리를 사용해 갱신하는 예를 살펴보겠습니다.

```
UPDATE sample54 SET a = (SELECT MAX(a) FROM sample54);
```

SET 구에서 서브쿼리를 사용할 경우에도 스칼라 값을 반환하도록 스칼라 서브쿼리를 지정할 필요가 있습니다. 이런 명령도 가능하다 라는 것을 보여주는 예제이다 보니 실질적으로는 별로 쓰이지 않는 UPDATE 명령이 되어버렸습니다. 어쨌든 [예제 5-22]의 UPDATE 명령을 실행하면 a 열 값이 모두 a 열의 최댓값으로 갱신됩니다. 사실 이런 경우, 서브쿼리는 상부의 UPDATE 명령과 관련이 있는 조건식으로 지정되지 않으면 별 의미가 없습니다. 이에 관해서는 차차 설명하겠습니다.

5. FROM 구에서 서브쿼리 사용하기

FROM 구에서도 서브쿼리를 사용할 수 있습니다. 지금까지는 FROM 구에서 테이블 지정만 해왔지만 이번에는 FROM 구에 테이블 이외의 것도 지정해보겠습니다.

FROM 구에 서브쿼리를 지정하는 경우에도 서브쿼리의 기술방법은 같습니다. 괄호로 SELECT 명령을 묶으면 됩니다. 다만 FROM 구에는 기본적으로 테이블을 지정하는 만큼 다른 구와는 조금 상황이 다릅니다.

한편 SELECT 구나 SET 구에서는 스칼라 서브쿼리를 지정해야 하지만 FROM 구에 기술할 경우에는 스칼라 값을 반환하지 않아도 좋습니다. 물론 스칼라 값이라도 상관없습니다.

```
SELECT * FROM (SELECT * FROM sample54) sq;
```

no	a
1	100
2	900
4	80

SELECT 명령 안에 SELECT 명령이 들어있는 듯 보입니다. 이를 '네스티드 (nested) 구조', 또는 '중첩구조'나 '내포구조'라 부릅니다. sq는 테이블의 별명으로, Sub Query의 이니셜에서 따왔습니다. 3장에서 설명했듯 SELECT 구에서는 열이나 식에 별명을 붙일 수 있습니다. 마찬가지로 FROM 구에서는 테이블이나 서브쿼리에 별명을 붙일 수 있습니다.

테이블에는 이름이 붙여져 있지만 서브쿼리에는 이렇다 할 이름이 붙여져 있지 않습니다. 별명을 붙이는 것으로 비로소 서브쿼리의 이름을 지정합니다. 이 때도 SELECT 구에서 별명을 붙일 때처럼 'AS' 키워드를 사용하여 지정합니다. 이때 다음 [예제 5-24]와 같이 지정해도 결과는 같습니다.(단, Oracle에서는 AS를 붙이면 에러가 발생합니다. Oracle에서는 AS를 붙이지 않습니다).

```
SELECT * FROM (SELECT * FROM sample54) AS sq;
```

no	a
1	100
2	900
4	80

중첩구조는 몇 단계로든 구성할 수 있습니다. 다음 [예제 5-25]와 같이 3단계 구조라도 상관없습니다.

예제 5-25 **FROM 구에서 서브쿼리 사용하기(3단계)**

```
SELECT * FROM (SELECT * FROM (SELECT * FROM sample54) sq1) sq2;
```

no	a
1	100
2	900
4	80

보충 설명을 하자면 방금 확인한 예제처럼 테이블 한 개를 지정하는 데 3단계 중 첩구조로 작성하지는 않습니다. 의미가 없기 때문입니다. 어디까지나 중첩구조를 설명하는 예제임을 알아주시기 바랍니다.

– 실제 업무에서 FROM 구에 서브쿼리를 지정하여 사용하는 경우

앞서 LIMIT 구에 관해서 설명할 때 Oracle에는 LIMIT 구가 없다고 한 내용을 기억하실 겁니다. ROWNUM으로 행 개수를 제한할 수 있지만, 정렬 후 상위 몇 건을 추출하는 조건은 붙일 수 없었습니다. 이는 ROWNUM의 경우 WHERE 구로 인해 번호가 할당되기 때문입니다. 하지만 FROM 구에서 서브쿼리를 사용하는 것으로 Oracle에서도 정렬 후 상위 몇 건을 추출한다는 행 제한을 할 수 있습니다.

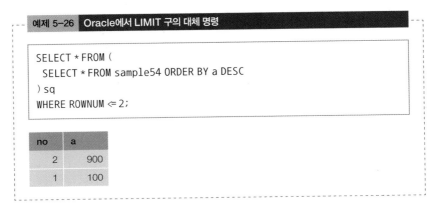

예제 5-26 **Oracle에서 LIMIT 구의 대체 명령**

```
SELECT * FROM (
  SELECT * FROM sample54 ORDER BY a DESC
) sq
WHERE ROWNUM <= 2;
```

no	a
2	900
1	100

6. INSERT 명령과 서브쿼리

INSERT 명령과 서브쿼리를 조합해 사용할 수도 있습니다. INSERT 명령에는 VALUES 구의 일부로 서브쿼리를 사용하는 경우와, VALUES 구 대신 SELECT 명령을 사용하는 두 가지 방법이 있습니다.

먼저 VALUES 구의 값으로 서브쿼리를 사용하는 예를 살펴보겠습니다. 이때 서브쿼리는 스칼라 서브쿼리로 지정할 필요가 있습니다. 물론 자료형도 일치해야 합니다.

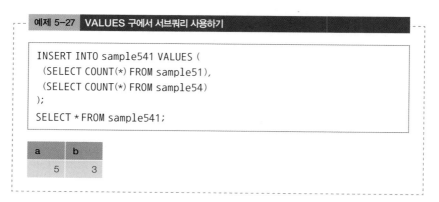

예제 5-27 VALUES 구에서 서브쿼리 사용하기

```
INSERT INTO sample541 VALUES (
  (SELECT COUNT(*) FROM sample51),
  (SELECT COUNT(*) FROM sample54)
);
SELECT * FROM sample541;
```

a	b
5	3

- INSERT SELECT

이번에는 VALUES 구 대신에 SELECT 명령을 사용하는 예를 살펴보겠습니다. 다만 다음 예에서는 괄호를 붙이지 않아 서브쿼리라고 부르기 어려울 수도 있겠습니다.

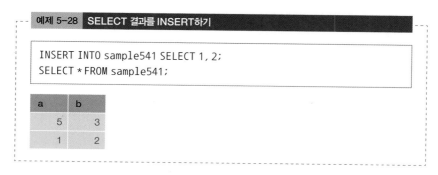

예제 5-28 SELECT 결과를 INSERT하기

```
INSERT INTO sample541 SELECT 1, 2;
SELECT * FROM sample541;
```

a	b
5	3
1	2

흔히 'INSERT SELECT'라 불리는 명령으로 INSERT와 SELECT를 합친 것과 같은 명령이 되었습니다. [예제 5-28]에서는 SELECT가 결괏값으로 1과 2라는 상수를 반환하므로, INSERT INTO sample541 VALUES (1, 2)의 경우와 같습니다. 이때 SELECT 명령이 반환하는 값이 꼭 스칼라 값일 필요는 없습니다. SELECT가 반환하는 열 수와 자료형이 INSERT할 테이블과 일치하기만 하면 됩니다.

INSERT SELECT 명령은 SELECT 명령의 결과를 INSERT INTO로 지정한 테이블에 전부 추가합니다. SELECT 명령의 실행 결과를 클라이언트로 반환하지 않고 지정된 테이블에 추가하는 것입니다. 이 때문에 데이터의 복사나 이동을 할 때 자주 사용하는 명령입니다.

열 구성이 똑같은 테이블 사이에는 다음과 같은 INSERT SELECT 명령으로 행을 복사할 수도 있습니다.

예제 5-22 테이블의 행 복사하기

```
INSERT INTO sample542 SELECT * FROM sample543;
```

24강

상관 서브쿼리

서브쿼리를 사용해 DELETE 명령과 SELECT 명령을 결합할 수 있었습니다. 스칼라 서브쿼리가 사용하기 쉬운 서브쿼리란 것도 알았습니다. 24강에서는 서브쿼리의 일종인 '상관 서브쿼리'를 EXISTS 술어로 조합시켜서 서브쿼리를 사용하는 방법에 관해 알아보겠습니다.

SYNTAX	EXISTS
EXISTS (SELECT명령)	

그림 **5-12** 상관 서브쿼리

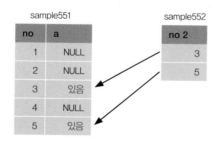

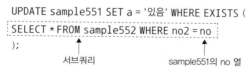

EXISTS 술어를 사용하면 서브쿼리가 반환하는 결괏값이 있는지를 조사할 수 있습니다. 특히 EXISTS를 사용하는 경우에는 서브쿼리가 반드시 스칼라 값을 반환

할 필요는 없습니다. EXIST는 단지 반환된 행이 있는지를 확인해보고 값이 있으면 참, 없으면 거짓을 반환하므로 어떤 패턴이라도 상관없습니다.

그럼 지금부터 두 개의 샘플 테이블을 사용해 예를 들어 설명하겠습니다.

1. EXISTS

서브쿼리를 사용해 검색할 때 '데이터가 존재하는지 아닌지' 판별하기 위해 조건을 지정할 수도 있습니다. 이런 경우 **EXISTS 술어**를 사용해 조사할 수 있습니다. EXISTS의 용법을 자세히 설명하기 위해 다음과 같이 두 개의 샘플 테이블을 사용하겠습니다.

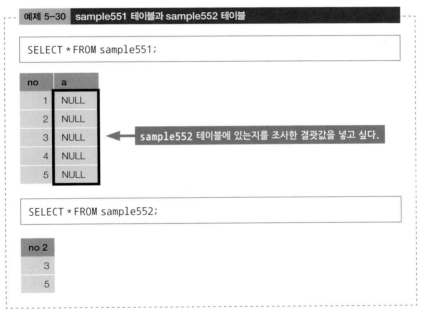

sample551에는 1에서 5까지의 데이터가 저장되어 있습니다. 한편 sample552에는 3과 5가 저장되어 있습니다. 여기서 sample551의 a 열은 문자열형이지만 값은 모두 NULL입니다. 이 열을 UPDATE로 갱신하려 합니다.

지금부터 sample552에 no 열의 값과 같은 행이 있다면 '있음'이라는 값으로, 행이 없으면 '없음'이라는 값으로 갱신하도록 하겠습니다. 몇 가지 갱신 방법이 있습니다만, 여기서는 WHERE 구에 조건을 지정해 '있음'으로 갱신하는 경우와 '없음'으로 갱신하는 경우로 나누어 처리하겠습니다.

```
UPDATE sample551 SET a = '있음' WHERE ...
UPDATE sample551 SET a = '없음' WHERE ...
```

앞의 명령에서 WHERE 부분을 살펴봅시다. 여기서 단순하게 no = 1처럼 지정하는 방식으로는 처리할 수 없습니다. 서브쿼리를 사용해 sample552에 행이 있는지부터 조사해야 합니다. 그리고 '있음'인 경우, 행이 존재하는 경우에 대해 참으로 설정합니다. 즉, 다음과 같이 EXISTS를 사용하면 조건에 맞는 행을 갱신할 수 있습니다.

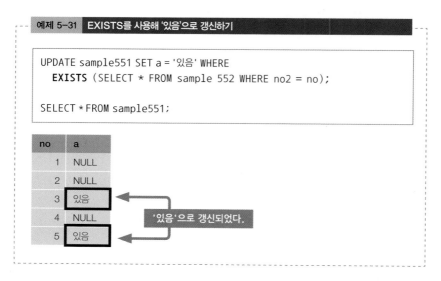

서브쿼리 부분이 UPDATE의 WHERE 구로 행을 검색할 때마다 차례로 실행되는 느낌입니다. 서브쿼리의 WHERE 구는 no2= no라는 조건식으로 되어 있습니다. no2는 sample552의 열이고 no는 sample551의 열입니다. 이때 no가 3과 5일 때만 서브쿼리가 행을 반환합니다.

EXISTS 술어에 서브쿼리를 지정하면 서브쿼리가 행을 반환할 경우에 참을 돌려

줍니다. 결과가 한 줄이라도 그 이상이라도 참이 됩니다. 반면 반환되는 행이 없을 경우에는 거짓이 됩니다.

2. NOT EXISTS

'없음'의 경우, 행이 존재하지 않는 상태가 참이 되므로 이때는 NOT EXISTS를 사용합니다. NOT을 붙이는 것으로 값을 부정할 수 있습니다.

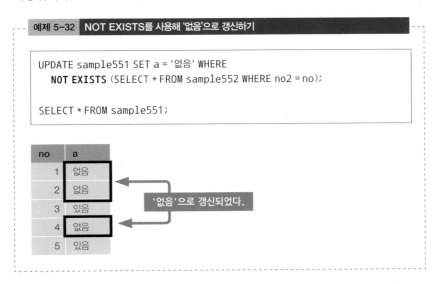

이처럼 서브쿼리를 이용해 다른 테이블의 상황을 판단하고 UPDATE로 갱신할 수 있었습니다. 여기서는 UPDATE 명령을 예제로 다루었습니다만 SELECT 명령이나 DELETE 명령으로도 서브쿼리를 사용할 수 있습니다.

3. 상관 서브쿼리

서브쿼리에는 명령 안에 중첩구조로 된 SELECT 명령이 존재합니다. 지금부터 '있음'으로 갱신하는 UPDATE 명령을 다시 살펴보겠습니다.

```
UPDATE sample551 SET a = '있음' WHERE
   EXISTS (SELECT * FROM sample 552 WHERE no2 = no);
```

UPDATE 명령(부모)에서 WHERE 구에 괄호로 묶은 부분이 서브쿼리(자식)
가 됩니다. 부모 명령에서는 sample551를 갱신합니다. 자식인 서브쿼리에서는
sample552 테이블의 no2 열 값이 부모의 no 열 값과 일치하는 행을 검색합니
다. 이처럼 부모 명령과 자식인 서브쿼리가 특정 관계를 맺는 것을 '상관 서브쿼
리'라 부릅니다.

앞서 23강에서 설명한 DELETE의 경우에는 상관 서브쿼리가 아닙니다. 상관 서
브쿼리가 아닌 단순한 서브쿼리는 단독 쿼리로 실행할 수 있습니다.

```
DELETE FROM sample54 WHERE a = (SELECT MIN(a) FROM sample54);

SELECT MIN(a) FROM sample54;
```

하지만 상관 서브쿼리에서는 부모 명령과 연관되어 처리되기 때문에 서브쿼리 부
분만을 따로 떼어내어 실행시킬 수 없습니다.

```
UPDATE sample551 SET a = '있음' WHERE
   EXISTS (SELECT * FROM sample 552 WHERE no2 = no);

SELECT * FROM sample552 WHERE no2 = no;
-> 에러: no2가 불명확하다.
```

– 테이블명 붙이기

지금부터는 조금 다른 이야기를 해볼까 합니다. sample551과 sample552
는 각각 열이 no와 no2로 서로 다르기 때문에 no가 sample551의 열, no2가
sample552의 열인 것을 알 수 있습니다. 하지만 만약 두 열이 모두 같은 이름을
가진다면 어떨까요? 'WHERE no = no'라고 조건을 지정하면 제대로 동작할까
요?

사실은 양쪽 테이블 모두 no라는 열로 되어있다면 잘 동작하지 않습니다(대부분

은 열이 애매하다는 내용의 에러가 발생합니다.)* 그래서 여기서는 예제 테이블을 작성할 때 설명하기 쉽도록 의도적으로 열명을 바꾸었습니다. 대신 조금 부자연스러울 수도 있겠네요. 개인적으로는 같은 데이터라면 같은 이름으로 지정하는 편이 자연스럽다고 생각합니다.

방금 언급한 사례가 정상적으로 처리되도록 하려면 열이 어느 테이블의 것인지 명시적으로 나타낼 필요가 있습니다. 테이블 지정은 간단합니다. 열명 앞에 '테이블명.'을 붙이기만 하면 됩니다. 예를 들어 no 열이 sample551의 것이라면 'sample551.no'라고 지정합니다. 마찬가지로 no2의 경우에는 'sample552.no2'로 지정합니다. 이것으로 sample551과 sample552가 열 이름이 같아도 제대로 구별되므로 문제 없이 실행할 수 있습니다.

예제 5-33 **열에 테이블명 붙이기**

```
UPDATE sample551 SET a = '있음' WHERE
    EXISTS (SELECT * FROM sample552 WHERE sample552.no2 = sample551.no);
```

4. IN

스칼라 값끼리 비교할 때는 = 연산자를 사용합니다. 다만 집합을 비교할 때는 사용할 수 없습니다. IN을 사용하면 집합 안의 값이 존재하는지를 조사할 수 있습니다. 서브쿼리를 사용할 때 IN을 통해 비교하는 경우도 많습니다. 더 자세한 내용은 지금부터 sample551과 sample552 테이블을 사용해 설명하겠습니다.

sample552에는 3과 5라는 값이 존재합니다. 서브쿼리를 사용하지 않고 WHERE 구로 간단하게 처리한다면 다음과 같이 조건을 붙일 수 있겠습니다. 이처럼 특정 열의 값이 '무엇 또는(OR) 무엇'이라는 조건식을 지정하는 경우 IN을 사용하면 간단하게 지정할 수 있습니다.

★ 역자주_ 다만 MySQL에서는 서브쿼리의 'WHERE no = no'는 'WHERE sample552.no = sample552.no'가 되어 조건식은 항상 참이 됩니다. 결과적으로 sample551의 모든 행은 a열 값이 '있다'로 갱신됩니다.

```
WHERE no = 3 OR no = 5;
```

SYNTAX **IN**

열명 **IN**(집합)

IN에서는 오른쪽에 집합을 지정합니다. 왼쪽에 지정된 값과 같은 값이 집합 안에
존재하면 참을 반환합니다. 집합은 상수 리스트를 괄호로 묶어 기술합니다. 앞의
WHERE 조건식을 IN을 사용하도록 수정하면 다음과 같습니다. IN으로 지정한
값이 3과 5밖에 없어 OR로 기술했을 때와 별 차이가 없는 것 같지만, 값을 여러
개 지정할 경우에는 조건식이 상당히 깔끔해집니다.

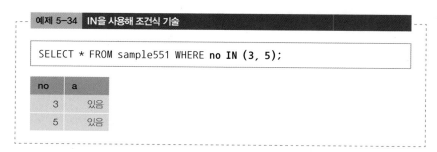

예제 5-34 IN을 사용해 조건식 기술

```
SELECT * FROM sample551 WHERE no IN (3, 5);
```

no	a
3	있음
5	있음

한편, 집합 부분은 서브쿼리로도 지정할 수 있습니다. 상수 리스트 부분을 서브쿼
리로 바꾸어 보겠습니다.

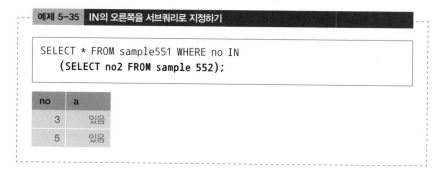

예제 5-35 IN의 오른쪽을 서브쿼리로 지정하기

```
SELECT * FROM sample551 WHERE no IN
    (SELECT no2 FROM sample 552);
```

no	a
3	있음
5	있음

이 같은 경우 서브쿼리는 스칼라 서브쿼리가 될 필요는 없습니다. IN에는 집합을

지정할 수 있기 때문에 이전에 스칼라 값을 설명할 때 언급한 패턴을 들자면 ①과 ②의 패턴으로 지정할 필요가 있습니다. 반면 ③과 ④의 패턴에서는 열이 복수로 지정되므로 비교할 수 없습니다. IN의 왼쪽에는 하나의 열이 지정되어 있기 때문입니다. IN은 집합 안에 값이 포함되어 있으면 참이 됩니다. 반면 NOT IN으로 지정하면 집합에 값이 포함되어 있지 않을 경우 참이 됩니다.

– IN과 NULL

집계함수에서는 집합 안의 NULL 값을 무시하고 처리했습니다. IN에서는 집합 안에 NULL 값이 있어도 무시하지는 않습니다. 다만 NULL = NULL을 제대로 계산할 수 없으므로 IN을 사용해도 NULL 값은 비교할 수 없습니다. 즉, NULL을 비교할 때는 IS NULL을 사용해야 합니다. 또한 NOT IN의 경우, 집합 안에 NULL 값이 있으면 설령 왼쪽 값이 집합 안에 포함되어 있지 않아도 참을 반환하지 않습니다. 그 결과는 '불명(UNKNOWN)'이 됩니다.*

----

* 역자주_ MySQL에서 집합에 NULL이 포함되어 있는 경우, 조건식 IN은 왼쪽 값이 집합에 포함되어 있으면 참을, 그렇지 않으면 NULL을 반환합니다. NOT IN은 왼쪽 값이 집합에 포함되어 있으면 거짓을, 그렇지 않으면 NULL을 반환합니다. 결국 NOT IN의 경우 집합에 NULL이 포함되어 있다면 그 결괏값은 0건이 됩니다. NULL을 반환한다는 것은 비교할 수 없다는 것을 의미합니다. 왼쪽의 값이 NULL인 경우에도 오른쪽의 값과 관계없이 비교할 수 없으므로, 조건식은 참 또는 거짓이 아닌 NULL을 반환합니다.

마치며

5장에서는 집계함수, 그룹화 그리고 서브쿼리에 관해 알아보았습니다.

– COUNT 집계함수로 행 개수 구하기

COUNT 집계함수를 사용하여 테이블에 존재하는 행의 개수를 구할 수 있습니다.

– 집계함수를 사용해 집계하기

SUM, AVG, MIN, MAX 등의 집계함수를 사용하는 것으로 값을 집계할 수 있습니다. 함수의 종류에 따라 집계 방식이 다릅니다. SUM 함수는 합계를, AVG 함수는 평균을 계산합니다.

– GROUP BY에 의한 그룹화

GROUP BY 구를 지정하여 그룹화를 할 수 있습니다. 그룹화한 후에 집계함수를 사용하면 'OO별 집계'를 할 수 있습니다.

– 스칼라 서브쿼리

하나의 값을 반환하는 스칼라 서브쿼리는 SQL 명령의 각 구에서 사용할 수 있는 편리한 명령입니다.

– 상관 서브쿼리

서브쿼리와 부모쿼리가 서로 연관된 경우 서브쿼리는 상관 서브쿼리가 됩니다. 상관 서브쿼리를 사용함으로써 두 테이블에 걸쳐 조작할 수 있습니다.

연습문제

- **문제 1**

  테이블의 행 개수를 알고 싶을 때 사용하는 집계함수는 무엇입니까?

  ① COUNT

  ② SUM

  ③ MAX

- **문제 2**

  SELECT 명령에 GROUP BY를 지정한 경우 데이터베이스 내부에서 수행되는 처리는 무엇입니까?

  ① 정렬

  ② 그룹화

  ③ 최적화

- **문제 3**

  SELECT 구에서 지정할 수 있는 서브쿼리는 무엇입니까?

  ① 스칼라 서브쿼리

  ② 상관 서브쿼리

  ③ 서브쿼리를 지정할 수 없다

데이터베이스 객체 작성과 삭제

6장에서는 다음과 같은 내용을 학습합니다.

- 데이터베이스 객체
- 테이블 작성·삭제·변경
- 제약과 기본키(primary key)
- 인덱스 구조
- 인덱스 작성·삭제
- 뷰 작성·삭제

데이터베이스 객체

앞서 2장에서 '데이터베이스 객체'를 간단히 정의했습니다. 6장에서는 더 자세하게 다뤄보고, 데이터베이스 객체의 종류와 관리하는 방법에 대해서도 알아보겠습니다. 다.

그림 **6-1** 데이터베이스 객체

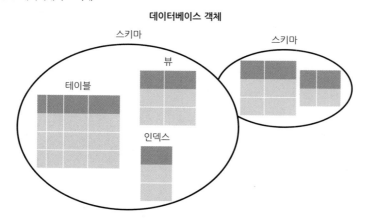

처음 RDBMS 소프트웨어를 설치하면 데이터베이스는 비어있는 상태입니다. 여기에 테이블이나 뷰, 인덱스, 프로시저 등의 데이터베이스 객체를 작성해 데이터베이스를 구축합니다.

지금까지는 샘플 데이터베이스를 임포트import해 만들어진 테이블을 사용해 예제를 실습했습니다. 이번 장에서는 데이터베이스 객체를 작성하거나 삭제하는 등의 관리 방법에 관해 알아보겠습니다.

1. 데이터베이스 객체

데이터베이스 객체란 테이블이나 뷰, 인덱스 등 데이터베이스 내에 정의하는 모든 것을 일컫는 말입니다. 단순히 객체라고 하면 C++이나 자바에서 사용하는 객체지향 프로그래밍의 '객체'와 혼동하는 경향이 있는데, 데이터베이스 내의 객체라는 의미로 '데이터베이스 객체'라 부르는 것이지요. 이 책은 데이터베이스를 다루는 SQL의 참고서인 만큼, 이제부터 '객체'라는 용어는 데이터베이스 객체를 의미한다고 생각하시면 됩니다.

객체는 데이터베이스 내에 실체를 가지는 어떤 것을 말합니다. 객체의 종류에 따라 데이터베이스에 저장되는 내용도 달라집니다. 지금까지 학습한 것 중에 객체에 해당하는 것은 테이블입니다. 테이블의 경우 행과 열이 저장됩니다. 한편 SELECT나 INSERT 등은 클라이언트에서 객체를 조작하는 SQL 명령입니다. 데이터베이스 내에 존재하는 것이 아니므로 객체라 부를 수 없습니다.

그림 **6-2** 데이터베이스 객체와 SQL 명령

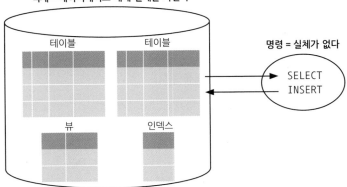

객체는 이름을 가집니다. 데이터베이스 내에서 객체를 작성할 때는 이름이 겹치지 않도록 합니다. 객체 이외에도 테이블의 열 또한 이름을 가집니다. 그 밖에

SELECT 명령에서 열에 별명을 붙일 수도 있습니다. 다만 열이나 별명은 객체가 아닙니다. 한 가지 동일한 점은 이름을 붙일 때 임의의 규칙에 맞게 지정해야 한다는 사실입니다.

이름을 붙일 때는 다음과 같은 제약 사항(명명규칙)을 따릅니다.

- 기존 이름이나 예약어와 중복하지 않는다.
- 숫자로 시작할 수 없다.
- 언더스코어(_) 이외의 기호는 사용할 수 없다.
- 한글을 사용할 때는 더블쿼트(MySQL에서는 백쿼트)로 둘러싼다.
- 시스템이 허용하는 길이를 초과하지 않는다.

객체의 이름은 꽤 중요합니다. 어떤 데이터가 저장되어 있는지 파악하는 기준이 되는 경우가 많으므로 의미 없는 번호 등으로 이름을 붙이지 않도록 합니다. 이 책에서는 sample61과 같이 번호를 사용하여 테이블의 이름을 지정했는데, 이는 설명하기 쉽도록 임의로 지정한 것입니다. 실제 업무에서는 이 같은 명명 습관을 따르지 않도록 합니다.

한편 이름은 객체의 종류와는 관계없다는 것에 주의합니다. 예를 들어 foo라는 이름의 테이블을 한번 만들면, 같은 종류의 테이블은 물론이고 뷰와 같은 다른 종류의 객체 역시 똑같은 이름으로 작성할 수 없습니다.

Point▶ **의미없는 이름을 붙이지 않도록 한다!**

2. 스키마

데이터베이스 객체는 **스키마**라는 그릇 안에 만들어집니다. 따라서 객체의 이름이 같아도 스키마가 서로 다르다면 상관없습니다.

그림 **6-3** 스키마와 객체

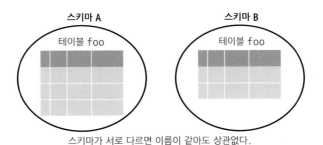

스키마가 서로 다르면 이름이 같아도 상관없다.

이와 같은 특징 때문에 데이터베이스 객체는 '스키마 객체'라 불리기도 합니다. 실제로 데이터베이스에 테이블을 작성해서 구축해나가는 작업을 '스키마 설계'라고 부릅니다. 이때 스키마는 SQL 명령의 DDL을 이용하여 정의합니다.

어떤 것이 스키마가 되는지는 데이터베이스 제품에 따라 달라집니다. MySQL에서는 CREATE DATABASE 명령으로 작성한 '데이터베이스'가 스키마가 됩니다. 한편 Oracle 등에서는 데이터베이스와 데이터베이스 사용자가 계층적 스키마가 됩니다.

테이블과 스키마는 무엇인가를 담는 그릇 역할을 한다는 점에서 비슷합니다. 테이블 안에는 열을 정의할 수 있고 스키마 안에는 테이블을 정의할 수 있습니다. 각각의 그릇 안에서는 중복하지 않도록 이름을 지정합니다. 이처럼 이름이 충돌하지 않도록 기능하는 그릇을 '네임스페이스(namespace)'라고 부르기도 합니다.

Point ▶ **스키마나 테이블은 네임스페이스이기도 하다!**

26강

테이블 작성·삭제·변경

지금부터 대표적인 데이터베이스 객체인 테이블을 작성, 삭제, 변경하는 방법에 대해 알아보겠습니다.

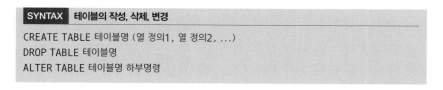

> **SYNTAX**　테이블의 작성, 삭제, 변경
>
> CREATE TABLE 테이블명 (열 정의1, 열 정의2, …)
> DROP TABLE 테이블명
> ALTER TABLE 테이블명 하부명령

그림 **6-4** 테이블 작성, 삭제, 변경

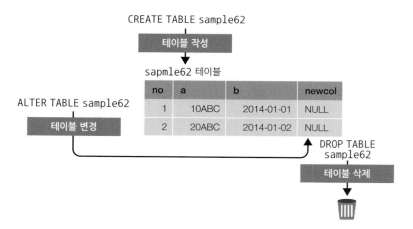

5장까지 배워온 SELECT, INSERT, DELETE, UPDATE는 SQL 명령 중에서도 DML로 분류됩니다. DML은 데이터를 조작하는 명령입니다. 한편 DDL은 데이터를 정의하는 명령으로, 스키마 내의 객체를 관리할 때 사용합니다. 그럼 이제부터 DDL을 사용해 스키마를 정의해보겠습니다.

1. 테이블 작성

DDL은 모두 같은 문법을 사용합니다. CREATE로 작성, DROP으로 삭제, ALTER로 변경할 수 있습니다. 뒤이어 어떤 종류의 객체를 작성, 삭제, 변경할지를 지정합니다. 예를 들어 테이블을 작성한다면 CREATE **TABLE**, 뷰를 작성한다면 CREATE **VIEW**와 같이 지정하면 됩니다.

RDBMS에서 데이터베이스 상에 제일 먼저 만드는 것 객체 중 하나가 바로 테이블입니다. 이때 **CREATE TABLE 명령**을 사용합니다. CREATE TABLE에 이어서 작성하고 싶은 테이블의 이름을 지정합니다. 테이블명 뒤에서는 괄호로 묶어 열을 정의할 수 있습니다. 열을 정의할 때는 테이블에 필요한 열을 콤마(,)로 구분하여 연속해 지정합니다.

SYNTAX   **CREATE TABLE**

```
CREATE TABLE 테이블명 (
    열 정의1,
    열 정의2,
    …
)
```

열명은 열에 붙이는 이름입니다. 명명규칙에 맞게 이름을 붙여줍니다. 자료형은 INTEGER나 VARCHAR 등을 지정합니다. 특히 CHAR나 VARCHAR와 같은 문자열형으로 지정할 때는 최대길이를 괄호로 묶어줘야 합니다.

기본값을 설정할 때는 DEFAULT로 지정하되 자료형에 맞는 리터럴로 기술합니다. 또한, 기본값은 생략할 수 있습니다.

마지막으로 열이 NULL을 허용할 것인지를 지정합니다. NULL을 명시적으로 지정하거나 생략했을 경우는 NULL을 허용합니다. 한편 NOT NULL이라고 지정하면 제약이 걸리면서 NULL이 허용되지 않습니다. NOT NULL 제약 및 기본값에 대한 자세한 내용은 4장을 참고하시기 바랍니다.

Point▶ CREATE TABLE로 테이블을 작성할 수 있다!

그럼, 지금부터 CREATE TABLE 명령으로 sample62 테이블을 정의한 뒤, DESC로 열 구성을 확인해보겠습니다. 이후 INSERT로 행을 추가할 수도 있으니 직접 해보시기 바랍니다.

예제 6-1 CREATE TABLE로 테이블 작성하기

```
CREATE TABLE sample62 (
    no INTEGER NOT NULL,
    a VARCHAR(30),
    b DATE);

DESC sample62;
```

Field	Type	Null	Key	Default	Extra
no	int(11)	NO		NULL	
a	varchar(30)	YES		NULL	
b	date	YES		NULL	

2. 테이블 삭제

필요 없는 테이블은 삭제할 수 있습니다. 이때 **DROP TABLE 명령**을 사용합니다.

SYNTAX DROP TABLE

DROP TABLE 테이블명

DROP TABLE에서 지정하는 것은 테이블명 뿐입니다. 이때 주의할 점은 많은 데이터베이스가 SQL 명령을 실행할 때 확인을 요구하지 않는다는 것입니다. OS의 경우(제품에 따라 다르기는 하지만) 삭제 명령으로 파일을 모두 삭제하려 하면 '정말 삭제하겠습니까?'라는 메시지가 표시됩니다. 하지만 SQL 명령의 경우 사용자에게 이와 같은 확인은 하지 않습니다. 실수로 테이블을 삭제하지 않도록 신중하게 DROP TABLE을 실행해 주세요.

Point▶ DROP TABLE로 테이블을 삭제할 수 있다!

– 데이터 행 삭제

DROP TABLE 명령은 데이터베이스에서 테이블을 삭제합니다. 이때 테이블에 저장된 데이터도 함께 삭제됩니다. 한편 테이블 정의는 그대로 둔 채 데이터만 삭제할 때는 DELETE 명령을 사용합니다. 이때 DELETE 명령에 WHERE 조건을 지정하지 않으면 테이블의 모든 행을 삭제할 수 있습니다.

하지만 DELETE 명령은 행 단위로 여러 가지 내부처리가 일어나므로 삭제할 행이 많으면 처리속도가 상당히 늦어집니다. 이런 경우에는 DDL로 분류되는 **TRUNCATE TABLE 명령**을 사용합니다. TRUNCATE TABLE 명령은 삭제할 행을 지정할 수 없고 WHERE 구를 지정할 수도 없지만, 모든 행을 삭제해야 할 때 빠른 속도로 삭제할 수 있습니다.

SYNTAX	TRUNCATE TABLE
TRUNCATE TABLE 테이블명	

3. 테이블 변경

테이블을 작성해버린 뒤에도 열 구성은 얼마든지 변경할 수 있습니다. 이때 테이블 변경은 **ALTER TABLE 명령**을 통해 이루어집니다.

ALTER TABLE 테이블명 변경명령

테이블을 작성한 뒤에도 열을 추가하거나 데이터 최대길이를 변경하는 등 구성을 바꿔야 하는 경우가 종종 생깁니다. 이때 테이블이 비어있다면 DROP TABLE로 테이블을 삭제하고 나서 변경할 테이블 구조에 맞추어 CREATE TABLE을 실행해 테이블을 변경할 수 있습니다. 하지만 테이블에 데이터가 이미 존재하는 경우라면 DROP TABLE로 테이블을 삭제하는 순간 기존 데이터도 모두 삭제됩니다.

이때 ALTER TABLE 명령을 사용하면 테이블에 저장되어 있는 데이터는 그대로 남긴 채 구성만 변경할 수 있습니다. ALTER TABLE로 할 수 있는 일은 크게 다음과 같이 두 가지로 분류할 수 있습니다.

- 열 추가, 삭제, 변경
- 제약 추가, 삭제

그럼 먼저 열 추가, 삭제, 변경에 대해 알아보겠습니다. 제약 추가, 삭제에 대해서도 추후 자세하게 설명하겠습니다.

– 열 추가

ALTER TABLE에서 열을 추가할 때는 **ADD 하부명령**을 통해 실행할 수 있습니다.

SYNTAX   **열 추가**

ALTER TABLE 테이블명 **ADD 열 정의**

여기에서의 열 정의는 CREATE TABLE의 경우와 동일합니다. 즉, 열 이름과 자료형을 지정하고 필요에 따라 기본값과 NOT NULL 제약을 지정하면 됩니다. 물론 열의 이름이 중복되면 열을 추가할 수 없습니다.

```
ALTER TABLE sample62 ADD newcol INTEGER;

DESC sample62;
```

Field	Type	Null	Key	Default	Extra
no	int(11)	NO		NULL	
a	varchar(30)	YES		NULL	
b	date	YES		NULL	
newcol	int(11)	YES		NULL	

Point ALTER TABLE ADD로 테이블에 열을 추가할 수 있다!

ALTER TABLE ADD로 열을 추가할 때, 기존 데이터행이 존재하면 추가한 열의 값이 모두 NULL이 됩니다. 물론 기본값이 지정되어 있으면 기본값으로 데이터 가 저장됩니다. 한편 NOT NULL 제약을 붙인 열을 추가하고 싶다면 먼저 NOT NULL로 제약을 건 뒤에 NULL 이외의 값으로 기본값을 지정할 필요가 있습니다.

Point NOT NULL 제약이 걸린 열을 추가할 때는 기본값을 지정해야 한다!

– 열 속성 변경

ALTER TABLE로 열 속성을 변경할 경우에는 다음과 같이 **MODIFY 하부명령** 을 실행합니다.

SYNTAX 열 속성 변경

ALTER TABLE 테이블명 **MODIFY 열 정의**

이때도 열 정의는 CREATE TABLE의 경우와 동일합니다. MODIFY로 열 이름 은 변경할 수 없지만, 자료형이나 기본값, NOT NULL 제약 등의 속성은 변경할 수 있습니다.

```
ALTER TABLE sample62 MODIFY newcol VARCHAR(20);

DESC sample62;
```

Field	Type	Null	Key	Default	Extra
no	int(11)	NO		NULL	
a	varchar(30)	YES		NULL	
b	date	YES		NULL	
newcol	varchar(20)	YES		NULL	

기존의 데이터 행이 존재하는 경우, 속성 변경에 따라 데이터 역시 변환됩니다. 이때 만약 자료형이 변경되면 테이블에 들어간 데이터의 자료형 역시 바뀝니다. 다만 그 처리과정에서 에러가 발생하면 ALTER TABLE 명령은 실행되지 않습니다.

ALTER TABLE은 비교적 새로운 명령에 속합니다. 표준화가 미처 이루어지지 않은 부분도 있어 데이터베이스에 따라 고유한 방언이 존재합니다. 예를 들어 MODIFY는 MySQL과 Oracle에서 사용할 수 있는 ALTER TABLE의 하부명령입니다. 다른 데이터베이스에서는 ALTER 하부명령으로 열 속성을 변경하기도 합니다.

– 열 이름 변경

ALTER TABLE로 열 이름을 변경할 때는 **CHANGE 하부명령**으로 시행할 수 있습니다.

SYNTAX   **열 이름 변경**

ALTER TABLE 테이블명 **CHANGE** [기존 열 이름] [신규 열 정의]

열 이름을 변경할 때는 MODIFY가 아닌 CHANGE를 사용합니다. CHANGE

는 열 이름뿐만 아니라 열 속성도 변경할 수 있습니다. 한편, Oracle에서는 열 이름을 변경할 경우 RENAME TO 하부명령을 사용합니다.

예제 6-4 ALTER TABLE로 열 이름 변경하기

```
ALTER TABLE sample62 CHANGE newcol c VARCHAR(20);

DESC sample62;
```

Field	Type	Null	Key	Default	Extra
no	int(11)	NO		NULL	
a	varchar(30)	YES		NULL	
b	date	YES		NULL	
c	varchar(20)	YES		NULL	

─ 열 삭제

ALTER TABLE로 열을 삭제할 때는 **DROP 하부명령**을 사용합니다.

SYNTAX 열 삭제

ALTER TABLE 테이블명 **DROP 열명**

DROP 뒤에 삭제하고 싶은 열명을 지정합니다. 물론, 테이블에 존재하지 않는 열이 지정되면 에러가 발생합니다.

예제 6-5 ALTER TABLE로 열 삭제하기

```
ALTER TABLE sample62 DROP c;

DESC sample62;
```

Field	Type	Null	Key	Default	Extra
no	int(11)	NO		NULL	
a	varchar(30)	YES		NULL	
b	date	YES		NULL	

---

4. ALTER TABLE로 테이블 관리

여기서는 실제 업무에서 자주 사용하는 ALTER TABLE을 이용한 테이블 관리 예를 소개하겠습니다.

– 최대길이 연장

대규모 데이터베이스에서는 데이터의 크기가 매우 커지는 경향이 있습니다. 특히 행 개수가 많은 테이블에서는 데이터 하나의 크기를 최적화하는 것만으로도 저장 공간을 절약할 수 있습니다.

실제로 시스템을 운용하다 보면 처음에는 한 자리로 충분했던 용량이 시간이 지나면서 부족해지는 일이 많습니다. 이러한 경우 ALTER TABLE로 열의 자료형만 변경해 대응할 수 있습니다. 열의 자료형은 처음 CREATE TABLE을 실행할 때 결정됩니다. 특히 문자열형의 경우 최대길이를 지정하는데, 이 최대길이를 ALTER TABLE로 늘릴 수 있습니다.

```
ALTER TABLE sample MODIFY col VARCHAR(30)
```

반대로 저장공간을 늘리기 위해 최대길이를 줄이고 싶은 경우도 있을 겁니다. 다만, 이때는 여러 가지 문제가 발생합니다. 먼저 기존의 행에 존재하는 데이터의 길이보다 작게 지정할 수는 없습니다. 작게 지정하면 저장된 데이터의 일부가 잘려나가므로 에러가 발생하기 때문입니다. 또한 열의 최대길이를 줄였다고 해서 실제 저장공간이 늘어나는 경우도 적습니다. 일반적으로 최대길이를 늘리는 경우는 많지만 줄이는 경우는 별로 없습니다.

– 열 추가

테이블에 열을 추가하는 일은 자주 일어납니다. 시스템의 기능 확장 등 이유는 여러 가지가 있는데, 이때 사용하는 ALTER TABLE 명령은 다음과 같습니다.

```
ALTER TABLE sample ADD new_col INTEGER
```

보통 열을 추가하는 정도로는 시스템 쪽에 미치는 영향이 적을 것 같지만, 테이블 정의가 바뀌어버리는 일인 만큼 꽤 영향을 줍니다. 적어도, 변경한 테이블에 행을 추가하는 INSERT 명령은 확인해야 합니다. 열을 추가하면 해당 열에 대해 데이터 값을 지정해야 하기 때문입니다. 기존 시스템에서 추가한 열에 대해서는 별다른 처리를 하지 않아도 문제없다 해도 일단은 확인하는 편이 낫습니다. 만약 기존 시스템의 INSERT 명령에서 열 지정이 생략되어 있다면, 열을 추가한 후 그대로 실행했을 때 열의 개수가 맞지 않아 에러가 발생합니다.

제약

CREATE TABLE로 테이블을 정의할 경우, 열 이외에 제약도 정의할 수 있었습니다. 그중 하나가 바로 NOT NULL 제약입니다. NOT NULL 이외에도 다양한 제약이 있는 만큼 그에 대해 알아보겠습니다.

그림 6-5 제약

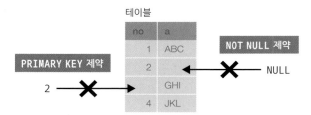

테이블에 제약을 설정함으로써 저장될 데이터를 제한할 수 있습니다. 예를 들어 NOT NULL 제약은 NULL 값이 저장되지 않도록 제한합니다. NOT NULL 제약 외에도 기본키(Primary Key) 제약이나 외부참조(정합) 제약* 등이 있습니다. 이 제약은 데이터베이스 설계에도 영향을 주는 중요한 개념입니다. 특히 기본키 제약은 RDBMS에서 반드시 언급되는 사항이므로 추가나 삭제 방법을 확실하게 알아두시기 바랍니다.

----

* 역자주_ 복수의 테이블 사이에서 정합성을 유지하기 위해 설정하는 것으로 테이블 간에는 부모 자식과 같은 관계를 가지며 정합성을 유지합니다. 자식 테이블 측에서는 외부키(FOREIGN KEY)를 지정해 부모 테이블을 참조합니다. 부모 테이블에서 참조될 열은 반드시 유일성(UNIQUE KEY, PRIMARY KEY)을 가집니다.

1. 테이블 작성시 제약 정의

제약은 테이블에 설정하는 것입니다. CREATE TABLE로 테이블을 작성할 때 제약을 같이 정의합니다. 물론 ALTER TABLE로 제약을 지정하거나 변경할 수 있습니다. 이때 NOT NULL 제약 등 하나의 열에 대해 설정하는 제약은 열을 정의할 때 지정합니다. 다음은 NOT NULL 제약과 UNIQUE 제약을 설정한 예입니다.

예제 6-6 테이블 열에 제약 정의하기

```
CREATE TABLE sample631 (
  a INTEGER NOT NULL,
  b INTEGER NOT NULL UNIQUE,
  c VARCHAR(30)
);
```

a 열에는 NOT NULL 제약이 걸려있습니다. b 열에는 NOT NULL 제약과 UNIQUE 제약이 걸려있습니다. c 열에는 지정되어 있지 않습니다. 이처럼 열에 대해 정의하는 제약을 '**열 제약**'이라 부릅니다. 이후 뒤에서 소개할 '복수열에 의한 기본키 제약'처럼 한 개의 제약으로 복수의 열에 제약을 설명하는 경우를 '**테이블 제약**'이라 부릅니다.

예제 6-7 테이블에 '테이블 제약' 정의하기

```
CREATE TABLE sample632 (
  no INTEGER NOT NULL,
  sub_no INTEGER NOT NULL,
  name VARCHAR(30),
  PRIMARY KEY (no, sub_no)
);
```

제약에는 이름을 붙일 수 있습니다. 제약에 이름을 붙이면 나중에 관리하기 쉬워지므로 가능한 한 이름을 붙이도록 합니다. 제약 이름은 **CONSTRAINT** 키워드를 사용해서 지정합니다.

```
CREATE TABLE sample632 (
  no INTEGER NOT NULL,
  sub_no INTEGER NOT NULL,
  name VARCHAR(30),
  CONSTRAINT pkey_sample PRIMARY KEY (no, sub_no)
);
```

2. 제약 추가

기존 테이블에도 나중에 제약을 추가할 수 있습니다. 이때 열 제약과 테이블 제약
은 조금 다른 방법으로 추가합니다.

– 열 제약 추가

열 제약을 추가할 경우 ALTER TABLE로 열 정의를 변경할 수 있습니다. 기존
테이블을 변경할 경우에는 제약을 위반하는 데이터가 있는지 먼저 검사합니다.
만약 c 열에 NULL 값이 존재한다면 ALTER TABLE 명령은 에러가 발생합니다.
다음은 c 열에 NOT NULL 제약을 설정하는 예입니다.

c열에 **NOT NULL** 제약 걸기

```
ALTER TABLE sample631 MODIFY c VARCHAR (30) NOT NULL;
```

– 테이블 제약 추가

테이블 제약은 ALTER TABLE의 ADD 하부명령으로 추가할 수 있습니다. 다음
[예제 6-10]은 기본키 제약을 추가하는 예입니다. 기본키는 테이블에 하나만 설
정할 수 있습니다. 이미 기본키가 설정되어 있는 테이블에 추가로 기본키를 작성
할 수는 없습니다. 또, 열 제약을 추가할 때와 마찬가지로 기존의 행을 검사해 추
가할 제약을 위반하는 데이터가 있으면 에러가 발생합니다.

기본키 제약 추가하기

```
ALTER TABLE sample631 ADD CONSTRAINT pkey_sample631 PRIMARY KEY(a);
```

3. 제약 삭제

테이블 제약은 나중에 삭제할 수도 있습니다. 열 제약의 경우, 제약을 추가할 때와 동일하게 열 정의를 변경합니다. 다음은 앞서 추가한 c 열의 NOT NULL 제약을 삭제하는 ALTER TABLE의 예입니다.

c열의 NOT NULL 제약 없애기

```
ALTER TABLE sample631 MODIFY c VARCHAR(30);
```

한편 테이블 제약은 ALTER TABLE의 DROP 하부명령으로 삭제할 수 있습니다. 삭제할 때는 제약명을 지정합니다(mysql은 [예제 6-13]처럼 삭제).

pkey_sample631 제약 삭제하기

```
ALTER TABLE sample631 DROP CONSTRAINT pkey_sample631;
```

단, 기본키는 테이블당 하나만 설정할 수 있기 때문에 [예제 6-13]처럼 굳이 제약명을 지정하지 않고도 삭제할 수 있습니다.

기본키 제약 삭제하기

```
ALTER TABLE sample631 DROP PRIMARY KEY;
```

4. 기본키

CREATE TABLE, ALTER TABLE을 통해 제약의 정의, 추가, 삭제에 관해 알아보았습니다. NOT NULL 제약은 열 제약이며, 기본키 제약이 테이블 제약이라는 것도 알았습니다. 이때 NOT NULL 제약을 설정하려면 대상 열에는 NULL 값이 존재하지 않아야 합니다. 그렇다면 기본키 제약을 설정하기 위해서는 테이블은 어떤 조건을 만족해야 할까요?

지금부터 구체적인 예를 들어가면서 기본키 제약의 개념에 관해 설명하겠습니다. 먼저 CREATE TABLE로 예제 테이블을 작성합니다.

예제 6-14 sample634 테이블 작성하기

```
CREATE TABLE sample634(
    p INTEGER NOT NULL,
    a VARCHAR(30),
    CONSTRAINT pkey_sample634 PRIMARY KEY(p)
);
```

열 p가 sample634 테이블의 기본키입니다. 덧붙이자면 기본키로 지정할 열은 NOT NULL 제약이 설정되어 있어야 합니다.

데이터베이스에는 열쇠를 뜻하는 '키(key)'라는 단어가 자주 나옵니다. '검색키'와 같이 '○○키'의 형태로 쓰이는 경우가 많습니다. 이때 검색키는 검색할 때의 키워드라고 하면 이해하기 쉬울 겁니다. 즉, 대량의 데이터에서 원하는 데이터를 찾아낼 때 키가 되는 요소를 지정해 검색하는 것입니다.

기본키는 테이블의 행 한 개를 특정할 수 있는 검색키입니다. 기본키 제약이 설정된 테이블에서는 기본키로 검색했을 때 복수의 행이 일치하는 데이터를 작성할 수 없습니다. 간단히 말하면, 기본키로 설정된 열이 중복하는 데이터 값을 가지면 제약에 위반됩니다.

그럼 예제 테이블에 행을 추가해가면서 살펴보겠습니다.

sample634에 행 추가하기

```
INSERT INTO sample634 VALUES (1, '첫째줄');
INSERT INTO sample634 VALUES (2, '둘째줄');
INSERT INTO sample634 VALUES (3, '셋째줄');
```

INSERT를 사용해 sample634에 세 개의 행을 추가하였습니다. 이때 p 열의 값이 각각 1, 2, 3으로 중복하지 않습니다. 그럼 [예제 6-16]처럼 이미 존재하는 값인 2로 다시 한 번 행을 추가해보면 어떨까요? 이 INSERT 명령은 기본키 제약에 위반되어 행을 추가할 수 없습니다. p 열의 값이 중복되기 때문입니다. 그 결과 '기본키 제약에 위반된다'는 내용의 에러가 표시됩니다.

예제 6-16 **sample634에 중복하는 행 추가하기**

```
INSERT INTO sample634 VALUES (2, '넷째줄');

ERROR 1062 (23000): Duplicate entry '2' for key 'PRIMARY'
```

한편 UPDATE 명령을 실행할 때도 제약을 위반하는 값이 없는지 검사합니다. [예제 6-17]과 같은 UPDATE 명령 역시 제약에 위반되므로 실행되지 않습니다. p가 3인 행을 2로 갱신하는 데 성공한다면 p = 2인 열이 두 개나 존재해 버리기 때문입니다.

예제 6-17 **sample634을 중복된 값으로 갱신하기**

```
UPDATE sample634 SET p=2 WHERE p=3;

ERROR 1062 (23000): Duplicate entry '2' for key 'PRIMARY'
```

이처럼 열을 기본키로 지정해 유일한 값을 가지도록 하는 구조가 바로 **기본키 제약**입니다. 행이 유일성을 필요로 한다는 다른 의미에서 '유일성 제약'이라 불리는 경우도 있습니다.

– 복수의 열로 기본키 구성하기

기본키 제약에는 이를 구성할 열 지정이 필요합니다. 이때 지정된 열은 NOT NULL 제약이 설정되어 있어야 합니다. 즉, 기본키로는 NULL 값이 허용되지 않습니다.

또한 기본키를 구성하는 열은 복수라도 상관없습니다. 복수의 열을 기본키로 지정했을 경우, 키를 구성하는 모든 열을 사용해서 중복하는 값이 있는지 없는지를 검사합니다.

예를 들어 a 열과 b 열로 기본키를 지정했을 경우를 생각해봅시다. 다음과 같이 a 열만을 봤을 때는 중복하는 값이 있지만, b 열이 다르면 키 전체로서는 중복하지 않는다고 간주되기 때문에 기본키 제약에 위반되지 않습니다. 만약 이 상태에서 키가 완전히 동일한 데이터값으로 INSERT 명령을 실행하면 기본키 제약에 위반됩니다

예제 6-18 | **a 열과 b 열로 이루어진 기본키**

```
SELECT a, b FROM sample635;
```

a	b
1	1
1	2
1	3
2	1
2	2

인덱스 구조

'색인'이라고도 불리는 인덱스는 데이터베이스 객체 중 하나입니다. 이 절에서는 인덱스란 무엇이며 그 역할과 구조는 어떻게 이루어지는지 알아보겠습니다.

그림 **6-6** 인덱스

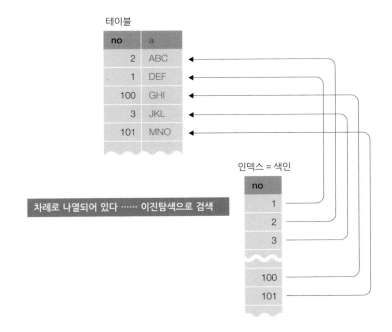

테이블에는 인덱스를 작성할 수 있습니다. 인덱스를 지정하면 어떤 효과가 있는지, 또한 그러한 효과를 얻을 수 있는 이유는 무엇인지에 관해 설명하겠습니다.

1. 인덱스

인덱스는 테이블에 붙여진 **색인**이라 할 수 있습니다. 인덱스의 역할은 검색속도의 향상입니다. 여기서 '검색'이란 SELECT 명령에 WHERE 구로 조건을 지정하고 그에 일치하는 행을 찾는 일련의 과정을 말합니다. 검색은 탐색이라고도 불립니다. 테이블에 인덱스가 지정되어 있으면 효율적으로 검색할 수 있으므로 WHERE로 조건이 지정된 SELECT 명령의 처리 속도가 향상됩니다.

이 책의 목차나 색인 역시 인덱스라고 생각하면 좀더 이해하기 쉬울 겁니다. 책 안에 있는 특정한 부분을 찾고 싶은 경우, 본문을 처음부터 읽어나가기보다 목차나 색인을 참고해서 찾는 편이 효율적입니다. 인덱스가 바로 이런 역할을 합니다.

인덱스의 구조도 목차나 색인과 비슷합니다. 목차나 색인에 제목·키워드별 페이지 번호가 적혀있듯, 데이터베이스의 인덱스에는 검색 시에 쓰이는 키워드와 대응하는 데이터 행의 장소가 저장되어 있습니다.

그림 6-7 테이블과 인덱스

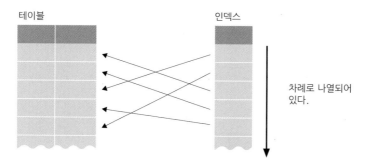

인덱스는 테이블과는 별개로 독립된 데이터베이스 객체로 작성됩니다. 하지만 인덱스만으로는 아무런 의미가 없습니다. 목차밖에 없는 책은 본 적이 없는 것처럼, 인덱스는 테이블에 의존하는 객체라 할 수 있습니다. 대부분의 데이터베이스에서는 테이블을 삭제하면 인덱스도 같이 삭제됩니다.

2. 검색에 사용하는 알고리즘

지금부터 인덱스를 사용하면 효율적으로 검색할 수 있는 이유를 설명하겠습니다.

대량의 데이터를 효율적으로 검색하는 방법에 관해서는 예전부터 여러 가지로 연구되어 왔습니다. 데이터 탐색이라든가 검색 알고리즘 등이 그에 해당합니다. 데이터베이스의 인덱스에 쓰이는 대표적인 검색 알고리즘으로는 **'이진 트리 (binary tree)'**가 있으며, 그 다음으로 '해시'가 유명합니다.

이 책에서는 이진 트리의 구조를 간단히 설명하겠습니다. 이진 트리는 정확히 말하면 탐색 방법이라기보다 데이터 구조에 가깝습니다. 탐색 방법으로 말하자면 **'이진탐색(binary search)'**이 됩니다. 이때 이진탐색에서 검색하기 쉬운 구조로 한 것이 이진 트리입니다.

– 풀 테이블 스캔(full table scan)

인덱스가 지정되지 않은 테이블을 검색할 때는 풀 테이블 스캔이라 불리는 검색 방법을 사용합니다. 처리방법은 단순한데, 테이블에 저장된 모든 값을 처음부터 차례로 조사해나가는 것입니다. 아주 단순한 검색방법으로, 행이 1,000건 있다면 최대 1,000번 값을 비교합니다.

– 이진 탐색(binary search)

이진 탐색은 차례로 나열된 집합에 대해 유효한 검색 방법입니다. 처음부터 순서대로 조사하는 것이 아니고 집합을 반으로 나누어 조사하는 검색방법입니다.

구체적으로 설명하겠습니다. [그림 6-8]과 같이 차례로 나열된 수치의 집합에서 '30'을 검색한다고 합시다. 열 이름을 no라고 하고 WHERE no = 30과 같은 조건을 지정한 상태라고 하겠습니다.

그림 **6-8** 이진 탐색 1

이 집합에는 전부 15개의 수치 데이터가 있습니다. 그림에서는 가로로 늘어놓았습니다만 실제로는 테이블의 행과 같이 세로로 나열되어 있다고 생각해 주세요. 이 집합에서 30의 위치를 찾으려 합니다. 이전 탐색에서는 집합의 가운데에서부터 조사하기 시작합니다. 가운데 값은 20입니다.

그림 **6-9** 이진 탐색 2

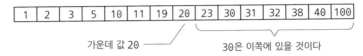

지금 검색하려고 하는 30이라는 값은 20보다 큽니다. 수치는 정렬되어 있으므로 가운데를 기준으로 오른쪽에 있을 겁니다. 그 오른쪽 부분에서 다시 가운데를 기준으로 잡아 조사합니다.

그림 **6-10** 이진 탐색 3

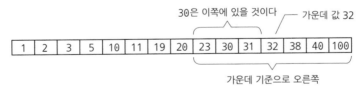

오른쪽의 가운데 값은 32입니다. 30 < 32이므로 이번에는 왼쪽에 원하는 수치가 있을 겁니다.

그림 **6-11** 이진 탐색 4

마침내 30을 찾았습니다. 이번 경우에는 총 세 번 비교해 목표를 찾을 수 있었습니다. 만약 풀 테이블 스캔으로 했다면 열 번 비교해야 했겠지만, 이진 탐색이라면 3회로 끝나기 때문에 더 효율적입니다.

사실 지금 사례는 데이터수가 15개에 불과해 풀 테이블 스캔이나 이진 탐색이나 크게 차이가 없을 수 있습니다. 하지만 실제 데이터베이스에는 수만, 수천만 건의 행이 있습니다. 풀 테이블 스캔을 한다면 데이터 수에 비례해 비교횟수도 늘어납니다. 그에 비해 이진 탐색은 데이터 수가 배가 되어도 비교 횟수는 1회밖에 늘어나지 않습니다. 이런 점에서 이진 탐색이 우위에 있는 것입니다.

Point ▶ 대량의 데이터를 검색할 때는 이진 탐색이 빠르다!

– 이진 트리(binary tree)
이진 탐색은 고속으로 검색할 수 있는 탐색 방법이지만 데이터가 미리 정렬되어 있어야 합니다. 하지만 테이블 내의 행을 언제나 정렬된 상태로 두는 것은 힘든 작업입니다.

일반적으로는 테이블에 인덱스를 작성하면 테이블 데이터와 별개로 인덱스용 데이터가 저장장치에 만들어집니다. 이때 이진 트리라는 데이터 구조로 작성됩니다. 이진 트리 구조는 [그림 6-12]와 같습니다.

그림 **6-12** 이진 트리

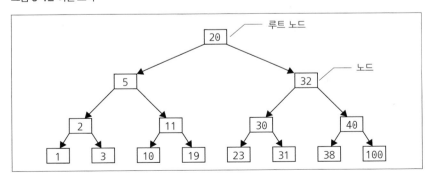

이진 탐색의 예로 사용했던 집합을 그대로 이진 트리로 해보았습니다. 트리는 노드(node)라는 요소로 구성됩니다. 각 노드는 두 개의 가지로 나뉩니다. 노드의 왼쪽 가지는 작은 값으로, 오른쪽 가지는 큰 값으로 나뉘어져 있습니다. 두 개의 가지로 분기하는 구조라서 '이진 트리'라 불리는 것입니다.

검색은 이진 트리의 가지를 더듬어 가면서 행해집니다. 그럼 10이라는 값을 검색해 보도록 하겠습니다. 이진 탐색에서는 가운데 값부터 검색하기 시작했습니다. 하지만 이진 트리의 경우에는 트리의 루트 노드부터 시작합니다. 루트 노드는 트리의 맨 위에 있습니다. 20이라는 값으로 된 루트 노드부터 검색을 시작합니다.

검색의 진행 방법은 이진 탐색과 거의 비슷합니다. 원하는 수치와 비교해서 더 크면 오른쪽 가지를, 작으면 왼쪽의 가지를 조사해 나갑니다. 이진 탐색의 경우는 오른쪽의 가운데, 왼쪽의 가운데 값을 계산해야 하지만, 이진 트리에서는 구조 자체가 검색하기 쉬우므로 가지를 따라 이동하기만 하면 됩니다. 20 > 10이기 때문에 우선은 왼쪽 가지로 이동합니다.

그림 **6-13** 이진 트리로 검색 1

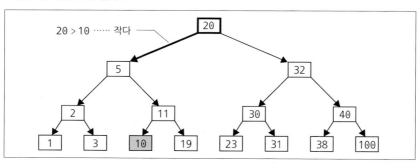

다음은 5입니다. 5 < 10이므로 이번에는 오른쪽 가지로 이동합니다.

그림 6-14 이진 트리로 검색 2

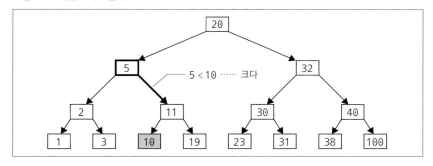

11 > 10이므로 이번에는 왼쪽으로 갑니다.

그림 6-15 이진 트리로 검색 3

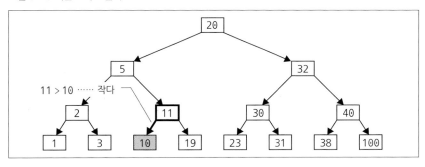

마침내 10을 찾았습니다.

3. 유일성

이진 트리의 구조를 살피다 보면, 같은 값을 가지는 노드가 여러 개 있을 때의 결과에 대한 의문이 생길 수 있습니다. 사실 이진 트리에서는 집합 내에 중복하는 값을 가질 수 없습니다. 즉, 노드의 가지는 큰 쪽과 작은 쪽의 두 가지로 나뉘며, 같은 값을 허용하기 위해서는 '같은'이라는 제 3의 가지를 가질 필요가 있습니다.

그림 6-16 제3의 가지

그림 **6-16** 제 3의 가지

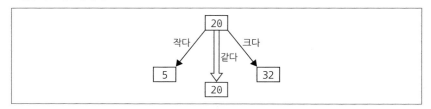

하지만, 이진 트리에서 '같은 값을 가지는 노드를 여러 개 만들 수 없다'라는 특성은 키에 대하여 유일성을 가지게 할 경우에만 유용합니다. 그래서 기본키 제약은 이진 트리로 인덱스를 작성하는 데이터베이스가 많은 것 같습니다.

Point ▶ **이진 트리에는 중복하는 값을 등록할 수 없다!**

인덱스 작성과 삭제

인덱스가 어떤 역할을 하는 객체인지 알아보았습니다. 29강에서는 실제로 테이블에 인덱스를 작성하는 방법에 대해서 설명하겠습니다.

SYNTAX 인덱스 작성, 삭제

```
CREATE INDEX
DROP INDEX
```

그림 **6-17** 인덱스 작성, 삭제

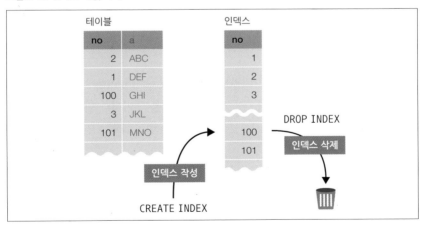

인덱스는 데이터베이스 객체의 하나로 DDL을 사용해서 작성하거나 삭제합니다. 표준 SQL에는 CREATE INDEX 명령은 없습니다. 인덱스 자체가 데이터베이스 제품에 의존하는 선택적인 항목으로 취급됩니다. 하지만 대표적인 데이터베이스 제품에는 모두 인덱스 구조가 도입되어 있으며, 모두 비슷한 관리 방법으로 인덱스를 다룰 수 있습니다.

1. 인덱스 작성

인덱스는 **CREATE INDEX 명령**으로 만듭니다. 인덱스에 이름을 붙여 관리하는데, 데이터베이스 객체가 될지 테이블의 열처럼 취급될지는 데이터베이스 제품에 따라 다릅니다. Oracle이나 DB2 등에서 인덱스는 스키마 객체가 됩니다. 따라서 스키마 내에 이름이 중복하지 않도록 지정해 관리합니다. 한편 SQL Server나 MySQL에서 인덱스는 테이블 내의 객체가 됩니다. 따라서 테이블 내에 이름이 중복되지 않도록 지정해 관리합니다.

인덱스를 작성할 때는 해당 인덱스가 어느 테이블의 어느 열에 관한 것인지 지정할 필요가 있습니다. 이때 열은 복수로도 지정할 수 있습니다. 인덱스의 네임스페이스가 데이터베이스 제품마다 다르다는 점만 주의하면 문법은 그렇게 어렵지 않습니다.

SYNTAX **CREATE INDEX**

CREATE INDEX 인덱스명 ON 테이블명 (열명1, 열명2, …)

[예제 6-19]에서는 sample62 테이블의 no 열에 isample65라는 인덱스를 지정합니다. 인덱스를 작성할 때는 저장장치에 색인용 데이터가 만들어집니다. 테이블 크기에 따라 인덱스 작성시간도 달라지는데, 행이 대량으로 존재하면 시간도 많이 걸리고 저장공간도 많이 소비합니다.

예제 6-19 인덱스 작성하기

```
CREATE INDEX isample65 ON sample62(no);
```

---

2. 인덱스 삭제

인덱스는 **DROP INDEX 명령**으로 삭제합니다. DROP 할 때는 다른 객체와 동일하게 인덱스 이름만 지정하면 됩니다. 다만 테이블 내 객체로서 작성하는 경우에는 테이블 이름도 지정합니다(이때 인덱스를 구성하는 열은 지정할 필요가 없습니다).

SYNTAX **DROP INDEX(스키마 객체의 경우)**

DROP INDEX 인덱스명

SYNTAX **DROP INDEX(테이블 내 객체의 경우)**

DROP INDEX 인덱스명 ON 테이블명

인덱스는 테이블에 의존하는 객체입니다. DROP TABLE로 테이블을 삭제하면 테이블에 작성된 인덱스도 자동으로 삭제됩니다. 인덱스만 삭제하는 경우에는 DROP INDEX를 사용합니다. 그럼, 앞에서 미리 작성해 둔 인덱스를 삭제해보겠습니다.

예제 6-20 **인덱스 삭제하기**

```
DROP INDEX isample65 ON sample62;
```

인덱스를 작성해두면 검색이 빨라집니다. 작성한 인덱스의 열을 WHERE 구로 조건을 지정하여 SELECT 명령으로 검색하면 처리속도가 향상됩니다. 하지만 모든 SELECT 명령에 적용되는 만능 인덱스는 작성할 수 없습니다. 한편, INSERT 명령의 경우에는 인덱스를 최신 상태로 갱신하는 처리가 늘어나므로 처리속도가 조금 떨어집니다.

SELECT 명령에서의 인덱스 사용에 관해 조금 더 설명하겠습니다. 먼저 다음과 같은 명령으로 인덱스를 작성했다고 가정합니다.

```
CREATE INDEX isample65 ON sample62(a);
```

WHERE 구에 a 열에 대한 조건식을 지정한 경우 SELECT 명령은 인덱스를 사용해 빠르게 검색할 수 있습니다. 예를 들면 다음과 같은 SELECT 명령이 됩니다. 그러나 WHERE 구의 조건식에 a 열이 전혀 사용되지 않으면 SELECT 명령은 isample62라는 인덱스를 사용할 수 없습니다.

```
SELECT * FROM sample62 WHERE a = 'a';
```

3. EXPLAIN

인덱스 작성을 통해 쿼리의 성능 향상을 기대할 수 있습니다. 이때 실제로 인덱스를 사용해 검색하는지를 확인하려면 **EXPLAIN 명령**을 사용합니다.

SYNTAX **EXPLAIN**
EXPLAIN SQL명령

EXPLAIN 명령의 문법은 간단합니다. EXPLAIN에 뒤이어 확인하고 싶은 SELECT 명령 등의 SQL 명령을 지정하면 됩니다. 다만 이 SQL 명령은 실제로는 실행되지 않습니다. 어떤 상태로 실행되는지를 데이터베이스가 설명해줄 뿐입니다.*

EXPLAIN은 표준 SQL에는 존재하지 않는, 데이터베이스 제품 의존형 명령입니다. 하지만 어떤 데이터베이스 제품이라도 이와 비슷한 명령을 지원합니다.

예제 6-21 **EXPLAIN으로 인덱스 사용 확인하기 1 (MySQL)**

```
EXPLAIN SELECT * FROM sample62 WHERE a = 'a';
```

id	select_type	table	type	possible_keys	key
1	SIMPLE	sample62	ref	isample65	isample65

---

* 역자주_ MySQL의 경우 상황에 따라 다르지만 필요한 정보를 얻기 위해 SQL 명령의 일부분을 실제로 실행하는 경우도 있습니다.

sample62의 a 열에는 isample65이라는 인덱스가 작성되어 있습니다. EXPLAIN의 뒤를 잇는 SELECT 명령은 a 열의 값을 참조해 검색하므로 isample65을 사용해 검색합니다(possible_keys 라는 곳에 사용될 수 있는 인덱스가 표시되며, key는 사용된 인덱스가 표시됩니다).

그럼, WHERE 조건을 바꾸면 어떻게 변하는지 알아보겠습니다. a 열을 사용하지 않도록 조건을 변경하면 인덱스를 사용할 수 없을 것입니다.

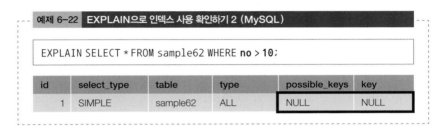

예제 6-22	EXPLAIN으로 인덱스 사용 확인하기 2 (MySQL)					

```
EXPLAIN SELECT * FROM sample62 WHERE no > 10;
```

id	select_type	table	type	possible_keys	key
1	SIMPLE	sample62	ALL	NULL	NULL

possible_keys와 key가 NULL이 되었습니다.

4. 최적화

SELECT 명령을 실행할 때 인덱스의 사용 여부를 선택한다는 것을 알았습니다. 이는 데이터베이스 내부의 최적화에 의해 처리되는 부분입니다. 내부 처리에서는 SELECT 명령을 실행하기에 앞서 **실행계획**을 세웁니다. 실행계획에서는 '인덱스가 지정된 열이 WHERE 조건으로 지정되어 있으니 인덱스를 사용하자'와 같은 처리가 이루어집니다. EXPLAIN 명령은 이 실행계획을 확인하는 명령입니다.

실행계획에서는 인덱스의 유무뿐만 아니라 인덱스를 사용할 것인지 여부에 대해서도 데이터베이스 내부의 최적화 처리를 통해 판단합니다. 이때 판단 기준으로 인덱스의 품질도 고려합니다. 예를 들어 '예' 또는 '아니오'라는 값만 가지는 열이 있다면, 해당 열에 인덱스를 지정해도 다음과 같은 이진트리가 되어 좋은 구조를 가지지 못합니다.

그림 6-18 '예' 또는 '아니요'로 구성된 이진 트리

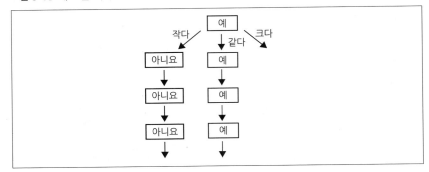

이는 단순한 리스트와 별다른 차이가 없는 구조로, 이진탐색에 의한 효율화를 기대할 수 없습니다. 물론 '예' 또는 '아니오'는 극단적인 사례입니다만 데이터의 종류가 적으면 적을수록 인덱스의 효율도 떨어집니다. 반대로 서로 다른 값으로 여러 종류의 데이터가 존재하면 그만큼 효율은 좋아집니다. 이렇게 인덱스의 품질을 고려해 실행계획이 세워지는 것입니다.

뷰 작성과 삭제

뷰는 테이블과 같은 부류의 데이터베이스 객체 중 하나입니다. 여기에서는 뷰를 정의하고, 작성 및 삭제하는 방법에 대해서 알아보겠습니다.

SYNTAX	뷰의 작성 및 삭제
CREATE VIEW 뷰명 AS SELECT명령	
DROP VIEW 뷰명	

그림 **6-19** 뷰의 작성 및 삭제

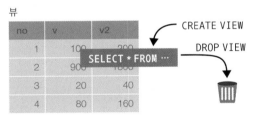

앞서 5장에서 서브쿼리에 관해 배웠습니다. 이때 서브쿼리는 FROM 구에서도 기술할 수 있었습니다. 여기서 FROM 구에 기술된 서브쿼리에 이름을 붙이고 데이터베이스 객체화하여 쓰기 쉽게 한 것을 뷰라고 합니다.

지금부터는 뷰의 작성 및 삭제 방법, 그리고 뷰의 구조에 관해 설명하겠습니다. 나아가 뷰의 구조상 약점과 그 회피 방법에 대해서도 간단하게 소개하겠습니다.

1. 뷰

데이터베이스 객체란 테이블이나 인덱스 등 데이터베이스 안에 정의하는 모든 것을 말합니다. 뷰 역시 데이터베이스 객체 중 하나입니다. 반면 SELECT 명령은 객체가 아닙니다. SELECT 명령에 이름을 지정할 수도 없고 데이터베이스에 등록되지도 않기 때문입니다.

이처럼 본래 데이터베이스 객체로 등록할 수 없는 SELECT 명령을, 객체로서 이름을 붙여 관리할 수 있도록 한 것이 뷰입니다. SELECT 명령은 실행했을 때 테이블에 저장된 데이터를 결괏값으로 반환합니다. 따라서 뷰를 참조하면 그에 정의된 SELECT 명령의 실행결과를 테이블처럼 사용할 수 있습니다.

그림 **6-20** 뷰

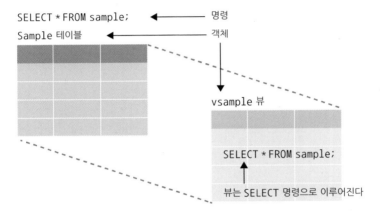

Point ► **뷰는 SELECT 명령을 기록하는 데이터베이스 객체다!**

FROM 구에는 서브쿼리를 사용할 수 있었습니다. 예를 들면 다음과 같은 SELECT 명령입니다.

```
SELECT * FROM (SELECT * FROM sample54) sq;
```

앞의 예에서 서브쿼리 부분을 '뷰 객체'로 만들면 다음과 같은 SELECT 명령이 됩니다.

```
SELECT * FROM sample_view_67;
```

sample_view_67은 뷰의 이름입니다. 뷰를 정의할 때는 이름과 SELECT 명령을 지정합니다. 뷰를 만든 후에는 SELECT 명령에서 뷰의 이름을 지정하면 참조할 수 있습니다.

앞선 예제에서는 서브쿼리 부분이 단순한 SELECT 명령으로 되어 있지만, 실제 업무에서는 WHERE 구로 조건을 지정하거나 GROUP BY 구로 집계하는 등 좀 더 복잡한 명령으로 이루어지는 경우가 많습니다. 이런 경우 서브쿼리 부분을 뷰로 대체하여 SELECT 명령을 간략하게 표현할 수 있습니다. 또한 뷰를 사용함으로써 복잡한 SELECT 명령을 데이터베이스에 등록해 두었다가 나중에 간단히 실행할 수도 있습니다. 즉, 자주 사용하거나 복잡한 SELECT 명령을 뷰로 만들어 편리하게 사용할 수 있는 것입니다.

Point▶ 뷰를 작성하는 것으로 복잡한 SELECT 명령을 간략하게 표현할 수 있다!

– 가상 테이블

뷰는 테이블처럼 취급할 수 있지만 '실체가 존재하지 않는다'라는 의미로 **'가상 테이블'**이라 불리기도 합니다. SELECT 명령으로 이루어지는 뷰는 테이블처럼 데이터를 쓰거나 지울 수 있는 저장공간을 가지지 않습니다. 이 때문에 테이블처럼 취급할 수 있다고는 해도 'SELECT 명령에서만 사용'하는 것을 권장합니다. INSERT나 UPDATE, DELETE 명령에서도 조건이 맞으면 가능하지만 사용에 주의할 필요가 있습니다.

2. 뷰 작성과 삭제

뷰는 데이터베이스 객체이기 때문에 DDL로 작성하거나 삭제합니다. 작성할 때는 **CREATE VIEW**를, 삭제할 때는 **DROP VIEW**를 사용합니다.

– 뷰의 작성

> **SYNTAX** **CREATE VIEW**
>
> CREATE VIEW 뷰명 AS SELECT 명령

CREATE VIEW 다음에 뷰의 이름을 지정하고, AS로 SELECT 명령을 지정합니다. CREATE VIEW의 AS 키워드는 별명을 붙일 때 사용하는 AS와는 달리 생략할 수 없습니다.

> **예제 6–23** **뷰 작성하기**
>
> ```
> CREATE VIEW sample_view_67 AS SELECT * FROM sample54;
>
> SELECT * FROM sample_view_67;
> ```

CREATE VIEW로 뷰를 작성한 뒤 SELECT 명령의 FROM 구에 지정해 사용할 수 있습니다. 뷰는 필요에 따라 열을 지정할 수도 있는데, 이 경우에는 이름 뒤에 괄호로 묶어 열을 나열합니다.

> **SYNTAX** **CREATE VIEW에서 열 지정하기**
>
> CREATE VIEW 뷰명 (열명1, 열명2, ...) AS SELECT 명령

뷰의 열 지정을 생략한 경우에는 SELECT 명령의 SELECT 구에서 지정하는 열 정보가 수집되어 자동적으로 뷰의 열로 지정됩니다. 반대로 열을 지정한 경우에는 SELECT 명령의 SELECT 구에 지정한 열보다 우선됩니다. 다만 SELECT 명령의 SELECT 구와 같은 수의 열을 일일이 지정해야 하므로 SELECT 명령의 모든 열을 사용할 경우에는 열을 지정하지 않는 편이 낫습니다. 또한 열 이외에는 정의할 수 없으며, 테이블의 열을 정의할 때처럼 자료형이나 제약도 지정할 수 없습니다.

```
CREATE VIEW sample_view_672(n, v, v2) AS
    SELECT no, a, a*2 FROM sample54;
SELECT * FROM sample_view _672 WHERE n = 1;
```

- 뷰 삭제

뷰를 삭제할 경우에는 DROP VIEW를 사용합니다. 일단 뷰를 삭제하면 더 이상 뷰를 참조하여 사용할 수 없습니다.

SYNTAX　DROP VIEW

DROP VIEW 뷰명

```
DROP VIEW sample_view_67;
```

3. 뷰의 약점

뷰는 데이터베이스 객체로서 저장장치에 저장됩니다. 하지만 테이블과 달리 대량의 저장공간을 필요로 하지 않습니다. 데이터베이스에 저장되는 것은 SELECT 명령뿐이기 때문입니다. 다만 저장공간을 소비하지 않는 대신 CPU 자원을 사용합니다.

SELECT 명령은 데이터베이스의 테이블에서 행을 검색해 클라이언트로 반환하는 명령입니다. 검색뿐만 아니라 ORDER BY로 정렬하거나 GROUP BY로 집계할 수 있습니다. 이러한 처리는 계산능력을 필요로 하기 때문에 컴퓨터의 CPU를 사용합니다.

뷰를 참조하면 뷰에 등록되어 있는 SELECT 명령이 실행됩니다. 실행 결과는 일시적으로 보존되며, 뷰를 참조할 때마다 SELECT 명령이 실행됩니다.

그림 6-21 뷰의 구조

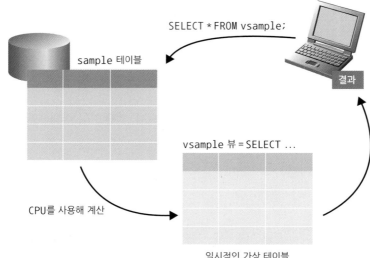

SELECT * FROM vsample;

sample 테이블

결과

vsample 뷰 = SELECT ...

CPU를 사용해 계산

일시적인 가상 테이블

– 머티리얼라이즈드 뷰(Materialized View)

뷰에도 약점은 있습니다. 뷰의 근원이 되는 테이블에 보관하는 데이터양이 많은 경우, 집계처리를 할 때도 뷰가 사용된다면 처리속도가 많이 떨어질 수밖에 없습니다. 뷰를 중첩해서 사용하는 경우에도 처리 속도가 떨어지기 쉽습니다.

이 같은 상황을 회피하기 위해 사용할 수 있는 것이 머티리얼라이즈드 뷰입니다. 일반적으로 뷰는 데이터를 일시적으로 저장했다가 쿼리가 실행 종료될 때 함께 삭제됩니다. 그에 비해 머티리얼라이즈드 뷰는 데이터를 일시적으로 저장해 사용하는 것이 아니라 테이블처럼 저장장치에 저장해두고 사용합니다.

머티리얼라이즈드 뷰는 처음 참조되었을 때 데이터를 저장해둡니다. 이후 다시 참조할 때 이전에 저장해 두었던 데이터를 그대로 사용합니다. 일반적인 뷰처럼 매번 SELECT 명령을 실행할 필요가 없습니다. 다만 뷰에 지정된 테이블의 데이터가 변경된 경우에는 SELECT 명령을 재실행하여 데이터를 다시 저장합니다. 이처럼 변경 유무를 확인하여 재실행하는 것은 RDBMS가 자동으로 실행합니다.

그림 6-22 머티리얼라이즈드 뷰의 구조

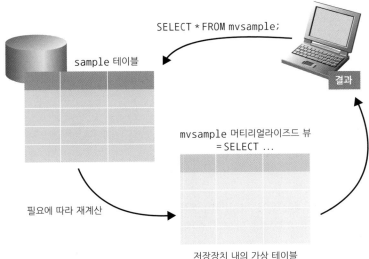

뷰에 지정된 테이블의 데이터가 자주 변경되지 않는 경우라면 머티리얼라이즈드 뷰를 사용하여 뷰의 약점을 어느 정도 보완할 수 있습니다. 다만, 한 가지 아쉬운 점이 있다면 MySQL에서는 머티리얼라이즈드 뷰를 사용할 수 없습니다. 지금으로서는 Oracle과 DB2에서만 사용할 수 있는 데이터베이스 객체입니다.

– 함수 테이블

뷰는 또 하나의 약점을 가집니다. 뷰를 구성하는 SELECT 명령은 단독으로도 실행할 수 있어야 합니다. 상관 서브쿼리에서 언급한 것처럼, 부모 쿼리와 어떤 식으로든 연관된 서브쿼리의 경우에는 뷰의 SELECT 명령으로 사용할 수 없습니다. 대신 이 같은 뷰의 약점을 함수 테이블을 사용하여 회피할 수 있습니다. 함수 테이블은 테이블을 결괏값으로 반환해주는 사용자정의 함수입니다. 함수에는 인수를 지정할 수 있기 때문에 인수의 값에 따라 WHERE 조건을 붙여 결괏값을 바꿀 수 있습니다. 그에 따라 상관 서브쿼리처럼 동작할 수 있습니다.

마치며

6장에서는 테이블, 인덱스, 뷰 등의 객체를 관리하는 방법에 관해 알아보았습니다.

– 스키마와 객체

데이터베이스 객체는 스키마라 불리는 네임스페이스 안에 작성합니다. 객체에는 이름을 붙일 수 있으며 DDL 명령으로 관리합니다.

– 테이블

테이블은 데이터베이스에서 기본이 되는 객체입니다. 테이블은 CREATE TABLE 명령으로 작성하고 DROP TABLE 명령으로 삭제합니다.

– 제약

제약은 테이블에 지정하는 것으로 저장할 데이터를 제한할 수 있으며 데이터베이스에 저장되는 데이터의 정합성을 유지할 수 있게 도와줍니다.

– 인덱스

인덱스는 테이블의 행에 지정하는 색인입니다. CREATE INDEX 명령으로 작성하고 DROP INDEX 명령으로 삭제합니다.

– 뷰

뷰는 SELECT 명령으로 구성된 객체입니다. 실체는 없습니다만 테이블처럼 취급할 수 있는 객체입니다. CREATE VIEW 명령으로 작성하고 DROP VIEW 명령으로 삭제합니다.

연습문제

- 문제 1

테이블을 작성할 때 사용하는 명령은 무엇입니까?

① ALTER TABLE

② CREATE TABLE

③ CREATE VIEW

- 문제 2

저장장치의 저장공간을 거의 사용하지 않는 객체는 무엇입니까?

① 테이블

② 인덱스

③ 뷰

- 문제 3

인덱스를 사용하면 어떤 효과를 얻을 수 있습니까?

① 쿼리의 성능 향상

② 데이터의 정합성

③ 데이터베이스의 용량 절약

복수의 테이블 다루기

7장에서는 다음과 같은 내용을 학습합니다.

- 집합 연산
- 곱집합과 교차결합
- 내부결합
- 외부결합
- 서브쿼리
- 관계형 모델

31강

집합 연산

지금까지 배운 SQL 명령은 대부분 '하나의 테이블'을 사용하는 것이었습니다. 지금부터는 '복수의 테이블'을 사용해 데이터를 검색하는 방법에 관해 알아보겠습니다.

그림 **7-1** 복수의 테이블 다루기

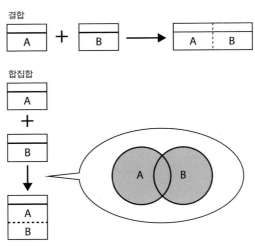

RDBMS의 창시자인 에드거 커드^{Edgar F. Codd}는 **관계형 모델**을 고안한 인물이기도 합니다. 관계형 모델을 채택한 데이터베이스를 관계형 데이터베이스라 부릅니다.

관계형 모델에서의 관계형은 수학 집합론의 관계형 이론에서 유래했습니다. 집합론이라고 거창하게 말하지만 실질적으로는 데이터베이스의 데이터를 집합으로 간주해 다루기 쉽게 하자는 것에 지나지 않습니다. 뜻을 잘 기억해 두면 이해하기 쉬워집니다. 그럼 차근차근 배워나가도록 합시다.

1. SQL과 집합

집합이라 하면 AND와 OR를 설명할 때 등장했던 '벤 다이어그램'을 떠올리는 분이 많을 겁니다. 집합을 설명할 때는 이러한 벤 다이어그램을 이용하기도 합니다.

그림 **7-2** 벤 다이어그램(좌)과 데이터베이스 집합(우)

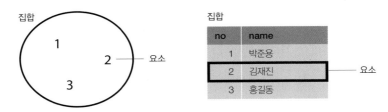

벤 다이어그램에서는 하나의 원이 곧 하나의 집합입니다. 원 안에는 몇 가지 요소가 포함되는데, [그림 7-2]에서는 원 안에 적혀있는 숫자가 요소에 해당합니다. 한편 데이터베이스에서는 테이블의 행이 요소에 해당합니다. 행은 여러 개의 열로 구성되는 경우도 있으므로, 수치 상으로는 복수의 값이 존재합니다. 하지만 집합의 요소라는 측면에서 보면 하나의 행이 곧 하나의 요소가 됩니다.

SELECT 명령을 실행하면 데이터베이스에 질의하며 그 결과 몇 개의 행이 반환됩니다. 이때 반환된 결과 전체를 하나의 집합이라고 생각하시면 됩니다.

2. UNION으로 합집합 구하기

집합의 연산에는 '합집합'이라는 것이 있습니다. 이는 집합을 서로 더한 것을 말합니다.

우선 간단한 숫자를 모아놓은 집합을 이용해 설명하겠습니다. A와 B라는 두 개의 집합이 존재한다고 했을 때, A 집합에는 {1, 2, 3}이라는 세 개의 요소가, B 집합에는 {2, 10, 11}이라는 세 개의 요소가 있습니다. 그중 2라는 요소는 A에도 B

에도 모두 존재합니다.

그림 **7-3** 합집합

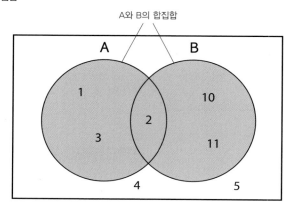

집합 A와 B의 합집합을 구하면 그 결과는 {1, 2, 3, 10, 11}이 됩니다. 벤 다이어
그램으로 설명하면 두 개의 집합을 모두 합한 부분이 합집합의 결과입니다. 이때
두 개 집합에서 겹쳐지는 부분, 즉 '요소 2'가 계산 결과로는 한 개밖에 나타나지
않는다는 점이 핵심입니다. 즉, 단순하게 서로 더하면 {1, 2, 3, 2, 10, 11}과 같
이 6개의 요소가 되지만 합집합에서는 그렇지 않습니다.

– UNION

수학에서 집합을 배우던 시절, 집합끼리 계산할 때 ∪ 또는 ∩ 기호로 표현했던
것을 기억하고 계실 겁니다. ∪은 합집합을 나타내는 기호입니다. 집합 A와 B의
합집합을 구할 경우에는 A ∪ B로 표기합니다. 한편 ∩은 교집합을 나타내는 기
호입니다. A ∩ B로 표기합니다.

그럼 SQL에서 집합을 계산할 경우의 문법에 대해 설명하겠습니다. SQL에서는
SELECT 명령의 실행 결과를 하나의 집합으로 다룰 수 있습니다. 합집합을 계산
할 경우에는 수학에서 사용하던 ∪기호 대신 UNION 키워드를 사용합니다. ∪
는 U 와 모양이 비슷해 기억하기 쉽습니다. 즉, 수학에서의 'A ∪ B'는 SQL에서
는 'A UNION B'라고 표현합니다. A나 B로 표현했지만 실제로는 SELECT 명령
입니다.

지금부터 예제 데이터를 이용해 UNION으로 합집합을 구해보겠습니다. 예제로 사용할 테이블은 sample71_a와 sample71_b로 우선은 두 개의 테이블에 저장된 데이터부터 확인해보겠습니다.

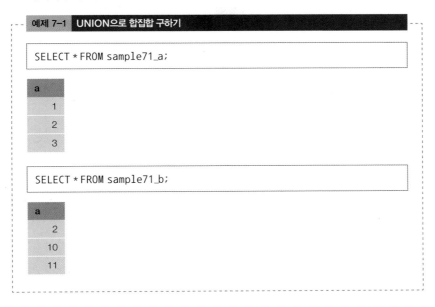

예제 7-1 UNION으로 합집합 구하기

```
SELECT * FROM sample71_a;
```

a
1
2
3

```
SELECT * FROM sample71_b;
```

a
2
10
11

테이블 상의 수치데이터는 앞에서 설명한 수학에서의 합집합 사례와 똑같이 준비했습니다. [예제 7-1]에서는 두 개의 테이블에 대해 각각 SELECT 명령을 실행하였습니다. 이번에는 SELECT 명령의 결과를 집합으로 간주하고, UNION으로 합집합을 구해보겠습니다.

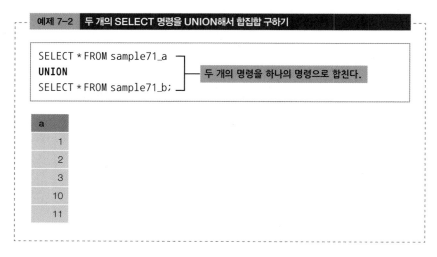

예제 7-2 두 개의 SELECT 명령을 UNION해서 합집합 구하기

```
SELECT * FROM sample71_a
UNION
SELECT * FROM sample71_b;
```

두 개의 명령을 하나의 명령으로 합친다.

a
1
2
3
10
11

이때 두 개의 SELECT 명령을 하나의 명령으로 합치는 만큼, 세미콜론(;)은 맨 나중에 붙인다는 점에 주의하기 바랍니다. 만약 sample71_a 뒤에 세미콜론을 붙이면 도중에 명령이 끝나버리므로 제대로 실행되지 않습니다.

정리하자면, 한 번의 쿼리 실행으로 두 개의 SELECT 명령이 내부적으로 실행되는 형식입니다. 이때 각 SELECT 명령의 실행결과(집합)를 합집합(UNION)으로 계산하여 최종적으로 결과를 반환합니다.

Point ▶ UNION으로 두 개의 SELECT 명령을 하나로 연계해 질의 결과를 얻을 수 있다!

UNION을 이용하면 여러 개의 SELECT 명령을 하나로 묶을 수 있습니다. 1+2+3…처럼 연속해서 더하는 것과 같은 형식입니다. 이때 각각의 SELECT 명령의 열의 내용은 서로 일치해야 합니다. 예를 들어 sample71_a와 sample71_b의 경우, 열 이름은 서로 다르지만 열 개수와 자료형이 서로 같기 때문에 일치한다고 말할 수 있습니다. 반면 다음과 같이 완전히 열 구성이 다른 테이블을 UNION으로 묶을 수는 없습니다.

```
SELECT * FROM sample71_a
UNION
SELECT * FROM sample71_b
UNION
SELECT * FROM sample31;
```

다만 전체 데이터를 반환하는 애스터리스크(*)를 쓰지 않고, 열을 따로 지정하여 각 SELECT 명령에서 집합의 요소가 될 데이터를 서로 맞춰주면 UNION으로 실행할 수 있는 쿼리가 됩니다. 예를 들면 다음과 같습니다.

```
SELECT a FROM sample71_a
UNION
SELECT b FROM sample71_b
UNION
SELECT age FROM sample31;
```

SELECT 명령들을 UNION으로 묶을 때 나열 순서는 합집합의 결과에 영향을 주지 않습니다. 따라서 다음 명령들은 결과가 모두 같습니다. 단, 결괏값의 나열 순서는 달라질 수도 있습니다. ORDER BY를 지정하지 않은 SELECT 명령은 결과가 내부처리의 상황에 따라 바뀌기 때문입니다.

```
SELECT * FROM sample71_a UNION SELECT * FROM sample71_b;
SELECT * FROM sample71_b UNION SELECT * FROM sample71_a;
```

UNION을 사용할 때에는 ORDER BY를 지정하는 방법에 주의해야 합니다. 그럼 조금 더 자세하게 알아보겠습니다.

– UNION을 사용할 때의 ORDER BY

UNION으로 SELECT 명령을 결합해 합집합을 구하는 경우, 각 SELECT 명령에 ORDER BY를 지정해 정렬할 수는 없습니다. ORDER BY를 지정할 때는 마지막 SELECT 명령에만 지정하도록 합니다.

예를 들어 다음과 같은 쿼리를 실행하면 에러가 발생합니다.

첫 번째 SELECT 명령에 ORDER BY를 지정할 수 없다.

```
SELECT a FROM sample71_a ORDER BY a
UNION
SELECT b FROM sample71_ b;
```

ORDER BY로 정렬할 수 없다는 뜻이 아닙니다. 합집합의 결과를 정렬하므로, 가장 마지막의 SELECT 명령에 ORDER BY를 지정해야 한다는 의미입니다.

마지막의 SELECT 명령에 ORDER BY를 지정한다.

```
SELECT a FROM sample71_a
UNION
SELECT b FROM sample71_b ORDER BY b;
```

하지만 이 쿼리에서도 에러가 발생합니다. ORDER BY를 지정할 수 있다고 해도 마지막의 SELECT 명령의 결과만 정렬하는 것이 아니고 합집합의 결과를 정렬하는 것이기 때문입니다. 이때 두 개의 SELECT 명령에서 열 이름이 서로 일치한다면 문제가 없겠지만 앞의 예제에서처럼 반드시 그렇다는 보장이 없습니다. 이런 경우 서로 동일하게 별명을 붙여 정렬할 수 있습니다.

```
SELECT a AS c FROM sample71_a
UNION
SELECT b AS c FROM sample71_b ORDER BY c;
```

> **Point** ▶ UNION으로 SELECT 명령을 연결하는 경우, 가장 마지막 SELECT 명령에 대해서만 ORDER BY 구를 지정할 수 있다! ORDER BY 구에 지정하는 열은 별명을 붙여 이름을 일치시킨다!

– UNION ALL

UNION은 합집합을 구하는 것이므로 두 개의 집합에서 겹치는 부분은 공통 요소가 됩니다. 예를 들어 앞에서 살펴본 sample71_a와 sample71_b 예제에서는 양쪽 모두 2가 포함되어 있었습니다. 그리고 이들을 합집합 하면 2는 하나만 존재합니다. 두 명령의 실행 결과에 DISTINCT를 걸어 중복을 제거한 것과 같다고 생각하면 이해하기 쉬울 겁니다. 수학에서 말하는 집합은 중복값이 존재하지 않는 것을 전제로 합니다. 그래서 UNION을 한 결과에도 중복값이 제거되어 있습니다.

하지만 경우에 따라서는 중복을 제거하지 않고 2개의 SELECT 명령의 결과를 그냥 합치고 싶은 때도 있을 겁니다. 이러한 경우에는 **UNION ALL**을 사용합니다.

앞에서 학습한 바에 따르면, SELECT 명령에서 중복을 제거할 때는 SELECT 구에 DISTINCT를 지정합니다. 이때 기본값은 ALL로, 명시적으로 지정하거나 생략할 수도 있었습니다. 즉, 중복을 제거하는 경우에는 DISTINCT, 중복을 제거하지 않고 모두를 반환하는 경우에는 ALL 을 지정했습니다. 한편 UNION의 경우는 기본 동작이 DISTINCT이고, 모든 결과를 얻고 싶을 때는 ALL을 추가적으로 지정합니다. 즉, DISTINCT나 ALL로 중복제거 여부를 지정할 수 있다는 점은 똑같지만, UNION의 기본동작은 ALL이 아닌 DISTINCT라는 점이 다릅니다. 또한 UNION DISTINCT라는 문법은 허용되지 않으므로 주의해주세요.

예제 7-3 　두 개의 SELECT 명령에 UNION ALL을 적용해 합집합 구하기

```
SELECT * FROM sample71_a
UNION ALL
SELECT * FROM sample71_b;
```

a
1
2
3
2
10
11

[예제 7-3]을 실행한 결과, 2라는 값을 가진 행이 중복되어 표시되었습니다. UNION ALL은 두 개의 집합을 단순하게 합치는 것입니다. UNION에서는 이미 존재하는 값인지를 검사하는 처리가 필요한 만큼, UNION ALL 쪽이 성능적으로는 유리할 경우가 있습니다. 즉, 중복값이 없는 경우에는 UNION ALL을 사용하는 편이 좋은 성능을 보여줍니다.

3. 교집합과 차집합

MySQL에서는 지원되지 않으므로 자세히 다루지는 않겠습니다만 SQL을 이용해 교집합, 차집합도 구할 수 있습니다. 교집합은 INTERSECT를, 차집합은 EXCEPT를(Oracle의 경우는 MINUS) 사용합니다.

교집합이란 두 개의 집합이 겹치는 부분을 말합니다. '공통 부분'이라 불리기도 합니다.

그림 **7-4** 교집합(공통부분)

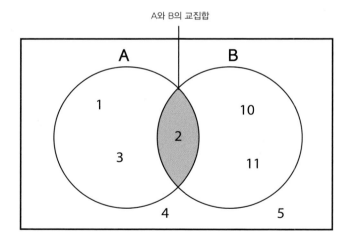

차집합은 집합에서 다른 쪽의 집합을 제거하고 남은 부분입니다. 계산 대상이 되는 두 개의 집합에 공통부분이 존재하지 않으면 차집합을 구해도 결과는 바뀌지 않습니다. 또한 완전히 같은 집합끼리 차집합을 계산하면 아무런 요소도 존재하

지 않는 공집합이 됩니다. 차집합의 결과가 공집합인지 아닌지에 따라 두 개의 집
합이 동일한지 아닌지를 알 수 있습니다.

그림 **7-5** 차집합

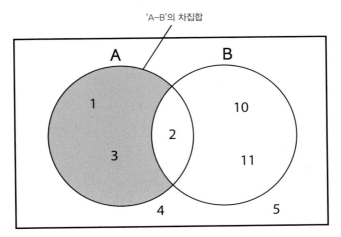

32강

테이블 결합

테이블 결합은 RDBMS에서 대단히 중요한 개념입니다. 32강에서는 테이블의 결합(join)에 대해 자세히 알아보겠습니다.

그림 **7-6** 결합

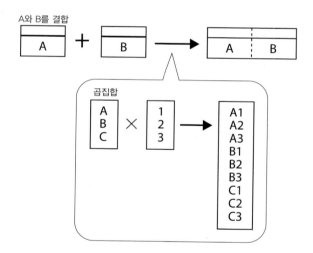

테이블의 집합 연산에서는 세로(행) 방향으로 데이터가 늘어나거나 줄어드는 계산을 했습니다. 이제부터 설명하는 결합에서는 가로(열) 방향으로 데이터가 늘어나는 계산이 됩니다.

보통 데이터베이스는 하나의 테이블에 많은 데이터를 저장하지 않고 몇 개의 테이블로 나누어 저장합니다. 이처럼 여러 개로 나뉜 데이터를 하나로 묶어 결과를

내는 방법이 테이블 결합입니다. 여기서 결합을 이해하는 동시에 기본이 되는 개념이 집합론의 '곱집합'입니다.

1. 곱집합과 교차결합

결합을 설명하기 전에 **곱집합**을 설명하겠습니다. 곱집합은 합집합이나 교집합처럼 집합의 연산 방법 중 하나입니다. 두 개의 집합을 곱하는 연산 방법으로 '적집합' 또는 '카티전곱(Cartesian product)'이라고도 불립니다. 특히 곱집합은 야구 팀들의 대전표를 짜는 것과 비슷하다고 생각하면 이해하기 쉬울 겁니다. 다음 집합을 예로 들어 설명하겠습니다.

집합 X는 {A, B, C}라는 요소를 가집니다. 집합 Y는 {1, 2, 3}이라는 세 개의 요소를 가집니다. 여기서 집합 X와 Y의 곱집합을 구하면 다음과 같습니다. 즉, 집합 X의 요소 A에 집합 Y의 각 요소를 붙여 계산하는 것입니다. 이때 (A, 1)을 하나의 요소라고 생각해 주세요.

그림 **7-7** 집합 X와 Y의 곱집합

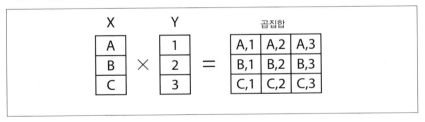

다음으로 한 시즌에 6화까지 있는 드라마가 3시즌까지 방영되는 경우를 생각해 보겠습니다. {1, 2, 3}의 집합과 {1, 2, 3, 4, 5, 6}의 집합을 곱집합으로 계산하면 다음과 같은 방송표를 만들 수 있습니다. 이 같은 곱집합은 평상시에는 잘 사용하지 않지만 어떤 것인지는 기억해 두시기 바랍니다.

표 **7-1** 드라마 곱집합

시즌1	1–1화	1–2화	1–3화	1–4화	1–5화	1–6화
시즌2	2–1화	2–2화	2–3화	2–4화	2–5화	2–6화
시즌3	3–1화	3–2화	3–3화	3–4화	3–5화	3–6화

– 교차결합(Cross Join)

데이터베이스의 테이블은 집합의 한 종류라고 할 수 있습니다. 지금까지 SELECT 명령에서는 FROM 구에 하나의 테이블만 지정했습니다. 만약 테이블을 두 개 지정하면 이들은 곱집합으로 계산됩니다.

SYNTAX	교차결합
SELECT * FROM 테이블명1, 테이블명2	

구체적인 예제를 살펴보기 전에 필요한 예제 테이블들의 데이터부터 확인해 두겠습니다. 지금부터 사용할 테이블은 sample72_x와 sample72_y 입니다.

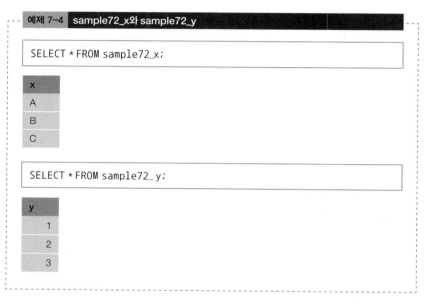

예제 7-4 **sample72_x와 sample72_y**

```
SELECT * FROM sample72_x;
```

x
A
B
C

```
SELECT * FROM sample72_y;
```

y
1
2
3

각 테이블의 데이터는 [그림 7-7]의 집합 X, Y의 값을 그대로 사용했습니다. sample72_x가 집합 X에 해당하며 sample72_y가 집합 Y에 해당합니다. 여기서 교차결합을 하기 위해서는 FROM 구에서 쉼표(,)로 구분하여 두 테이블을 지정합니다.

FROM구에 테이블 두 개를 지정해 곱집합 구하기

```
SELECT * FROM sample72_x, sample72_y;
```

x	y
A	1
B	1
C	1
A	2
B	2
C	2
A	3
B	3
C	3

실행 결과, 야구의 대전표처럼 집합이 계산된 것을 알 수 있습니다. FROM 구에 복수의 테이블을 지정하면 **교차결합**을 합니다. 교차결합은 두 개의 테이블을 곱집합으로 계산합니다.

Point FROM 구에 복수의 테이블을 지정하면 교차결합을 한다!

– UNION 연결과 결합 연결의 차이

앞서 UNION에서도 집합을 더해 새로 큰 집합을 만들어 계산할 수 있었습니다. 한편으로는 FROM 구에서 복수의 테이블을 결합할 때도 새로 큰 집합을 만들어 계산합니다. 두 가지 방식이 서로 비슷합니다만 확대 방향이 다릅니다. UNION으로 합집합을 구했을 경우에는 세로 방향으로 더해지게 됩니다. 한편 FROM 구로 테이블을 결합할 경우에는 가로 방향으로 더해지게 됩니다.

Point 결합은 열(가로)방향으로 확대된다!

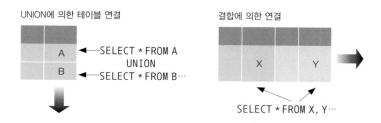

그림 **7-8** UNION에 의한 테이블 연결과 결합에 의한 연결

2. 내부결합

FROM 구에 테이블을 복수로 지정하면 곱집합으로 계산되는 것을 배웠습니다. 앞의 예제에서는 두 개 테이블을 사용했습니다만 세 개, 네 개로도 지정할 수 있습니다. 단 테이블 수가 많아지면 조합 수가 엄청나게 늘어나 집합이 거대해집니다. 이렇게 많은 테이블을 교차결합하는 경우는 드뭅니다. 즉, 결합 방법으로는 교차결합보다 **내부결합**이 자주 사용됩니다.

그럼, 내부결합이란 어떤 것인지 알아보겠습니다. 앞의 예제에서는 곱집합을 설명할 때 사용한 집합을 그대로 사용하다 보니 결합용 예제로는 데이터가 좋지 않았습니다. 따라서 지금부터는 실제 시스템에서 자주 사용하는 데이터 구조를 가진 테이블을 바탕으로 설명하겠습니다.

수학에서의 집합은 유일한 요소로 구성됩니다. 즉, 중복된 값이 존재하지 않는다는 뜻입니다. 마찬가지로 관계형 데이터베이스에서도 테이블의 데이터가 유일한 값을 가지도록 권장합니다. 간단히 말하면 기본키(primary key)를 가지도록 하는 게 좋다는 것입니다.

데이터베이스에는 다양한 데이터가 저장됩니다만 동일한 데이터를 중복해서 여러 곳에 저장하지 않도록 하는 편이 좋습니다. 만약 데이터가 변경되는 경우 여기저기 저장되어 있는 데이터를 모두 동일한 값으로 변경하기란 힘든 일입니다. 이때 기본키는 하나의 데이터행을 대표할 수 있는 속성을 가집니다.

예를 들어 상품의 가격이나 이름과 같은 데이터를 저장하는 '상품 테이블'을 작성한다고 합시다. 이때 상품의 속성으로는 상품명, 메이커명, 가격, 상품분류 등을 꼽을 수 있습니다. 그 중에서 상품명을 기본키로 사용한다면 어떨까요? 하지만 상품명의 경우 값이 중복할 우려가 있으므로 기본키로는 적합하지 않습니다. 이러한 이유로 '상품코드'를 '기본키'로 사용하는 경우가 많습니다.

흔히 볼 수 있는 상품 테이블의 구조는 [예제 7-6]과 같습니다(여기서는 여러분의 이해를 돕기 위해 한글을 사용하여 테이블과 열의 이름을 정의했습니다. 이 같은 경우에는 이름을 백쿼트로 묶어주는 것을 권장합니다).

예제 7-6   **상품 테이블 작성하기**

```
CREATE TABLE 상품 (
  상품코드 CHAR(4) NOT NULL,
  상품명 VARCHAR(30),
  메이커명 VARCHAR(30),
  가격 INTEGER,
  상품분류 VARCHAR(30),
  PRIMARY KEY (상품코드)
);
```

상품코드	상품명	메이커명	가격	상품분류
0001	상품○○	○○메이커	100	식료품
0002	상품××	○○메이커	200	식료품
0003	상품△△	△△메이커	1980	생활용품

※sample 데이터베이스에는 이미 '상품' 테이블이 만들어져 있습니다. sample 데이터베이스를 사용하는 경우에는 앞의 명령을 실행하면 에러가 발생하므로 주의하시기 바랍니다.

앞의 예제처럼 테이블을 만들어두면 동일한 상품명을 가진 상품이라도 구별하여 등록할 수 있습니다. 일반적인 전자상거래 시스템에서 상품 테이블 하나만으로 운영하는 곳은 없다고 생각해도 무리는 아닐 겁니다. 상품 데이터를 참조하는 별도의 테이블이 존재한다는 이야기입니다. 예를 들어 재고도 같이 관리하는 경우에는 입출고나 재고 수를 상품단위로 관리하는 테이블이 있겠지요.

만약 재고관리 테이블을 만든다면 다음과 같이 작성할 수 있습니다.

```
CREATE TABLE 재고수 (
    상품코드 CHAR(4),
    입고날짜 DATE,
    재고수 INTEGER
);
```

상품코드	입고날짜	재고수
0001	2014-01-03	200
0002	2014-02-10	500
0003	2014-02-14	10

※예제 데이터베이스에는 '재고수' 테이블이 작성되어 있습니다. 예제 데이터베이스를 사용하는 경우는 위의 명령을 실행하면 에러가 발생하므로 주의하시기 바랍니다.

물론, 실제 시스템에서는 더 많은 열로 구성되어 있을 겁니다. 여기서는 상품 테이블을 참조하는 테이블의 예를 설명하기 위해 간단하게 재고관리 테이블을 만들어 보았습니다. 이러한 이유로 기본키도 따로 지정하지 않았습니다만, 재고수 테이블을 참조하는 다른 테이블을 위해 기본키를 지정해두는 것도 좋겠습니다.

재고수 테이블에서의 착안점은 상품코드를 통해 상품 테이블과 연결할 수 있다는 것입니다. 상품 테이블의 기본키는 '상품코드' 입니다. 이 열의 값을 알면 상품명을 포함한 상품 데이터를 참조할 수 있습니다. 요컨대 다른 테이블의 데이터를 참조해야 하는 경우, 참조할 테이블의 기본키와 **동일한 이름과 자료형**으로 열을 만들어서 행을 연결하는 경우가 많습니다.

그림 7-9 상품코드로 연결

상품코드	상품명	메이커명	가격	상품분류
0001	상품○○	○○메이커	100	식료품
0002	상품××	○○메이커	200	식료품
0003	상품△△	△△메이커	1980	생활용품

상품코드	입고날짜	재고수
0001	2014-01-03	200
0002	2014-02-10	500
0003	2014-02-14	10

드디어 내부결합에 대해 설명할 수 있습니다. 재고수 테이블에서 상품분류가 식료품인 상품의 재고수를 표시하는 경우를 생각해봅시다. 이 경우 상품코드보다 상품명으로 표시하면 알아보기 쉬울 겁니다. 목표는 다음과 같이 표시하는 것입니다.

그림 7-10 원하는 결과

상품명	재고수
상품○○	200
상품××	500

재고수는 재고수 테이블에서 가져오면 되지만 상품명과 상품분류는 상품 테이블에 있습니다. 이때 재고수 테이블과 상품 테이블을 결합해 가로로 나열하고자 합니다. 그러기 위해서는 FROM 구에서 테이블을 서로 결합합니다.

```
SELECT * FROM 상품, 재고수;
```

| 상품 테이블 | | | | | 재고수 테이블 | |

상품코드	상품명	메이커명	가격	상품분류	상품코드	재고수
0001	상품○○	○○메이커	100	식료품	0001	200
0002	상품××	○○메이커	200	식료품	0001	200
0003	상품△△	△△메이커	1980	생활용품	0001	200
0001	상품○○	○○메이커	100	식료품	0002	500
0002	상품××	○○메이커	200	식료품	0002	500
0003	상품△△	△△메이커	1980	생활용품	0002	500
0001	상품○○	○○메이커	100	식료품	0003	10
0002	상품××	○○메이커	200	식료품	0003	10
0003	상품△△	△△메이커	1980	생활용품	0003	10

FROM 구에 테이블을 복수로 지정하면 곱집합으로 계산됩니다. 상품 테이블 행에 재고수 데이터 행으로 곱집합을 구하면 행은 3 × 3 = 9 가 됩니다. 왼쪽이 상품 테이블의 데이터, 오른쪽이 재고수 테이블의 데이터입니다.

이렇게 만들어진 집합에서 원하는 데이터를 검색하기 위해 WHERE 구로 조건을 지정합니다. 먼저 **상품코드가 같다는 조건**이 필요합니다. 앞의 예제에서 상품 테이블의 상품코드와 재고수 테이블의 상품코드가 서로 같은 것을 찾아나가면 다음과 같습니다.

그림 **7-11** 상품코드가 같은 것 찾기

상품 테이블					재고수 테이블	
상품코드	상품명	메이커명	가격	상품분류	상품코드	재고수
0001	상품○○	○○메이커	100	식료품	0001	200
0002	상품××	○○메이커	200	식료품	0001	200
0003	상품△△	△△메이커	1980	생활용품	0001	200
0001	상품○○	○○메이커	100	식료품	0002	500
0002	상품××	○○메이커	200	식료품	0002	500
0003	상품△△	△△메이커	1980	생활용품	0002	500
0001	상품○○	○○메이커	100	식료품	0003	10
0002	상품××	○○메이커	200	식료품	0003	10
0003	상품△△	△△메이커	1980	생활용품	0003	10

열 이름이 '상품코드'로 서로 동일하므로 WHERE 구에 조건식을 지정할 때 테이블 이름도 같이 지정할 필요가 있습니다. 상품 테이블의 상품코드 열은 '상품.상품코드'로, 재고수 테이블의 상품코드 열은 '재고수.상품코드'로 지정합니다. 그럼 WHERE 구에 조건을 지정해 실행해보겠습니다.

예제 **7-9** 상품코드가 같은 행을 검색하기

```
SELECT * FROM 상품, 재고수
    WHERE 상품.상품코드 = 재고수.상품코드;
```

상품코드	상품명	메이커명	가격	상품분류	상품코드	재고수
0001	상품○○	○○메이커	100	식료품	0001	200
0002	상품××	○○메이커	200	식료품	0002	500
0003	상품△△	△△메이커	1980	생활용품	0003	10

이렇게 교차결합으로 계산된 곱집합에서 원하는 조합을 검색하는 것을 '내부결합 (Inner Join)'이라 부릅니다(결합 조건으로 보면 등결합 이라고도 부를 수 있습니다).

다음으로는 **상품분류가 '식료품'**이라는 조건이 필요합니다. 이 조건을 WHERE 구에 추가해보겠습니다. 추가할 때는 기존 조건식과 상품분류의 조건식이 모두 참이여야 하므로 AND로 조건식을 연결합니다. 또한 상품명과 재고수만 반환하도록 SELECT 구에 열을 지정합니다.

예제 7-10	검색할 행과 반환할 열 제한하기

```
SELECT 상품.상품명, 재고수.재고수 FROM 상품, 재고수
    WHERE 상품.상품코드 = 재고수.상품코드
        AND 상품.상품분류 = '식료품';
```

상품명	재고수
상품○○	200
상품××	500

이처럼 원하는 결과를 얻었습니다. WHERE 구에는 두 개의 조건식이 지정되어 있습니다. 첫 번째 조건식은 교차결합으로 계산된 곱집합에서 원하는 조합을 검색하는 것입니다. 두 번째 조건식은 결합 조건이 아닌 검색 조건입니다. 여기에서 첫 번째 조건식의 조건을 '**결합조건**'이라 부릅니다. 이제부터 이 책에서는 이와 같은 조건을 줄여 결합조건이라 부르겠습니다.

3. INNER JOIN으로 내부결합하기

지금까지 설명한 결합방법에 관해 다음과 같이 간단히 정리하겠습니다.

- FROM 구에 테이블을 복수 지정해 가로 방향으로 테이블을 결합할 수 있다.
- 교차결합을 하면 곱집합으로 계산된다.
- WHERE 조건을 지정해 곱집합에서 필요한 조합만 검색할 수 있다.

이와 같은 결합방법을 상품 테이블과 재고수 테이블로 확인해 보았습니다만, 사실 지금까지 설명한 결합방법은 구식입니다. 최근에는 **INNER JOIN** 키워드를 사용한 결합방법이 일반적으로 통용됩니다. 그럼, 지금부터 상품 테이블과 재고수 테이블을 이용한 사례를 INNER JOIN을 활용해 바꾸어보겠습니다.

```
SELECT 상품.상품명, 재고수.재고수
  FROM 상품 INNER JOIN 재고수
    ON 상품.상품코드 = 재고수.상품코드
  WHERE 상품.상품분류 = '식료품';
```

SYNTAX 내부결합
───
SELECT * FROM 테이블명1 INNER JOIN 테이블명2 ON 결합조건

구식 방법에서는 쉼표(,)로 구분하여 테이블을 FROM 구에 지정했습니다. 새로운 형식에서는 테이블과 테이블 사이에 'INNER JOIN'이라는 키워드를 넣습니다. 여기서 INNER는 '안쪽'이라는 의미이며 JOIN은 '연결시킨다'라는 의미입니다. 즉, 'INNER JOIN'은 '내부결합'이라는 의미가 됩니다. 구식 방법에서는 WHERE 구에 결합조건을 지정하였지만 INNER JOIN에서는 ON을 사용하여 결합조건을 지정합니다.

Point▶ **INNER JOIN으로 두 개 테이블을 가로로 결합할 수 있다!**

4. 내부결합을 활용한 데이터 관리

'하나의 데이터는 한 군데에 저장한다'라는 룰에 따라 데이터 구조를 설계한다고 했을 때, 메이커코드와 메이커명을 가지는 메이커 테이블을 작성해 데이터를 관리해보겠습니다.

상품을 제조하는 메이커가 많이 있다고 해도 상품 수보다는 적겠지요. 이때 코드와 이름을 가지는 테이블로 분할해 관리하면 저장공간도 절약할 수 있습니다. 그럼 메이커 테이블을 작성하는 명령과 저장할 데이터를 살펴보도록 하겠습니다.

메이커코드는 메이커를 나타내는 코드라는 의미에서 맨 앞 자를 'M'으로 하였습니다. 여기에는 두 개의 메이커가 저장되어 있습니다.

```
CREATE TABLE 메이커 (
    메이커코드 CHAR(4) NOT NULL,
    메이커명 VARCHAR(30),
    PRIMARY KEY (메이커코드)
);
```

메이커코드	메이커명
M001	○○메이커
M002	△△메이커

※예제 데이터베이스에는 이미 '메이커' 테이블이 작성되어 있습니다. 예제 데이터베이스를 사용
하는 경우는 위의 명령을 실행하면 에러가 발생하므로 주의하시기 바랍니다.

상품 테이블에서는 메이커명을 메이커코드로 변경해 둡니다. 이 책에서 사용하는
예제 데이터베이스에서는 메이커명을 메이커코드로 변경한 테이블이 상품2라는
이름으로 추가되어 있으므로 활용해 주세요.

그림 7-12 상품 테이블의 메이커명을 메이커코드로 변경

상품코드	상품명	메이커코드	가격	상품분류
0001	상품○○	M001	100	식료품
0002	상품××	M001	200	식료품
0003	상품△△	M002	1980	생활용품

여기서 '상품코드'와 '상품명'처럼, '○○코드'와 '○○명'의 조합으로 열을 지정하
고 '○○코드'가 기본키가 되는 패턴은 자주 나오는 것이므로 기억해 두시면 좋습
니다. 현재 두 개의 테이블로 분할되어 있지만 상품명과 메이커명을 같이 출력하
고 싶을 때는 내부결합을 사용합니다. 그럼 실행해보겠습니다.

```
SELECT S.상품명, M.메이커명
    FROM 상품2 S INNER JOIN 메이커 M
       ON S.메이커코드 = M.메이커코드;
```

상품명	메이커명
상품〇〇	〇〇메이커
상품××	〇〇메이커
상품△△	△△메이커

이번에는 테이블에 별명을 붙여 보았습니다. SELECT 명령에서 복수의 테이블을 다룰 경우 어느 테이블의 열인지 정확하게 지정해야 합니다. 이때 테이블명을 매번 지정하는 것은 번거로운 일이므로 짧게 줄여 별명을 붙이는 경우가 많습니다. 앞의 예제에서도 메이커 테이블에는 'M', 상품 테이블에는 'S'라는 짧은 별명을 붙였습니다.

상품 테이블의 메이커코드만을 살펴보면 중복하는 행이 있습니다. 이것은 실제로도 있을 수 있는 이야기로 '상품〇〇와 상품××는 같은 〇〇메이커가 제조한 상품'인 경우에 해당합니다. 단, 기본키 제약은 상품코드에만 적용되어 있어 데이터 상으로도 제약에 위반되지 않습니다. 반대로 메이커 테이블은 메이커코드에 기본키가 지정되어 있기 때문에 중복을 허용하지 않습니다. 메이커코드는 유일하게 하나씩만 존재하며 중복될 수 없습니다. 존재하지 않거나 혹은 하나만 존재합니다.

그림 **7-13** 메이커코드의 중복

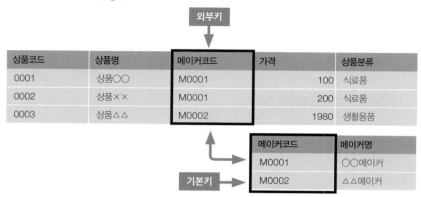

이 부분이야말로 결합이나 데이터베이스의 테이블 설계를 이해하는 동시에 핵심이 되는 개념입니다. A 테이블과 B 테이블을 결합했을 때, A와 B 중 어느 쪽이하나의 행만 가지는지(일대다, 다대일) 아니면 양쪽 모두 하나의 행을 가지는지(일대일) 등과 같은 '서로 결합하는 테이블 간의 관계'가 중요합니다.

– 외부키

메이커 테이블의 메이커코드는 기본키입니다. 그에 비해 상품 테이블의 메이커코드는 '외부키'라 불리는 것으로, 다른 테이블의 기본키를 참조하는 열이 외부키가됩니다.

– 자기결합(Self Join)

자기결합은 테이블에 별명을 붙일 수 있는 기능을 이용해 같은 테이블끼리 결합하는 것을 말합니다. 특별히 명령어가 정해져 있는 것은 아닙니다. 이해를 돕기위해 다음과 같이 예를 들어 설명하겠습니다.

```
SELECT S1.상품명, S2.상품명
  FROM 상품 S1 INNER JOIN 상품 S2
    ON S1.상품코드 = S2.상품코드;
```

상품명	상품명
상품○○	상품○○
상품××	상품××
상품△△	상품△△

상품 테이블을 가로로 두 개 나열해 상품코드로 결합했습니다. 자기결합에서는 결합의 좌우가 같은 테이블이 되기 때문에 이를 구별하기 위해서 반드시 별명을 붙여야 합니다.

사실 평소에는 이러한 결합을 할 일은 없습니다. 어떻게 생각하면 쓸모 없는 쿼리일 수도 있습니다. 자기결합은 자기 자신의 기본키를 참조하는 열을 자기 자신이 가지는 데이터 구조로 되어 있을 경우에 자주 사용됩니다.

5. 외부결합

결합 방법은 크게 내부결합과 **외부결합**의 두 가지로 구분됩니다. 내부결합에 대해서는 조금 전에 소개하였습니다. 지금부터 외부결합에 대해 설명하겠습니다.

외부결합이라고 해도 교차결합으로 결합 조건을 지정하여 검색한다는 기본적인 사고 방식은 같습니다. 외부결합은 '어느 한 쪽에만 존재하는 데이터행을 어떻게 다룰지'를 변경할 수 있는 결합 방법입니다.

앞에서 살펴보았던 상품 테이블과 재고수 테이블 중에 상품 테이블에만 행이 존재하는 상황을 생각해 봅시다. 실제로 상품 데이터를 등록한 직후에는 이러한 상황이 존재할 수 있겠지요. 이 같은 테이블을 예제 데이터베이스 안에 상품3 테이블로 작성해 두었으니 활용해 주세요.

그림 **7-14** 상품 테이블에 새로운 상품 추가하기

상품코드	상품명	메이커코드	가격	상품분류
0001	상품○○	M001	100	식료품
0002	상품××	M001	200	식료품
0003	상품△△	M002	1980	생활용품
0009	추가상품	M001	300	식료품

상품3 테이블에는 상품코드가 0009인 행을 새롭게 추가했습니다. 재고수 테이블에는 아직 이 상품에 대한 데이터가 없습니다. 이런 상태에서 곱집합을 구해도 0009 = 0009가 되는 행은 존재하지 않으므로 내부결합 결과에서는 상품코드가 0009인 상품이 제외됩니다

예제 **7-14**　　내부결합에서는 상품코드가 0009인 상품이 제외된다

```
SELECT 상품3.상품명, 재고수.재고수
FROM 상품3 INNER JOIN 재고수
ON 상품3.상품코드 = 재고수.상품코드
WHERE 상품3.상품분류 = '식료품';
```

상품명	재고수
상품○○	200
상품××	500

그림 **7-15** 내부결합의 결과에 0009은 없다

	상품테이블				재고수 테이블	
상품코드	상품명	메이커코드	가격	상품분류	상품코드	재고수
0001	상품○○	M0001	100	식료품	0001	200
0002	상품××	M0001	200	식료품	0001	200
0003	상품△△	M0002	1980	생활용품	0001	200
0009	추가상품	M0001	300	식료품	0001	200
0001	상품○○	M0001	100	식료품	0002	500
0002	상품××	M0001	200	식료품	0002	500
0003	상품△△	M0002	1980	생활용품	0002	500
0009	추가상품	M0001	300	식료품	0002	500
0001	상품○○	M0001	100	식료품	0003	10
0002	상품××	M0001	200	식료품	0003	10
0003	상품△△	M0002	1980	생활용품	0003	10
0009	추가상품	M0001	300	식료품	0003	10

이런 경우에 외부결합을 사용하면 됩니다. 외부결합은 결합하는 테이블 중에 어느 쪽을 기준으로 할지 결정할 수 있습니다. 이번에는 상품 테이블(결합의 왼쪽)을 기준으로 INNER JOIN 대신 **LEFT JOIN**을 사용해보겠습니다.

예제 7-15 **외부결합으로 상품코드 0009인 상품도 결과에 포함하기**

```
SELECT 상품3.상품명, 재고수.재고수
  FROM 상품3 LEFT JOIN 재고수
    ON 상품3.상품코드 = 재고수.상품코드
  WHERE 상품3.상품분류 = '식료품';
```

상품명	재고수
상품○○	200
상품××	500
추가상품	NULL

재고수 테이블에는 0009에 대한 데이터가 없으므로 값이 NULL로 표시되는 점에 주의하시기 바랍니다. 기준이 되는 상품 테이블을 JOIN의 왼쪽에 기술했으므

로 LEFT JOIN이라 지정했습니다. 상품 테이블을 오른쪽에 지정하는 경우나 재고 테이블을 기준으로 삼고 싶은 경우에는 **RIGHT JOIN**을 사용해 외부결합을 시행합니다.

Point LEFT JOIN, RIGHT JOIN으로 외부결합을 할 수 있다!

– 구식방법에서의 외부결합과 표준 SQL

MySQL은 비교적 최근에 나온 데이터베이스입니다. 따라서 구식 방법을 이용해도 내부결합은 가능합니다만 외부결합은 할 수 없습니다. 그러므로 여기에서는 Oracle의 경우를 예로 소개하겠습니다.

구식 결합방법에서는 FROM 구에 결합 조건을 기술하지 않습니다. 대신 WHERE 구로 결합 조건을 지정합니다. 그냥 조건식을 지정하면 내부결합이 되어버리므로, 외부결합으로 진행하고 싶은 경우에는 특별한 연산자를 사용합니다.

Oracle에서는 데이터가 존재하지 않을 수도 있는 테이블의 열에 (+)라는 특수한 기호를 붙여서 조건식을 지정합니다.

예제 7-16 Oracle에서 구식 외부결합으로 0009의 상품을 결과에 포함하기

```
SELECT 상품3.상품명, 재고수.재고수
    FROM 상품3, 재고수
   WHERE 상품3.상품코드 = 재고수.상품코드 (+)
      AND 상품3.상품분류 = '식료품';
```

그 밖에도 SQL Server에서는 특수한 연산자(*= 또는 =*)를 사용해서 외부결합을 할 수 있습니다. 이전에는 이처럼 데이터베이스에 따라 서로 다른 방법으로 외부결합을 지원했습니다. 즉, SQL의 방언에 속합니다. 하지만 현재는 표준화로 인해 내부결합은 INNER JOIN, 외부결합은 LEFT JOIN이나 RIGHT JOIN을 사용하도록 권장합니다.

지금까지는 설명을 위해 구식 결합방법부터 설명했습니다. 하지만 표준화가 진행

된 현재에는 별다른 장점이 없는 구식 결합방법은 사용하지 않습니다. 따라서 여기서 소개한 예제는 어디까지나 참고로 삼기 바랍니다.

Point ▶ **구식 결합방법은 사용하지 않는다!**

관계형 모델

33강에서는 관계형 모델에 관해 알아보도록 하겠습니다.

그림 **7-16** 관계형 모델

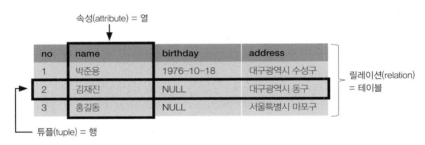

관계형 모델을 기반으로 작성된 데이터베이스가 '관계형 데이터베이스'라는 점을 배웠습니다. 여기서 관계형 모델에 대해서도 조금 깊게 알아보겠습니다.

SQL은 관계형 모델에 의해 구축된 데이터베이스를 조작하는 체계적인 명령의 집합입니다. 관계형 모델에서 SQL이 만들어졌지만 유감스럽게도 관계형 모델에서 사용하는 용어와 SQL의 용어는 일치하지 않습니다. SQL을 사용하는 이상 관계형 모델의 용어를 몰라도 딱히 어려움은 없겠지만 이왕이면 알아두는 편이 좋겠지요.

1. 관계형 모델

관계형 모델(Relational Model)의 기본적인 요소는 **릴레이션(Relation)**입니다. 이 릴레이션이라는 말 자체는 **관계**를 뜻하지만 관계형 모델에서는 약간 다른 의미를 가집니다.

결합에 관해 설명할 때 '일반적인 시스템의 데이터베이스에는 복수의 테이블이 있어 테이블 간의 관계가 중요'하다고 배운 바 있습니다. 관계형 모델의 릴레이션은 SQL에서 말하는 **테이블**에 해당됩니다. 테이블끼리의 관계가 아닙니다.

Point 릴레이션은 테이블을 말한다!

관계형 모델의 릴레이션에는 몇 가지 '**속성(attribute)**'이 있습니다. 이 속성은 속성 이름과 형 이름으로 구성됩니다. 속성은 SQL에서 말하는 열에 해당합니다. 그리고 SQL에서의 행은 관계형 모델에서 '**튜플(tuple)**'이라 불립니다. 정리하자면 이 절의 첫머리에서 소개한 [그림 7-16]와 같습니다.

관계형 모델은 데이터 구조에 관해 정의합니다. 릴레이션은 튜플의 집합이며, 릴레이션에 대한 연산이 집합의 대한 연산에 대응된다는 이론을 '**관계대수**'라고 합니다. 이 같은 관계대수의 기본규칙은 다음과 같습니다.

- 하나 이상의 관계를 바탕으로 연산한다.
- 연산한 결과, 반환되는 것 또한 관계이다.
- 연산을 중첩 구조로 실행해도 상관없다.

UNION이나 테이블의 결합을 익힌 만큼, 연산한 결과도 관계(릴레이션 = 테이블)라는 점 또한 이해하실 수 있을 겁니다.

2. 관계형 모델과 SQL

관계대수에서는 자주 사용될 것 같은 릴레이션의 연산 방법을 몇 가지 규정합니다. 이에 관해 SQL 명령과 비교하면서 간단히 설명하겠습니다.

– 합집합

합집합(union)은 릴레이션끼리의 덧셈을 말합니다. SQL에서는 UNION에 해당합니다.

그림 **7-17** 합집합 (UNION)

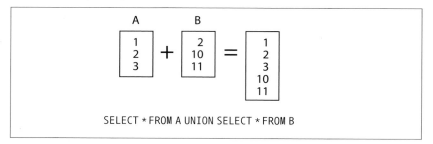

– 차집합

차집합(difference)은 릴레이션끼리의 **뺄셈**을 말합니다. SQL에서는 EXCEPT에 해당합니다.

그림 **7-18** 차집합(EXCEPT)

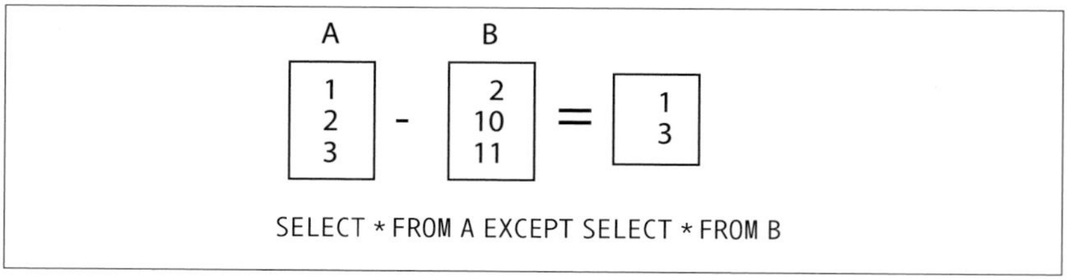

– 교집합

교집합(intersection)은 릴레이션끼리의 공통부분(교집합)을 말합니다. SQL에서는 INTERSECT에 해당합니다.

그림 **7-19** 교집합(INTERSECT)

```
SELECT * FROM A INTERSECT SELECT * FROM B
```

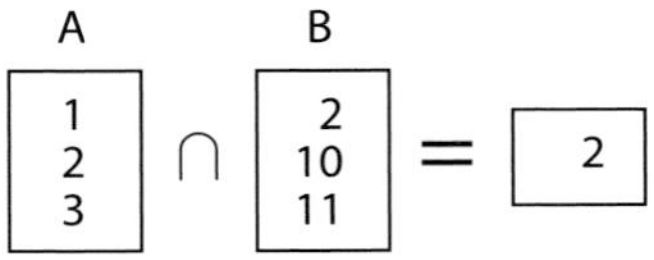

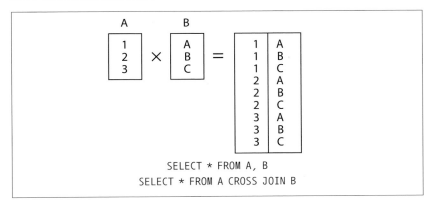

- 곱집합

이전에 결합을 설명할 때 언급한 내용으로, 곱집합(cartesian product)은 릴레이션끼리의 대전표를 조합하는 연산을 말합니다. SQL에서는 FROM 구에 복수의 테이블을 지정한 경우 곱집합으로 계산됩니다. 결합을 설명할 때 미처 언급하지 못했는데, **CROSS JOIN**으로 교차결합을 하면 곱집합을 구할 수 있습니다.

그림 **7-20** 곱집합(CROSS JOIN)

```
SELECT * FROM A, B
SELECT * FROM A CROSS JOIN B
```

- 선택

선택(selection)은 튜플의 추출을 말합니다. 선택은 제한이라 불리기도 합니다. 튜플은 SQL에서 행을 말하기 때문에 WHERE 구에 조건을 지정해 데이터를 검색하는 것에 해당됩니다.

그림 **7-21** 선택(WHERE조건)

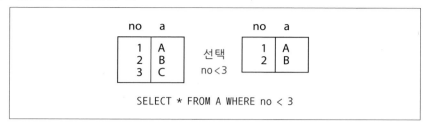

– 투영

투영(projection)은 속성의 추출을 말합니다. SQL에서 속성은 열을 말하기 때문에 SELECT 구에 결과로 반환할 열을 지정하는 것에 해당됩니다.

그림 **7-22** 투영(SELECT 구)

– 결합

결합(join)은 릴레이션끼리 교차결합해 계산된 곱집합에서 결합조건을 만족하는 튜플을 추출하는 연산입니다. SQL에서는 내부결합에 해당합니다. 관계대수에도 내부결합과 외부결합이 있습니다.

그림 **7-23** 결합(JOIN)

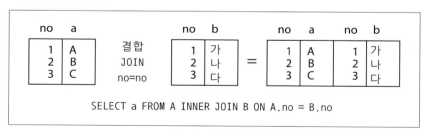

마치며

7장에서는 집합 연산이나 결합 등 복수의 테이블을 다루는 방법에 관해 알아보았습니다.

– 집합 연산

테이블은 데이터행의 집합으로 간주할 수 있습니다. SQL에서는 UNION으로 합집합을 구할 수 있습니다. 데이터베이스의 지원 여부에 따라 차집합이나 교집합을 구할 수도 있습니다.

– 교차결합, 곱집합

FROM 구에 테이블을 복수로 지정하여 교차결합으로 곱집합을 구할 수 있습니다. 곱집합은 대전표를 조합하는 것과 같은 방법으로 연산되며 내부결합이나 외부결합의 기반이 됩니다.

– 내부결합

내부결합은 곱집합에서 필요한 행만 검색하도록 조건을 지정해 결합하는 것을 말합니다. 이때 지정하는 조건을 결합조건이라 부릅니다.

– 외부결합

내부결합으로 결합되지 않는 행을 강제적으로 결과에 포함하는 방법을 말합니다.

– 관계형 모델

관계형 모델은 관계형 데이터베이스의 기반이 되는 이론적 개념으로, 사용되는 용어는 SQL과 일치하지 않습니다.

연습문제

- **문제 1**

  테이블을 결합할 때 결합조건을 지정하지 않고 실행하면 구할 수 있는 집합
  은 무엇입니까?

  ① 합집합

  ② 교집합

  ③ 곱집합

- **문제 2**

  내부결합 할 때 사용하는 키워드는 무엇입니까?

  ① INNER JOIN

  ② LEFT JOIN

  ③ RIGHT JOIN

- **문제 3**

  관계형 모델에서 릴레이션에 해당하는 SQL 용어는 무엇입니까?

  ① 테이블

  ② 열

  ③ 행

8장

데이터베이스 설계

8장에서는 다음과 같은 내용을 학습합니다.

- 데이터베이스 설계
- ER다이어그램
- 정규화
- 트랜잭션

34강

데이터베이스 설계

지금부터 데이터베이스의 설계에 관해 알아보겠습니다.

그림 **8-1** 데이터베이스 설계

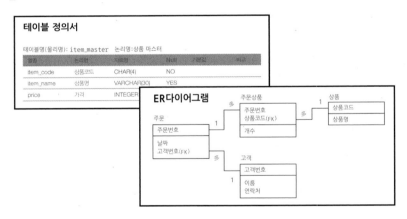

이 책을 통해 SQL 사용법을 익히려는 분에게 갑작스럽게 데이터베이스 설계를
부탁할 리는 없다고 생각합니다만, 설계도를 참고하는 일은 있겠지요. 여기에서
는 데이터베이스 설계의 개념 및 설계도를 읽는 방법 등에 관해 알기 쉽게 설명하
겠습니다. 나아가 후반에서는 트랜잭션에 대해서도 다룹니다. 트랜잭션은 데이터
베이스 설계의 방법이라고는 할 수 없지만 시스템 개발 현장에서 자주 쓰이는 기
능 중 하나입니다.

1. 데이터베이스 설계

데이터베이스를 설계한다는 것은 데이터베이스의 스키마 내에 테이블, 인덱스, 뷰 등의 데이터베이스 객체를 정의하는 것을 말합니다. 스키마 내에 정의한다는 뜻에서 '스키마 설계'라 불리기도 합니다.

데이터베이스 설계의 주된 내용은 테이블의 이름이나 열, 자료형을 결정하는 것입니다. '이 테이블은 이 열을 이용해 저쪽 테이블과 연결한다'와 같이 테이블 간의 관계를 생각하면서 여러 테이블을 정의하고 작성하게 됩니다. 단, 설계인 이상 테이블 정의에만 그치지 않습니다.

− 논리명과 물리명

테이블을 설계할 때는 테이블 정의서나 설계도 등의 문서를 작성하는 경우가 많습니다. 문서 양식은 여러 가지가 있으나 일반적으로 다음과 같은 양식을 사용합니다.

그림 **8-2** 테이블 정의서 사례

테이블명:상품

열명	자료형	NULL	기본값	비고
상품코드	CHAR(4)	No		
상품명	VARCHAR(30)	Yes		
가격	INTEGER	Yes		

DESC 명령에 따라 표시되는 결과를 그대로 옮겨적은 것이라 봐도 무방합니다. 이외에 어느 열이 기본키인지를 지정하는 경우도 있습니다.

테이블을 설계할 때는 테이블 이름이나 열 이름을 지정하는데, 하나의 테이블에 대해 두 개의 이름을 지정할 때도 있습니다. 하나는 데이터베이스에서 사용될 이름으로, 실제로는 CREATE TABLE에 지정하는 이름을 말하며 **물리명**이라 부릅니다. 또 하나는 **논리명**이라는 것으로 테이블의 '설계상 이름'에 해당합니다.

물리명은 데이터베이스 시스템 규칙에 따라 길이에 제한이 있거나 공백문자를 사용할 수 없는 등의 제약이 따릅니다. 따라서 일상에서 사용하는 단어로는 이름을 지정하는 데 한계가 있습니다. 또한 전통적으로 알파벳을 사용해 이름을 지정합니다. 예를 들면 테이블의 물리명은 'item_master', 논리명은 '상품 마스터'로 지정하는 경우가 그것입니다. 길이도 제한되다 보니 생략하거나 약자로 이름을 붙이는 경우도 많습니다. 그러다 보면 물리명만으로는 의미가 전달되지 않는 경우도 많아 논리명이 필요해집니다. 여기서 차이점은, 물리명의 경우 CREATE TABLE 명령으로 테이블을 작성할 때 사용하는 이름이라면, 논리명은 해당 테이블을 실제로 부를 때 사용하는 이름이라는 점입니다. 물리명은 잘못 정하면 변경하기 힘들지만 논리명은 언제나 바꿀 수 있습니다.

Point ▶ **물리명은 CREATE TABLE에 지정하는 테이블 이름이나 열 이름이다! 논리명은 설계상의 이름이다!**

이러한 이유로 물리명과 논리명이 함께 기재된 설계도나 정의서도 있습니다. 경우에 따라서는 별도의 논리명 기입 항목을 지정하지 않고 비고란에 기재하는 경우도 있습니다.

그림 **8-3** 논리명이 기재된 테이블 정의서 사례

테이블명(물리명):상품 논리명:상품마스터

열명	논리명	자료형	NULL	기본값	비고
item_code	상품코드	CHAR(4)	No		
item_name	상품명	VARCHAR(30)	Yes		
price	가격	INTEGER	Yes		

– 자료형

테이블의 열에는 자료형을 지정해야 합니다. 데이터베이스에 따라 다르지만 무엇이든 저장할 수 있는 자료형은 없습니다. 수치 데이터만 저장하는 열에는 설계 시 수치형으로 지정합니다. 따라서 금액이나 개수처럼 수치 데이터만 다룰 수 있는 열은 주저없이 수치 자료형으로 지정하면 됩니다. 한편 제조번호처럼 알파벳도 다루어야 한다면 문자열형으로 지정하는 편이 낫습니다. 수치형을 문자열형으로 변환하는 것은 문제가 되지 않지만 문자열형을 수치형으로 변환하는 경우에는 에

러가 발생하기도 해 번거로울 수 있습니다.

데이터에 따라서는 '1, 2, 3 중에 하나'라든가 'yes, no 중에 하나'만 데이터 값으로 취급하는 경우가 생기기도 합니다. 이런 경우에는 데이터베이스 기능으로 제약(CHECK 제약)을 걸 수 있으므로 데이터 정합성이 중요한 부분에는 적극적으로 사용할 필요가 있습니다.

일반적으로는, 데이터베이스 시스템에서 데이터 정합성을 체크할 수 있다면 데이터베이스에 맡겨버리는 편이 가장 확실하고 편리합니다. 이런 기능을 활용하는 대신 애플리케이션에서 따로 구현해 사용할 수도 있지만, 이런 경우 정합성이 맞지 않을 수 있으며 개발비용도 상승해 추천하고 싶지 않습니다.

한편, 앞에서 예로 든 '1, 2, 3' 등의 경우 각 숫자에 '상, 중, 하'와 같은 의미를 부여해 데이터를 사용할 때는 정의서의 비고란에 적어두는 경우가 많습니다. 데이터의 의미를 따로 정의할 수 없기 때문에 비고란도 중요한 역할을 합니다.[*]

– 고정길이와 가변길이

문자열의 자료형에는 고정길이와 가변길이가 있습니다. 어느 쪽으로 지정할 것인지는 저장할 데이터를 고려해 결정합니다. 예를 들어 제조번호처럼 자리수가 이미 정해져 있는 경우에는 고정길이 문자열로 지정하는 편이 좋습니다. 데이터의 최대길이 역시 제조번호의 자릿수에 맞춰 정하면 됩니다. 한편, 비고란과 같이 자주 입력되지도 않지만 입력되는 문자열의 길이의 변동폭이 클 경우에는 가변길이 문자열이 적합합니다.

데이터베이스의 열에 저장할 수 있는 크기는 의외로 작습니다. VARCHAR 형으로 지정할 수 있는 최대 크기는 기껏해야 수천 바이트입니다. 조금 큰 파일을 그대로 VARCHAR 형의 열에 저장하면 쉽게 용량을 넘겨버립니다. 이러한 경우에는 LOB 형을 사용합니다. 여기서 LOB는 'Large Object'의 약자입니다. LOB 형은 큰 데이터를 다루는 자료형이지만 인덱스를 지정할 수 없다는 제약이 있습

....

★ 역자주_ MySQL에서는 테이블을 작성할 때 comment라는 키워드를 이용하여 주석을 열 단위로 기입해 둘 수 있습니다.

니다.

Point▶ 큰 데이터는 LOB 형으로 저장할 수 있다!

– 기본키

테이블을 작성할 때 기본키 제약을 거는 경우에는 주의를 기울여야 합니다. 테이블의 행에 유일성을 지정한다는 것은 대단히 중요한 일입니다. 하지만 기본키로 지정할 열이 생각나지 않는 경우도 많을 것입니다. 이러한 경우 자동증가 열을 사용해서 기본키로 지정하면 간단하게 해결할 수 있습니다.

자동증가 열은 INSERT 할 경우 번호를 자동으로 증가시켜 저장해주는 편리한 열입니다. 데이터베이스 제품에 따라 다르지만, MySQL의 경우는 열을 정의할 때 AUTO_INCREMENT를 지정하는 것으로 자동증가 열이 됩니다. AUTO_ INCREMENT로 지정한 열은 PRIMARY KEY 또는 UNIQUE로 유일성을 지정해야 합니다. 아무 열이나 자동증가 열로 지정하지 않도록 주의하시기 바랍니다.

테이블 설계에 관련해 정규화라는 것도 있습니다. 정규화에 대해서는 추후 설명하겠습니다. 지금까지 소개한 여러 요소들을 바탕으로 테이블 정의서가 작성됩니다. 테이블 정의서를 소홀하게 여기지 않도록 합니다.

2. ER다이어그램

테이블을 설계할 때 테이블 간의 관계를 명확히 하기 위해 설계도를 작성하는 경우가 있습니다. ER다이어그램은 이런 경우에 널리 쓰이는 도식입니다. 여기에서는 ER다이어그램에 대해 간단하게 설명하겠습니다.

ER의 E는 개체를 뜻하는 'Entity'의 약자이며 R은 'Relationship'의 약자입니다. 즉, ER다이어그램은 개체 간의 관계를 표현한 것입니다. 여기에서도 관계라는 단어가 나옵니다만 ER다이어그램의 관계는 관계형 데이터베이스의 릴레이션과 달리 릴레이션십을 가리킵니다. 헷갈리지 않도록 릴레이션십을 연계라 불러 구별하겠습니다. 이 같은 ER다이어그램은 관계형 데이터베이스 외의 대상에 대해서도 사용됩니다.

엔티티, 즉 개체는 테이블 또는 뷰를 말합니다. ER다이어그램에서 개체는 사각형으로 표기합니다. 사각형의 상단에는 개체 이름을 적고 사각형 안에는 개체의 속성을 표기합니다. 여기서 속성은 테이블의 열을 의미합니다. 기본키가 되는 열부터 차례로 기술하며, 열 이름은 주로 논리명으로 표기합니다.

그림 8-4 ER다이어그램의 개체

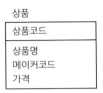

개체와 개체가 서로 연계되는 경우에는 선으로 이어서 표현합니다. 앞에서 결합을 설명할 때 작성했던 상품 테이블과 메이커 테이블은 메이커코드를 매체로 연결됩니다. 이것을 ER다이어그램으로 표현하면 [그림 8-5]와 같습니다.

그림 8-5 ER다이어그램의 개체와 연관

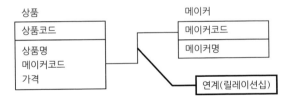

연계를 표기할 때는 서로 몇 개의 데이터 행과 연관되는지, 즉 몇 대 몇의 관계를 가지는지를 숫자나 기호로 나타낼 수 있습니다(카디널리티 또는 다중도라고 합니다). 이는 매우 중요한 것으로, 여러 가지 패턴의 표기방법 중에서도 가장 기본적인 세 가지는 다음과 같습니다.

- 일대일(1:1)
- 일대다(1:多)
- 다대다(多:多)

ER다이어그램의 연계는 데이터베이스에서는 외부참조제약(외부키 제약)으로 지정되는 경우가 있으므로 기억해두세요. 외부키 제약을 설정하면 데이터의 정합성이 엄격히 관리되어 번거로워진다는 이유로 이를 채용하지 않는 시스템도 있습니다. '설계상 이렇게 연관되어 있다'라고 나타내는 것이 ER다이어그램의 역할입니다.

35강에서는 정규화에 대해 알아보겠습니다. 테이블을 올바른 형태로 변경하고 분할하는 것을 정규화라 합니다.

그림 8-6 정규화

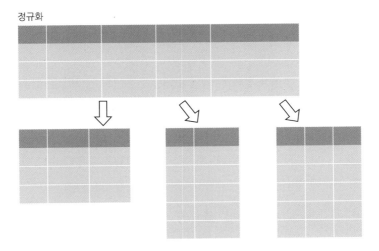

정규화란 데이터베이스의 테이블을 규정된 올바른 형태로 개선해나가는 것입니다. 정규화는 데이터베이스의 설계 단계에서 행해집니다. 경우에 따라서는 기존 시스템을 재검토할 때 정규화하는 경우도 있습니다.

여기서 말하는 올바른 형태란 주관적 기준이라 할 수 있습니다. 정규화의 순서는 이전의 데이터베이스 기술자들이 고안해 정리한 것입니다. 이를 참고하여 정규화하는 과정을 통해 관계형 데이터베이스가 효율적으로 동작하도록 만들 수 있습니다. 조금 귀찮을 수도 있지만 잘만 활용하면 효율적인 데이터베이스를 설계할 수 있는 것입니다.

1. 정규화

지금부터 예제를 통해 정규화해 나가면서 설명하겠습니다. 과정을 따라가다 보면 정규화를 이해할 수 있을 것입니다.

먼저, 쇼핑 사이트의 주문처리 시스템을 구축하겠습니다. 그에 앞서 간단한 주문 데이터로는 어떤 것이 필요할지 생각해 봅니다.

그림 8-7 간단한 주문 데이터

주문번호	날짜	성명	연락처	주문상품
1	1/1	박준용	010-××××	0001 ○○ 1개, 0002 ×× 10개
2	2/1	김재진	010-××××	0001 ○○ 2개, 0002 ×× 3개
3	2/5	박준용	010-××××	0001 ○○ 3개, 0003 △△ 1개

여기서 주문상품 부분이 특별한 형식 없이 대충 만들어진 것처럼 보여 문제가 될 수 있습니다. 따라서 상품은 상품코드를 이용해 다루기로 했습니다.

'0001 ○○ 1개'라고 되어 있는 부분은 상품코드가 0001인 상품 ○○를 1개 주문했다는 뜻입니다. 물론 한번 주문할 때 여러 개의 상품을 주문할 수도 있습니다. 주문번호 1의 데이터를 살펴보면 '0001 ○○이 1개, 0002 ××가 10개'로 두 가지 종류의 상품을 주문했다는 것을 알 수 있습니다. 이렇게 대충 만들어진 데이터를 정규화해 데이터베이스의 테이블로 만들어 보겠습니다.

정규화는 단계적으로 실시합니다. 그 첫 번째 단계가 제1 정규화로, 이를 시행하면 제1 정규형 테이블을 만들 수 있습니다.

2. 제1 정규형

관계형 데이터베이스의 테이블에는 하나의 셀에 하나의 값만 저장할 수 있다는 제약이 있습니다. 이로 인해 주문상품의 데이터를 그대로 테이블로 만들 수는 없습니다. 적어도 상품코드와 상품명, 개수 데이터를 담는 세 개의 열로 나누어야 합니다.

그림 8-8 주문상품 데이터를 상품코드, 상품명, 개수로 분할하기

주문번호	날짜	성명	연락처	상품코드	상품명	개수
1	1/1	박준용	010-xxxx	0001	○○	1
1	1/1	박준용	010-xxxx	0002	××	10
2	2/1	김재진	016-xxxx	0001	○○	2
2	2/1	김재진	016-xxxx	0002	××	3
3	2/5	박준용	010-xxxx	0001	○○	3
3	2/5	박준용	010-xxxx	0003	△△	1

주문상품을 세 개의 열로 분할

[그림 8-8]처럼 구분하면 하나의 셀에는 하나의 값만 저장되므로 테이블화 할 수 있습니다. 이때 테이블 이름은 '주문'이라 하겠습니다. 주문상품 데이터를 상품코드와 개수로 분할함에 따라 열이 두 개 더 추가되었고 행도 늘어난 것에 주목하시기 바랍니다. 이렇게 하나의 셀에 하나의 값만 저장할 수 있도록 하고, 반복되는 부분을 세로(행) 방향으로 늘려나가는 것이 제1정규화의 제1단계입니다.

> **Point** ▶ **반복되는 데이터를 가로(열 방향)가 아닌 세로(행 방향)로 늘리는 것이 제1정규화의 제1단계이다!**

제1정규화에서는 중복을 제거하는 테이블의 분할도 이루어집니다. 예를 들면 한 번의 주문으로 여러 개의 상품을 주문할 수 있으므로 주문번호, 날짜, 성명, 연락처가 동일한 값을 가지는 행이 여러 개 존재할 수 있습니다. [그림 8-9]에서 굵은 선으로 표시된 부분이 그 사례입니다. 이때 동일한 값을 가지는 행이 여러 개 존재하지 않도록 하나로 정리해보겠습니다.

먼저, 주문 테이블을 주문상품 테이블과 주문 테이블로 나눕니다. 주문 테이블은 주문번호, 날짜, 성명, 연락처로 구성합니다. 한편 주문상품 테이블은 상품코드, 상품명, 개수로 구성하되, 추가적으로 주문 테이블과 결합할 수 있도록 주문번호 열을 추가합니다.

그림 8-9 주문 데이터를 주문 테이블과 주문상품 테이블로 분할

주문

주문번호	날짜	성명	연락처	상품코드	상품명	개수
1	1/1	박준용	010-xxxx	0001	○○	1
1	1/1	박준용	010-xxxx	0002	××	10
2	2/1	김재진	016-xxxx	0001	○○	2
2	2/1	김재진	016-xxxx	0002	××	3
3	2/5	박준용	010-xxxx	0001	○○	3
3	2/5	박준용	010-xxxx	0003	△△	1

두 개로 분할

주문

주문번호	날짜	성명	연락처
1	1/1	박준용	010-xxxx
2	2/1	김재진	016-xxxx
3	2/5	박준용	010-xxxx

주문번호로 연계

주문상품

주문번호	상품코드	상품명	개수
1	0001	○○	1
1	0002	××	10
2	0001	○○	2
2	0002	××	3
3	0001	○○	3
3	0003	△△	1

그 결과 반복되는 부분이 하나로 깔끔하게 정리되었습니다. 이것으로 주문 데이터가 변경되더라도 한 군데만 수정하면 됩니다. 물론 분할 전 상태의 데이터를 원할 때에도 결합하면 되므로 아무런 문제가 없습니다.

여기에서 분할 이후의 주문 테이블을 자세히 살펴보면, 주문번호에는 중복된 값이 존재하지 않기 때문에 기본키로 지정할 수 있습니다. 한편 주문상품 테이블에서는 주문 번호와 상품코드를 한데 묶어 기본키로 지정할 수 있습니다.

이처럼 제1정규화에서는 반복되는 부분을 찾아내서 테이블을 분할하고 기본키가 될 열을 작성할 수 있습니다.

Point ▶ 제1정규화에서는 테이블 분할과 기본키 지정이 이루어진다!

3. 제2정규형

제2정규화로 넘어가겠습니다. 제1정규화에서 테이블에 기본키를 작성한 것과 같은 방법으로, 제2정규화에서는 데이터가 중복하는 부분을 찾아내어 테이블로 분할해 나갑니다. 이때 기본키에 의해 특정되는 열과 그렇지 않은 열로 나누는 것으로 정규화가 이루어집니다. 주문상품 테이블을 다시 살펴보도록 하겠습니다.

그림 **8-10** 주문상품 테이블

주문상품

주문번호	상품코드	상품명	개수
1	0001	○○	1
1	0002	××	10
2	0001	○○	2
2	0002	××	3
3	0001	○○	3
3	0003	△△	1

주문상품의 기본키는 주문번호와 상품코드의 두 개 열로 되어 있습니다. 주문번호 1에 상품코드가 0001인 상품 주문량은 총 1개라는 것을 알 수 있습니다. 이것은 기본키를 바탕으로 특정되는 데이터입니다. 즉, 개수 열은 기본키가 결정되고 나면 특정할 수 있는 것입니다. 한편 상품명은 주문번호와 관계없이 상품코드만으로 특정할 수 있습니다. 상품코드는 기본키의 일부이긴 하지만 단독으로 기본키 역할을 할 수는 없습니다.

이처럼 두 가지로 분류할 수 있으므로 두 개 테이블로 분할하겠습니다. 테이블명은 '상품'이라고 하겠습니다.

그림 8-11 주문상품 테이블을 분할

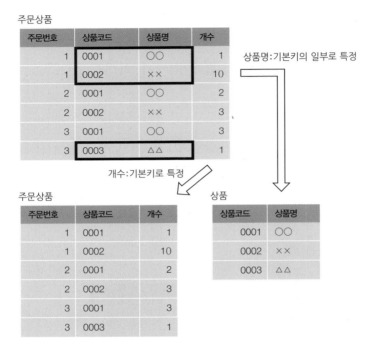

상품 테이블은 상품코드만으로 기본키를 지정했습니다. 어려운 말로 표현하자면 부분 함수종속성을 찾아내서 테이블을 분할하는 것이 제2정규화입니다. 여기서 함수종속성이란 키 값을 이용해 데이터를 특정지을 수 있는 것을 가리킵니다.

4. 제3정규형

마지막으로 제3정규화입니다. 이 또한 중복하는 부분을 찾아내어 테이블을 분할하는 수법입니다. 제2정규화의 경우에는 기본키에 중복이 없는지 조사했습니다만 제3정규화에서는 기본키 이외의 부분에서 중복이 없는지를 조사합니다.

그림 **8-12** 주문 테이블을 분할

주문

주문번호	날짜	성명	연락처	
1	1/1	박준용	010-xxxx	
2	2/1	김재진	016-xxxx	
3	2/5	박준용	010-xxxx	

같은 사람이 반복해서 주문

주문

주문번호	날짜	고객번호
1	1/1	1
2	2/1	2
3	2/5	1

고객

고객번호	성명	연락처
1	박준용	010-xxxx
2	김재진	016-xxxx

분할하기 전의 주문 테이블을 살펴보면 데이터가 중복되어 있습니다. 같은 사람이 여러 번 주문하는 경우가 있기 때문입니다. 이때 주문 테이블에서 이름을 기준으로 연락처를 특정지을 수 있습니다. 단, 주문 테이블의 기본키는 어디까지나 주문번호로, 이름은 기본키와는 관계가 없습니다. 한편 분할하여 새로 만들 테이블의 이름은 '고객'이라 붙였습니다. 여기서도 이름을 기본키로 지정하면 동명이인의 경우 데이터를 제대로 저장할 수 없으므로 고객번호를 기본키로 지정하여 고객 테이블을 작성했습니다.

정규화에 대해서는 여기까지 설명하겠습니다. 실제로는 제5정규형까지 있습니다만 대부분의 시스템에서 제3정규형까지의 정규화를 채택합니다.

그럼, 정규화한 후의 각 테이블을 다시 확인해보겠습니다.

그림 **8-13** 정규화 후의 테이블

주문

주문번호	날짜	고객번호
1	1/1	1
2	2/1	2
3	2/5	1

고객

고객번호	성명	연락처
1	박준용	010-xxxx
2	김재진	016-xxxx

주문상품

주문번호	상품코드	개수
1	0001	1
1	0002	10
2	0001	2
2	0002	3
3	0001	3
3	0003	1

상품

상품코드	상품명
0001	○○
0002	××
0003	△△

이처럼 정규화를 통해 테이블을 분할해 나갑니다. 분할할 때에는 서로 결합할 수 있도록 기본키를 추가해 분할합니다. 테이블 간의 연계는 ER다이어그램으로 표현하면 알기 쉽습니다. 그럼 정규화 이후의 테이블 간 연관관계를 ER다이어그램으로 표기해보겠습니다.

그림 **8-14** 정규화 후의 테이블을 ER다이어그램으로 표기

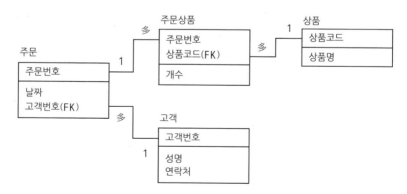

ER다이어그램에서는 네모난 상자(엔티티)가 테이블을 의미합니다. 테이블 간의

선이 연계(릴레이션십)을 의미하며 1대多, 多대1 등과 같은 다중도로도 표시합니다.

주문상품 테이블과 상품 테이블 간의 연계(릴레이션십)에서는 상품 쪽이 1, 주문상품 쪽이 多로 1대多라는 다중도를 나타냅니다. 즉, 주문상품 테이블 쪽의 데이터에서 상품 테이블을 보면 상품 테이블의 하나의 행을 특정하는 것입니다. 이는 상품코드가 기본키인 만큼 당연한 일입니다.

반대로 상품 테이블 쪽에서 주문상품 테이블을 보면 하나의 상품이 여러 번 주문되었기 때문에 상품코드를 이용해도 주문상품 테이블의 하나의 행만 특정할 수 없습니다. 다시 말해 여러 개의 행이 존재한다는 이야기입니다. 그 밖에 주문상품의 상품코드에 (FK)라고 적혀 있는 것은 외부키 속성을 가진다는 의미입니다.

5. 정규화의 목적

정규화에서는 중복하거나 반복되는 부분을 찾아내서 테이블을 분할하고 기본키를 작성해 사용하는 것을 기본 개념으로 삼습니다. 이는 '하나의 데이터는 한 곳에 있어야 한다'는 규칙에 근거합니다.

Point▶ **정규화로 데이터 구조를 개선하는 것은 하나의 데이터가 한 곳에 저장되도록 하기 위함이다!**

하나의 데이터가 반드시 한 곳에만 저장되어 있다면 데이터를 변경하더라도 한 곳만 변경하는 것으로 끝낼 수 있습니다. 반면 정규화되지 않은 경우에는 여기저기 중복해서 저장된 데이터를 검색하고 일일이 변경해야 합니다. 이것은 매우 번거로운 작업입니다. 또한 인덱스가 지정된 열의 데이터가 변경되는 경우에는 인덱스도 재구축해야 합니다.

하지만 기본키는 분할한 테이블끼리 연계하기 위해 작성한, 이른바 내부적인 데이터이므로 변경될 일은 거의 없습니다. 따라서 정규화를 통해 테이블에 대한 인덱스의 재구축을 억제할 수 있습니다.

트랜잭션

36강에서는 트랜잭션에 대해서 알아보겠습니다.

```
SYNTAX   트랜잭션의 제어

START TRANSACTION
COMMIT
ROLLBACK
```

그림 **8-15** 트랜잭션

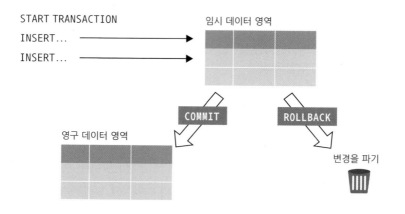

데이터베이스는 트랜잭션이라는 기능을 제공합니다. INSERT나 UPDATE 명령으로 데이터를 추가, 갱신할 때도 트랜잭션 기능을 사용합니다만 지금까지 특별히 의식할 필요는 없었습니다. 이는 자동 커밋이라 불리는 기능이 동작했기 때문입니다. 여기서는 트랜잭션으로 어떤 것을 할 수 있는지 알아보겠습니다.

1. 트랜잭션

정규화에 의해 분할된 주문 테이블과 주문상품 테이블의 관계를 생각해보겠습니다.

그림 8-16 주문 테이블과 주문상품 테이블

주문

주문번호	날짜	고객번호
1	1/1	1
2	2/1	2
3	2/5	1

주문상품

주문번호	상품코드	개수
1	0001	1
1	0002	10
2	0001	2
2	0002	3
3	0001	3
3	0003	1

주문 테이블과 주문상품 테이블 사이에는 의존관계가 존재합니다. 주문 테이블에 행이 존재한다면 주문상품 테이블에는 적어도 하나의 행이 존재해야 합니다. 그렇지 않으면 주문한 상품이 없는데도 주문이 된 상태가 됩니다. 보통은 하나 이상의 상품을 주문하므로 주문이 발생하면 주문 테이블과 주문상품 테이블 모두 행이 추가됩니다. 물론 있다·없다는 주문번호와 관련이 있으므로 '같은 주문 번호로'라는 조건을 붙일 수 있습니다.

– 발주처리

주문이 발생했을 때 어떻게 처리되는지 생각해봅시다. 간단히 말하자면 발주처리에 관한 것으로, 먼저 주문번호를 지정해야 합니다. 이때 기존 주문과 구분되는 주문번호를 발행하는 처리가 필요합니다.

자동 증가를 사용하면 자동적으로 번호가 부여됩니다만 그렇지 않은 경우에는 '번호 중 가장 큰 값을 SELECT 명령으로 가져와 그 값에 1을 더한다'라는 처리가 필요합니다. 최대값은 MAX()로 검색할 수 있으므로 'MAX + 1'이라 할 수도 있습니다.

번호를 발행 받았다면 해당 번호를 키로 삼아 INSERT가 이루어집니다. 주문 테이블에는 INSERT 한 번, 주문상품 테이블에는 주문된 상품 수만큼 INSERT 명령이 실행됩니다. 중요한 것은 복수의 테이블에 INSERT 되므로 실행되는 명령은 최소 두 번이라는 것입니다.

예제 8-1 발주처리

```
INSERT INTO 주문 VALUES(4, '2014-03-01', 1);
INSERT INTO 주문상품 VALUES(4, '0003', 1);
INSERT INTO 주문상품 VALUES(4, '0004', 2);
```

여기서 INSERT 명령이 특정 원인으로 인해 에러가 발생한 경우를 가정해봅시다. 트랜잭션 기능을 사용하지 않을 때는 문제없이 실행된 INSERT 명령을 실행 전으로 되돌릴 수 없으므로 따로 DELETE 명령을 실행해 지워야합니다. 즉, [예제 8-1]의 세 번째 INSERT 명령에서 에러가 발생했다고 치면, 앞서 실행한 두 개의 INSERT 명령에 의해 추가된 데이터를 DELETE 명령으로 삭제하는 처리가 필요합니다. 이것은 아주 번거로운 작업입니다.

2. 롤백과 커밋

이처럼 몇 단계로 처리를 나누어 SQL 명령을 실행하는 경우에 트랜잭션을 자주 사용합니다. 트랜잭션을 사용해서 데이터를 추가한다면 에러가 발생해도 트랜잭션을 **롤백**rollback해서 종료할 수 있습니다. 롤백하면 트랜잭션 내에서 행해진 모든 변경사항을 없었던 것으로 할 수 있습니다. 아무런 에러가 발생하지 않는다면 변경사항을 적용하고 트랜잭션을 종료하는데, 이때 **커밋**commit을 사용합니다.

Point▶ 트랜잭션을 롤백하면 변경한 내용이 적용되지 않는다!

- 자동커밋

트랜잭션을 사용해서 데이터를 추가할 때는 자동커밋을 꺼야 합니다. mysql 클라이언트에서 명령을 실행할 때는 자동커밋이 켜져 있는 상태입니다. INSERT나 UPDATE, DELETE가 처리될 때마다 트랜잭션은 암묵적으로 자동커밋 상태로 되어 있습니다. 자동커밋을 끄기 위해서는 명시적으로 트랜잭션의 시작을 선언할 필요가 있습니다. 트랜잭션을 시작할 때는 **START TRANSACTION** 명령을 사용합니다.

SYNTAX	트랜잭션 시작

```
START TRANSACTION
```

앞서 언급한 것처럼 트랜잭션을 종료하기 위해서는 변경된 내용을 적용한 후에 종료하는 '커밋'과 적용하지 않고 종료하는 '롤백'의 두 가지 방식이 있습니다. 커밋할 때에는 **COMMIT 명령**을 사용합니다.

SYNTAX	트랜잭션 내에서 실행한 명령을 적용한 후 종료

```
COMMIT
```

롤백은 **ROLLBACK 명령**을 사용합니다.

SYNTAX	트랜잭션 내에서 실행한 명령을 파기한 후 종료

```
ROLLBACK
```

트랜잭션 내에서 실행된 SQL 명령은 임시 데이터 영역에서 수행되다가, COMMIT 명령을 내리면 임시 데이터 영역에서 정식 데이터 영역으로 변경이 적용된다고 생각하시면 됩니다. ROLLBACK 명령을 내리면 임시 데이터 영역에서의 처리는 버려집니다.

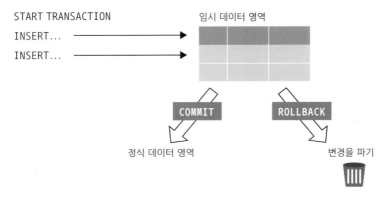
그림 8-17 트랜잭션의 커밋과 롤백

[예제 8-2]에서는 트랜잭션을 사용해 발주처리를 합니다. 에러가 발생하지 않은 경우의 사례로, 트랜잭션은 COMMIT을 이용해 종료합니다.

예제 8-2　트랜잭션 내에서의 발주처리

```
START TRANSACTION;
INSERT INTO 주문 VALUES(4, '2014-03-01', 1);
INSERT INTO 주문상품 VALUES(4, '0003', 1);
INSERT INTO 주문상품 VALUES(4, '0004', 2);
COMMIT;
```

이렇게 트랜잭션을 시작해서 SQL 명령을 실행하고 COMMIT 또는 ROLLBACK 명령으로 트랜잭션을 종료하는 일련의 처리방법을 '트랜잭션을 걸어서 실행한다' 또는 '트랜잭션 내에서 실행한다'라고 말합니다.

Point▶　트랜잭션을 사용해서 처리하는 것으로 간단히 데이터를 관리할 수 있다!

3. 트랜잭션 사용법

발주처리와 같은 데이터 등록처리 과정에서는 대부분 트랜잭션 내에서 여러 개의 SQL 명령을 실행하게 됩니다. 다만 하나의 명령에 트랜잭션을 걸어 실행하는 것은 별로 의미가 없습니다.

트랜잭션 내에서 실행하는 복수의 SQL 명령은 세트 단위로 유효/무효가 됩니다. 다시 말하면, 반드시 세트로 실행하고 싶은 SQL 명령을 트랜잭션에서 하나로 묶어 실행한다는 것입니다. 또 ROLLBACK은 에러가 발생한 경우 변경사항이 적용되지 않도록 하는 목적으로 주로 사용합니다만, 에러가 발생하지 않아도 ROLLBACK을 하면 변경한 내용은 파기됩니다. 반대로 에러가 발생하더라도 COMMIT을 하면 문제없이 실행된 SQL 명령의 변경사항은 데이터베이스에 그대로 반영됩니다.

Point ▶ **세트로 실행하고 싶은 SQL 명령은 트랜잭션 내에서 실행한다!**

트랜잭션을 시작할 때 사용하는 명령은 'START TRANSACTION'*이라고 설명했습니다만 이것은 MySQL의 경우에 적용됩니다. SQL Server나 PostgreSQL에서는 'BEGIN TRANSACTION' 명령을 사용합니다. Oracle이나 DB2에서 트랜잭션을 시작하는 명령은 따로 없습니다. 이 또한 표준화가 진행되지 못한 부분입니다.

자동커밋은 클라이언트 툴의 기능입니다. 미들웨어도 데이터베이스 접속 시 대개 자동커밋을 합니다. 한편, 데이터베이스 서버에서는 언제나 트랜잭션을 걸 수 있는 상태로 SQL 명령이 실행됩니다. 트랜잭션을 사용할 경우에는 접속형태나 클라이언트 툴의 자동커밋 사용 여부 등, 트랜잭션 관련 기능을 파악해 둘 필요가 있습니다.

DELETE 명령은 삭제 여부에 관해 사용자에게 확인하지 않는다고 설명했습니다. 불친절한 시스템이라고 생각할 수도 있겠습니다만 DELETE 명령을 트랜잭션 내에서 실행하는 경우에는 ROLLBACK으로 삭제를 취소할 수 있습니다. 단, 자동커밋으로 되어있는 경우에는 주의해야 합니다. ROLLBACK으로 취소할 수 있는 것은 트랜잭션 내에서 실행했을 경우에 한합니다.

----

* 역자주_ MySQL에서는 START TRANSACTION 외에도 BEGIN을 사용할 수 있습니다.

마치며

8장에서는 데이터베이스 설계에 관해 알아봤습니다.

– 데이터베이스 설계

데이터베이스 설계란 데이터베이스에 테이블을 정의하는 작업을 말합니다. 설계 시에는 실제로 테이블명이 되는 물리명과 사람이 이해하기 쉬운 논리명으로 두 개의 이름을 지정하기도 합니다.

– ER다이어그램

ER다이어그램은 테이블 간의 연계를 나타낼 때 사용하는 도식을 말합니다. ER다이어그램에서는 개체(테이블)를 네모난 상자로 표기하고 개체간 선을 그어 연계성을 표현합니다.

– 정규화

테이블을 설계할 때 사용하는 수법입니다. '하나의 데이터는 한 곳에 저장된다'라는 개념을 기반으로 테이블을 올바른 형태로 개선해 나가는 것입니다. 정규화는 테이블 분할이나 기본키 작성을 통해 이루어집니다.

– 트랜잭션

트랜잭션을 사용해 SQL명령을 하나로 묶어 실행할 수 있습니다. 트랜잭션을 사용하면 데이터의 등록처리의 데이터 관리가 간단해집니다.

연습문제

- 문제 1

CREATE TABLE 명령에서 지정하는 명칭은 무엇입니까?

① 물리명

② 논리명

③ 별명

- 문제 2

ER다이어그램에서 네모난 상자로 표시되는 개체는 데이터베이스 객체로 말하면 무엇입니까?

① 기본키

② 테이블

③ 인덱스

- 문제 3

트랜잭션 내에서 실행한 명령을 파기하고 종료하는 명령은 무엇입니까?

① COMMIT

② ROLLBACK

③ START TRANSACTION

당부의 말

여러분, 여기까지 오느라 수고하셨습니다. 이 책에서는 데이터베이스의 기초개념을 시작으로 SELECT 명령의 기본적인 사용법이나 자료형, 연산자나 함수를 사용한 연산 방법, 정렬과 그룹화, 집계와 같은 테크닉에 관해 공부했습니다. 또한 데이터를 추가, 갱신, 삭제하거나 서브쿼리를 사용해 질의하고, 테이블과 인덱스를 정의해 보았습니다. 인덱스를 배우면서 이진 트리에 대해서도 알 수 있었습니다. 집합을 연산하거나 결합하여 복수의 테이블에서 데이터를 가져오는 방법을 익혔으며, 마지막 장에서는 데이터베이스 설계에 관해 설명했습니다.

진도를 나가면서 혹시 내용이 점점 어려워지는 것은 아닌지 걱정이 되기도 했습니다. 하지만 이 책의 마지막까지 함께 해주신 독자 여러분이라면 어엿한 관계형 데이터베이스 기술자로 거듭날 때가 멀지 않았다고 생각합니다. 적어도 선임 데이터베이스 기술자가 말하는 내용을 더 잘 이해할 수 있을 것입니다.

본문에서는 여러 번 '데이터베이스 제품에 따라 다르다'라는 말이 나옵니다. 이것은 SQL의 방언을 가리키는 것으로, 이 책에서는 각 데이터베이스 제품의 세세한 차이점에 관해 자세하게 설명할 수 없었습니다. 자세한 내용은 데이터베이스의 설명서나 참고서를 참고해 주세요.

마지막까지 읽어 주셔서 감사합니다.

아사이 아츠시

부록 A

MySQL 설치

MySQL 설치하기

MySQL에는 다음과 같은 몇 가지 패키지가 있습니다.

- MySQL Enterprise Edition(엔터프라이즈)
- MySQL Cluster CGE(클러스터)
- MySQL Community Server(커뮤니티)

첫 번째와 두 번째 것은 상용 패키지이므로, 이 책에서는 학습용으로 사용할 수 있는 MySQL Community Server를 다운로드하여 설치합니다. 다운로드는 다음 URL에서 할 수 있습니다.

http://dev.mysql.com/downloads/mysql/

윈도우에 설치할 때는 윈도우용 패키지를 선택해서 다운로드합니다. 인스톨러가 포함된 'MySQL Installer MSI' 패키지로 설치하면 편리합니다. 다운로드 시에 사용자 등록을 권장하고 있습니다만 등록하지 않고도 페이지 아래의 'No thanks, just start my download.'를 클릭해 다운로드할 수 있습니다.

'mysql-installer-community-5.6.26.0.msi'를 다운로드한 뒤에 실행하면 설치가 시작됩니다(버전은 다를 수 있습니다). 설치작업은 설치 마법사를 통해 진행됩니다.

그럼, 지금부터 설치 화면을 함께 보면서 설명하겠습니다.

A-1

인스톨러를 실행하면 라이센스 관련 화면이 표시됩니다. 동의하지 않으면 다음을
진행할 수 없습니다.

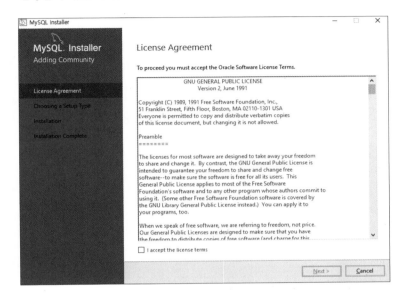

A-2

'I accept the license terms'을 클릭해 체크하고 Next 버튼을 클릭합니다.

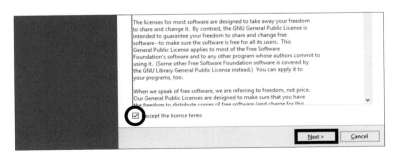

설치할 종류를 선택하는 화면이 표시됩니다. 'Developer Default'가 기본적으로 선택되는데 그대로 **Next** 버튼을 클릭합니다(이때, 상황에 따라서는 설치 경로를 설정하는 화면이 뒤이어 나타나기도 합니다. 설치하고자 하는 경로, 즉 디렉터리가 이미 존재하는 경우에만 표시되는데, 기존에 MySQL이 설치되어 있었거나 삭제를 했지만 완전히 삭제가 되지 않은 경우에 등장합니다. 이때는 다른 경로에 설치하거나 혹은 기존 경로에 덮어쓰기로 설치하면 됩니다. 이미 프로그램을 삭제한 경우라면 경로 충돌이 일어난 폴더를 삭제하고 설치하셔도 무방합니다).

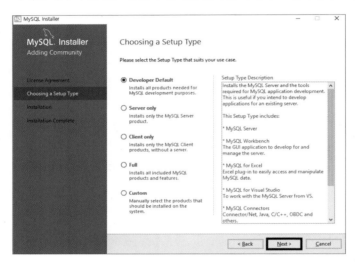

설치에 필요한 패키지가 존재하지 않아 설치되지 않는 제품 목록이 표시됩니다. 그대로 **Next** 버튼을 클릭합니다 'You still have failing product requirements. if you proceed, those products will not be installled or upgraded. is this ok?'라는 메시지가 표시되는 경우에는 **Yes** 버튼을 클릭해 진행합니다.

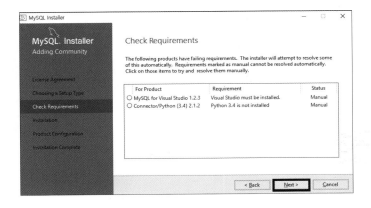

설치할 패키지 목록이 표시됩니다. Execute 버튼을 클릭합니다.

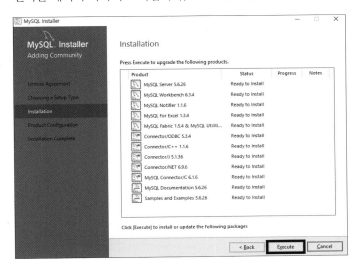

조금 기다리면 'Status' 부분이 전부 'Complete'로 바뀝니다. 그러면 **Next** 버튼을 클릭합니다.

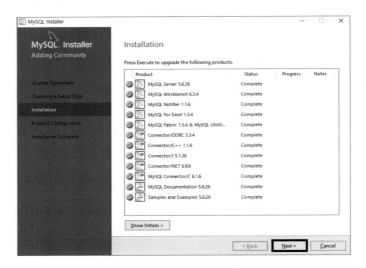

초기 설정할 제품 목록이 표시됩니다. **Next** 버튼을 클릭해 MySQL 서버 관련 설정화면으로 이동합니다.

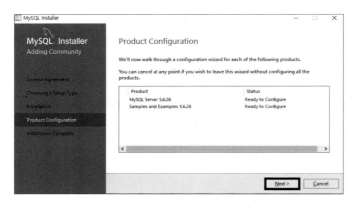

MySQL 서버 초기 설정화면이 표시됩니다. 기본 설정 그대로 **Next** 버튼을 클릭합니다.

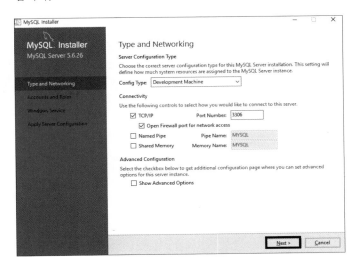

MySQL 서버의 비밀번호를 설정하는 화면이 표시됩니다. 텍스트 입력란에 비밀번호를 입력합니다(두 곳 모두 동일한 비밀번호를 입력합니다). 그 후 **Next** 버튼을 클릭합니다(기존에 MySQL이 설치되어 있거나 완전히 삭제되지 않은 경우에는 'Current Root Password' 입력란이 함께 보일 수도 있습니다).

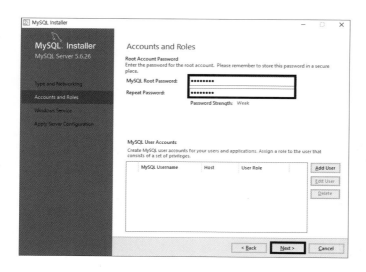

A-10

MySQL 서버의 윈도우 서비스 관련 설정화면이 표시됩니다. 기본 설정 그대로
Next 버튼을 클릭합니다.

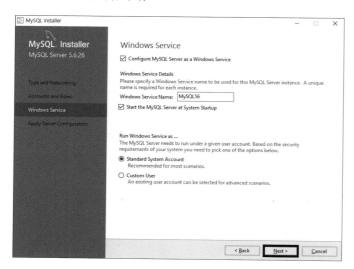

A-11

MySQL 서버의 설정을 적용할 순서가 목록으로 표시됩니다. Execute 버튼을 클릭하면 설정이 적용됩니다.

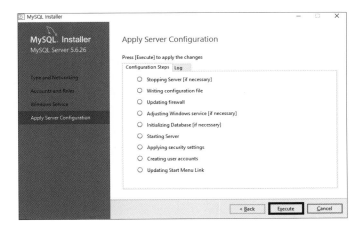

A-12

MySQL 서버의 설정이 완료되면 Finish 버튼을 클릭합니다.

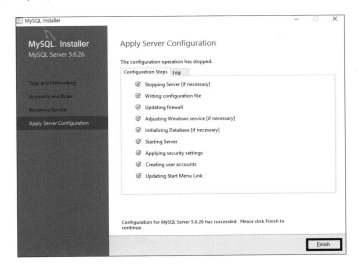

A-13

설정할 제품의 목록이 다시 표시됩니다. **Next** 버튼을 클릭해 'Sample and Examples' 관련 설정화면으로 이동합니다.

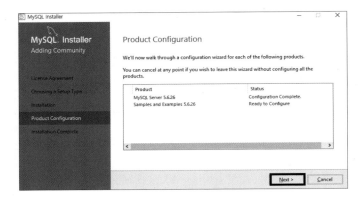

A-14

비밀번호 입력란에 그림 [A−9]에서 입력한 비밀번호를 입력한 후 **Check** 버튼을 클릭합니다. 접속에 성공하면 Next 버튼이 활성화 됩니다. **Next** 버튼을 클릭해 다음으로 이동합니다.

Execute 버튼을 클릭해 설정을 적용합니다.

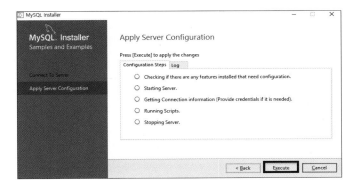

적용이 완료되면 Finish 버튼을 클릭합니다.

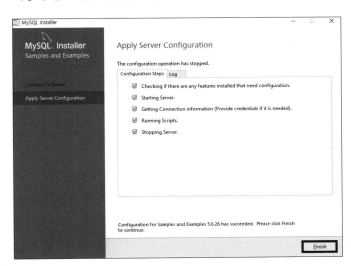

A-17

설정할 제품의 목록이 다시 표시됩니다. Status에 모든 제품의 설정이 완료된 것을 확인한 후 Next 버튼을 클릭합니다.

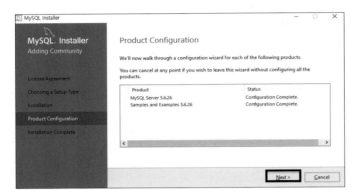

A-18

설치가 완료되었습니다.

'Start MySQL Workbench after Setup'을 클릭해 체크를 해제하고 Finish 버튼을 클릭합니다.

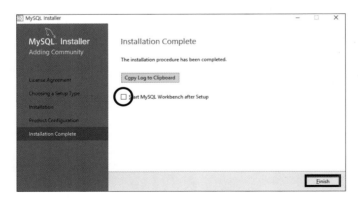

MySQL 설치 후 설정

MySQL 패키지를 설치하면 서버가 자동으로 구동하도록 설정됩니다. mysql 클라이언트를 사용해 SQL 명령을 실행할 수 있습니다만 사용하기 쉽도록 환경변수의 Path에 mysql 클라이언트가 설치된 경로를 추가합니다.

클라이언트 프로그램인 mysql.exe가 설치된 곳은 다음과 같습니다.

```
C:\Program Files\MySQL\MySQL Server 5.6\bin
```

A-19

제어판이나 시작 메뉴에서 '시스템'을 찾아 클릭합니다. 이후 **고급 시스템 설정**을 클릭합니다.

A-20

'시스템 속성' 화면이 표시되면 '고급' 탭을 클릭해 하단의 **환경변수** 버튼을 클릭합니다.

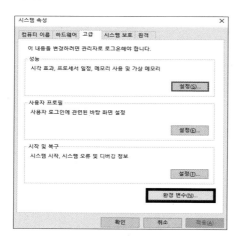

A-21

시스템 변수의 목록에서 'Path'를 찾아 클릭한 후 **편집** 버튼을 클릭합니다.

A-22

시스템 변수 편집 화면이 표시되면 변수 값에 다음의 경로를 추가합니다. 경로는 **기존 값의 맨 뒤에 추가**해 넣습니다. 이때 세미콜론을 빠뜨리지 않도록 주의합니다. 입력한 후에는 **확인** 버튼을 클릭해 창을 닫습니다.

```
;C:\Program Files\MySQL\MySQL Server 5.6\bin
```

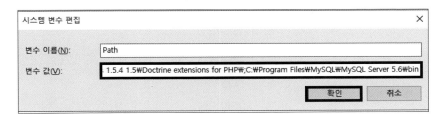

mysql 클라이언트 사용법

환경변수에 MySQL의 경로 설정을 완료하면 mysql 클라이언트를 실행해 명령을 입력해 봅니다.

1. 명령 프롬프트 열기

mysql.exe는 명령행 프로그램입니다. 명령 프롬프트에서 명령을 타이핑해 넣어 프로그램을 실행합니다. 그럼 명령 프롬프트를 실행해보겠습니다. 시작 메뉴의 명령 프롬프트를 클릭하거나 실행(윈도우키+R)에서 'cmd'를 입력해 실행할 수 있습니다. 이때 관리자 권한으로 실행할 필요는 없습니다.

2. mysql 명령 실행

이번에는 명령행에 다음과 같이 인수를 지정해 mysql 명령을 실행합니다.

```
C:\Users\Prodigy>mysql -uroot -ppassword
```

입력한 명령에서 mysql은 프로그램의 명칭으로 mysql.exe를 실행하라는 의미입니다. 그 다음의 -uroot 부분은 데이터베이스 사용자를 지정합니다. '-'으로 옵션을 지정할 수 있는데, 여기서 'u'는 user의 약자로 사용자를 의미하며 root는 사용자 이름을 가리킵니다. 이때 root라는 사용자는 MySQL을 설치하면 자동으로 만들어집니다.

한편 -ppassword 부분은 비밀번호를 지정한 것입니다. '-u'로 지정한 사용자를 인증하는 데 사용합니다. password의 약자인 'p'를 입력하고, 뒤이어 비밀번호를 입력하면 됩니다(여러분이 각자 MySQL을 설치할 때 입력한 비밀번호로 바꾸어 입력합니다). 특히 입력할 때 -p와 비밀번호 사이를 띄어 쓰지 않도록 주의합니다. 이때 password 부분을 바로 입력하지 않고, 다음과 같이 -p 옵션만 지정한 뒤 엔터를 치는 경우에는 비밀번호의 입력하라는 프롬프트가 표시됩니다.

```
C:\Users\Prodigy>mysql -uroot -p
Enter password:
```

이때 입력하는 비밀번호는 모두 *로 표시됩니다. 만약 입력한 비밀번호가 틀리면 인증에 실패해 다음과 같은 에러가 표시되며 데이터베이스에 접속할 수 없게 됩니다.*

```
ERROR 1045(28000): Access denied for user 'root"@"localhost" (using
password: YES)
```

Command mysql 명령 실행하기

mysql -u [사용자명] -p[비밀번호]

3. 데이터베이스 선택하기

MySQL에서는 하나의 서버에 여러 개의 데이터베이스를 넣을 수 있습니다. 데이터베이스의 목록을 볼 때는 다음과 같은 명령을 실행합니다.

```
mysql> show databases;
```

----

* 역자주_ 비밀번호 입력 시, -p옵션 뒤에 바로 붙여서 직접 입력할 경우 다음과 같은 경고메시지가 출력됩니다. 'Warning: Using a password on the command line interface can be insecure.' 이는 커맨드 라인에서의 패스워드 사용이 위험할 수 있다는 경고입니다. 예를 들어 비밀번호가 포함된 명령이 기록에 남을 경우, 보안상 위험을 초래할 수도 있습니다. 따라서 -p 옵션만 지정해 실행한 후, 다음 줄에서 숨김 형태로 비밀번호를 입력하는 형식을 추천합니다.

여기서 show 명령은 어디까지나 mysql 클라이언트 프로그램의 고유 명령으로, SQL 명령이 아니라는 점에 주의해 주세요. 앞서 언급한 mysql 명령으로 서버에 접속하더라도 데이터베이스에는 아직 접속되지 않은 상태입니다. 이때 접속할 데이터베이스를 선택하지 않은 채 SQL 명령을 실행시키면 다음과 같은 에러가 표시됩니다.

```
mysql> SELECT * FROM sample21;
ERROR 1046 (3D000): No database selected
```

SQL 명령을 실행할 때는 구체적으로 어느 데이터베이스에 대해 명령을 실행할지 결정해야 합니다. 데이터베이스를 선택할 때는 다음과 같은 use 명령을 사용합니다.

```
mysql> use sample
Database changed
```

이 명령은 sample 이라는 데이터베이스를 선택해 사용한다는 의미입니다. 다만, 현 상태에서는 아직 sample 데이터베이스가 존재하지 않으므로 접속할 수 없습니다. 다음 절에서 설명할 '예제용 데이터베이스 구축'을 참고해 데이터베이스가 만들어지면 앞의 명령을 실행하면 됩니다.

use 명령도 show와 동일하게 mysql 클라이언트 프로그램의 명령입니다. 이 또한 SQL 명령이 아니므로 마지막에 세미콜론(;)을 붙일 필요는 없습니다(물론 붙여도 무관합니다).

그 밖에도 데이터베이스는 mysql 명령을 실행할 때 인수로 지정하여 선택할 수 있습니다.

```
C:\Users\Prodigy>mysql -uroot -ppassword sample
```

Command 데이터베이스 지정하기

mysql -u [사용자명] -p[비밀번호] 데이터베이스명

4. mysql 클라이언트 종료하기

mysql 클라이언트를 종료할 때는 exit 커맨드를 사용합니다.

```
mysql> exit;
Bye
```

mysql 클라이언트를 종료하면 명령 프롬프트가 표시됩니다.

예제용 데이터베이스 구축

이 책에서 사용하는 예제 데이터베이스는 다음 URL에서 다운로드 할 수 있습니다.

http://www.hanbit.co.kr/exam/2231

다운로드한 예제 데이터베이스는 MySQL 서버에 임포트해서 사용할 수 있습니다. 임포트할 때는 mysql 클라이언트를 사용합니다.

1. 예제 데이터베이스의 덤프파일 준비

먼저 파일을 다운로드 합니다. 압축된 형태일 경우 압축을 풀어줍니다. 그 후 사용자 폴더에 파일을 옮깁니다. 이때 파일을 옮길 사용자 폴더의 경로는 'C:\Users\사용자명' 입니다. 여기서 '사용자명' 부분을 실제 로그인한 사용자명으로 바꿔줍니다(사용자 폴더가 아닌 다른 장소에 옮겨도 상관없습니다. 이 책에서는 설명하기 쉽도록 사용자 폴더를 사용했습니다).

2. mysql 클라이언트를 실행해 임포트

명령 프롬프트를 실행해 다음과 같이 명령을 입력하고 비밀번호를 입력해 MySQL 서버에 임포트 합니다(사용자 폴더가 아닌 다른 장소일 경우에는 cd 명령으로 해당 폴더로 이동한 후 명령을 입력합니다).

```
C:\Users\Prodigy>mysql -uroot -p < sample.dump
Enter password:
```

잠시 뒤 임포트에 성공하면 'sample'이라는 데이터베이스가 작성되며 mysql 명령은 자동적으로 종료됩니다. 데이터베이스의 생성 여부는 앞서 언급한 mysql 클라이언트 명령으로 확인할 수 있습니다.

sample.dump에는 sample 데이터베이스를 삭제하고 나서 작성하는 명령이 포함되어 있습니다. 이는 sample이라는 데이터베이스가 이미 존재하고 있을 경우 삭제하고, 새롭게 sample 데이터베이스를 구축하겠다는 뜻입니다. 물론 몇 번이라도 임포트 할 수 있습니다만 그 때마다 데이터베이스가 초기화된다는 점에는 주의해야 합니다.

연습문제 해답

부록 B 연습문제 해답

1장

- **문제 1 : ② 관계형 데이터베이스**
  SQL 명령은 관계형 데이터베이스에서 이용할 수 있는 데이터베이스 조작 명령입니다.

- **문제 2 : ① 사용자 인증**
  일반적으로 데이터베이스 서버에 접속할 때는 사용자 인증이 필요합니다.

- **문제 3 : ③ XML**
  SQL 명령은 DML, DDL, DCL의 3개로 분류할 수 있습니다. XML은 데이터를 표기하는 방법으로 SQL 명령에 포함되지 않습니다.

2장

- **문제 1 : ① 행**
  WHERE 구에 조건을 지정해 테이블에서 원하는 행을 검색할 수 있습니다.

- **문제 2 : ③ IS NULL**
  = 연산자로는 NULL 값을 비교할 수 없습니다. NULL 인지 아닌지를 비교할 때는 IS NULL 술어를 사용합니다.

- **문제 3 : ① AND**
  A 와 B 라는 양쪽 조건식이 모두 참일 경우 'A 및 B'를 성립시키기 위해서는 AND 논리 연산자를 사용합니다.

3장

- **문제 1 : ① 행**

  ORDER BY 구로 행을 정렬할 수 있습니다.

- **문제 2 : ③ NULL**

  NULL을 포함하는 연산 결과는 모두 NULL이 됩니다. 0은 되지 않습니다.

- **문제 3 : ① 별명**

  SELECT 구에서는 식에 별명을 붙일 수 있습니다.

4장

- **문제 1 : ② INSERT**

  테이블에 행을 추가할 때는 INSERT 명령을 사용합니다.

- **문제 2 : ③ 모두 지워진다**

  WHERE 구를 지정하지 않은 채 DELETE 명령을 실행하면 테이블의 모든 행이 삭제됩니다.

- **문제 3 : ① 셀**

  UPDATE 명령으로 셀을 갱신할 수 있습니다. 셀이 모여서 행이 되므로 행이 갱신된다고 생각할 수도 있습니다만 UPDATE 명령은 행의 셀을 갱신하는 명령입니다.

5장

- **문제 1 : ① COUNT**

  COUNT는 행의 개수를 구하는 집약함수입니다. SUM은 합계를, MAX는 최대값을 구하는 집약함수입니다.

- **문제 2 : ② 그룹화**

  GROUP BY 구에서는 그룹화 방법을 지정합니다. 데이터베이스 내부에서 그룹화가 행해집니다.

- **문제 3 : ① 스칼라 서브쿼리**

  SELECT 구에는 하나의 값을 반환하는 스칼라 서브쿼리를 저장할 수 있습니다.

6 장

- **문제 1 : ② CREATE TABLE**

  테이블을 작성할 때는 CREATE TABLE 명령을 사용합니다.

- **문제 2 : ③ 뷰**

  뷰는 SELECT 명령을 따로 기입해 관리할 수 있게 한 것으로, 테이블과 달리 데이터를 일시적으로 저장해 사용하는 방식을 취합니다.

- **문제 3 : ① 쿼리의 성능향상**

  인덱스를 사용해 WHERE 구의 조건식을 효율적으로 처리할 수 있습니다. 이로 인해 쿼리의 성능향상을 기대할 수 있습니다.

7 장

- **문제 1 : ③ 곱집합**

  결합 조건을 지정하지 않을 경우에는 교차결합이 됩니다. 교차결합은 곱집합으로 계산됩니다.

- **문제 2 : ① INNER JOIN**

  내부결합은 INNER JOIN을 사용합니다.

- **문제 3 : ① 테이블**

  관계형 모델의 릴레이션은 SQL의 테이블에 해당합니다.

8 장

- **문제 1 : ① 물리명**

  CREATE TABLE을 할 때는 물리명을 사용해서 명령을 실행합니다. 논리명은 사용하지 않습니다.

- **문제 2 : ② 테이블**

  ER다이어그램에서 사각형은 테이블을 의미하며 그 안에 열을 기술합니다.

- **문제 3 : ② ROLLBACK**

  트랜잭션 내에서 실행한 SQL 명령을 파기하고 트랜잭션을 종료할 때는 ROLLBACK을 사용합니다.

INDEX

INDEX

INDEX

INDEX

INDEX